Tor Åge Bringsværd
DSCHINGIS KHAN

Tor Åge Bringsværd

# DSCHINGIS KHAN

Roman

Aus dem Norwegischen
von Lothar Schneider

List Verlag
München · Leipzig

*Die Originalausgabe erschien 1987
unter dem Titel »Gobi. Djengis Khan«
bei Gyldendal Norsk Forlag, Oslo.*

*ISBN 3-471-77 172-7*


*Gesamtherstellung: Offizin Andersen Nexö, Leipzig*

An
den Wärter
der Kaiserlichen Menagerie
in Jerusalem

Ein Buch, gerollt auf zwei Bambusstöcke. Aber ohne Ornamente. Keine goldenen Miniaturen. Kein Vorwort. Nur dies: Es heißt in einem kirgisischen Märchen, daß die Welt auf den goldenen Hörnern eines riesigen, schwarzen Stieres ruht. Wenn der Stier atmet, quillt Dampf aus seinen Nasenlöchern. Dieser Dampf wallt über die ganze Erde und steigt in Form von Nebel aus Ritzen und Spalten auf. Es geschieht auch, daß die Erde gewaltigen Stößen ausgesetzt wird, die die Menschen als Erdbeben bezeichnen. Sie treten ein, wenn der Stier, auf dem alles ruht, die Welt von einem Horn auf das andere wirft.

Ich bitte dich, über dieses Märchen nachzudenken. Es erzählt uns, wie hilflos wir wären … wenn Gott – um uns zu prüfen oder zu bestrafen – an seine Stelle ein solches Geschöpf setzte, und sei es auch nur für kurze Zeit … Wie willkürlich würde doch alles erscheinen! Wie bedeutungslos! In diesem Sinne bitte ich dich, ihn, der dir diese Schriftrolle bringt, wohlwollend zu empfangen. Denn obwohl er bereits reichlich belohnt wurde, hat er gleichwohl seinen Auftrag unter großen Gefahren ausgeführt. Und wir wissen: Treue ist eine seltene Eigenschaft. Zumindest unter den Menschen.

# I

Zum Baikal.

Wie Pferde, die sich schinden und nach Hause wollen. So rennen seine Gedanken.

Zum Baikal. Wo der Wind das Gesicht des Gottes ins Wasser malt. Und zu den grünen Weiden an seinen Ufern.

Denn jetzt steckt die Lanze vor seinem eigenen Zelt in der Erde. Keine Frau kann ihm mehr Wärme schenken. Und er weiß, daß die Krankheit nicht umkehren wird.

So sehe ich ihn. Einen, dem ich nie begegnet bin. Den zu beschreiben ich mir aber vorgenommen habe. Nach bestem Vermögen und soweit das möglich ist.

Denn an zahlreichen Lagerfeuern war ich aufmerksamer Zuhörer. Ich habe im Palast-in-dem-sich-alle-Wege-treffen gesungen und getanzt. Ich habe mit vielen, die ihn kannten und ihm nahestanden, Wasser und Schatten geteilt. Ich bin in ihren Jurten aus und ein gegangen. Und ich bewahrte jedes Wort. Flüsterte sie laut, wenn ich allein war. Damit ich sie leichter mit mir nehmen konnte. Wenn der blaue Himmel mich am Leben ließ …

Ich habe beschlossen, ihn zuerst alt zu sehen. Geschwächt vom Fieber. Auf dem letzten großen Feldzug. Ins Reich Xixia und Song. Kurz bevor er sterben wird.

Irgendwo muß ich anfangen. Und es tut gut, den ersten Akkord anschlagen zu können, ohne vom Klang der eigenen Saiten erschreckt zu werden.

Ich erzähle seine Geschichte, um die meine besser zu verstehen. Denn auch ich will nach Hause.

Doch ich bin nicht mehr krank. Und sie, bei der ich ruhe, hat breite Hüften.

Ich bin Wolfgang von Godesberg. Mit acht Jahren zog ich los, um Jerusalem und das Heilige Grab zu befreien. Sie versicherten mir, daß sich das Meer teilen würde. Sie sagten, ich würde es trockenen Fußes durchqueren. Statt dessen wurde ich von Seeräubern entführt und als Sklave an die Sarazenen verkauft. Ich bin vor der Pest und vor Menschen geflohen. Ich bin ein Hase und ein Fuchs gewesen. Ich habe in Kairo Ärsche geleckt. Ich habe von Beirut bis fast zum Kaspischen Meer getanzt und Grimassen geschnitten. Ich bin durch den Schnee auf den Berg Ararat gestiegen. Ich habe die Arche Noah gesehen. Ich bin weit in den Norden und noch weiter in den Osten gekommen. Ich habe große Städte gesehen, wo alle tot in den Gassen lagen und wo man sogar die Hunde geköpft hatte. Ich habe schwimmende Tiere gesehen mit Rüstung und Panzer. Ich habe Vögel gesehen, die sprechen können. Aber nicht diese Dinge sind es, über die ich schreiben will. Wenn du an mich denkst, genügt es zu wissen: Wenn der Magen leer ist, werde ich hungrig. Wenn die Kehle trocken ist, sehne ich mich nach Wasser. Ich habe Gutes getan und ich habe Böses getan. Ich bin wie du.

Einst glaubte ich, er sei der neue König David.

Ich bin aus der Gobi gekommen.

Mehrere Tage war ich durch eine trostlose und versengte Landschaft gezogen – ein Meer aus Sand und Steinen, mit vereinzelten Dünen, die wie ferne Küsten am Horizont aufragten. Vor mir tauchte endlich der Paß von Jiayuguan auf, eingerahmt von schneebedeckten Bergen. Ich sah die alte Befestigungsanlage, die kleine Stadt mit Pagoden und grauen Dächern – umgeben von verwitterten Mauern.

Als die Karawane ihren Weg fortsetzte, beschloß ich zu bleiben.

Denn niemand kann ständig laufen. Und ein Ort ist nicht sicherer als der andere.

Im Westen schreibt man das Jahr 1245 seit der Menschwerdung Gottes.

Für uns, die wir uns an den Kalender der zwölf Tiere halten, ist es das Jahr der Schlange.

Die Schlange ist langsam, aber zielbewußt. Und sie bewegt sich nicht geradlinig fort. Sie schlängelt und windet sich …

Um mein Leben zu retten, male ich mir jeden Morgen Schlitzaugen. Und meine Zunge ist nur ein Klumpen im Mund. Bis vor kurzem habe ich mein Brot als Gaukler verdient. Es ist nicht das erste Mal, daß ich die Rolle des Stummen spiele. Und sie, bei der ich wohne, wird mich niemals verraten. Sie hat eine warme und feuchte Höhle. Wir wollen beide, daß ich mich dort verstecke. Sie ist vier Jahre lang Witwe gewesen.

Zuerst will ich ihn sehen, wie er vom Pferd abgeworfen wird.

Ich war nicht der einzige, der gehofft hat, er möge ein neuer König David sein.

In meinem Teil der Welt ist das eine alte Vorstellung … der Traum eines großen christlichen Reiches im Osten … eine mögliche Hoffnung und ein Sinn für die weißen

Flecken auf der Karte ... ein frommes und gerechtes Königreich ... ein Märchenland ... direkt vor den Grenzen unserer gesicherten geographischen Kenntnisse. Und wenn wir uns bedroht fühlten ... sobald der arabische Halbmond wie eine Sichel am Horizont aufstieg ... Ich weiß nicht, wie es anfing. Aber ich weiß, daß die Menschen in Europa sich immer gern Geschichten über den Apostel Thomas erzählt haben ... der Zweifler, der darum bat, die Hand auf die Wunden des Auferstandenen legen zu dürfen ... und später der größte aller Prediger wurde ... der ungläubige Thomas ... der nach Osten zog – und der die christliche Kirche Indiens gründete ... und vielleicht auch das von Priestern regierte Königreich, von dessen Existenz wir wußten ... irgendwo weit, weit weg. Östlich von Persien und Armenien, sagte jemand. Und kannten wir nicht sogar den Namen des Königs? Johannes ... ein König und Priester, christlich wie sein Volk, wenn auch nestorianisch. Hatten wir nicht Abschriften und glaubwürdige Zeugen, auf die wir uns stützen konnten? *Priesterkönig Johannes*, so nannten wir ihn. Und hatte er nicht bereits einmal die Perser geschlagen und versucht, den Tigris zu überschreiten? Konnte das nicht – zu jeder Zeit – wieder geschehen? Denn war er etwa nicht der direkte Nachkomme von einem der Drei Weisen aus dem Morgenland? Wir wußten: Ebenso, wie seine Vorväter einst vor dem Jesuskind in der Krippe knieten, hatte auch Johannes die Absicht, sich – eines Tages – nach Jerusalem zu begeben. Und merkten wir etwa nicht, daß jedesmal, wenn sein Name in den Basaren geflüstert wurde, die Heiden und Ungläubigen ein Flackern in den Augen hatten? Von meinem achten bis zu meinem fünfzehnten Lebensjahr war ich Sklave in Ägypten. Zuerst in Alexandrien. Dann in Kairo. Ich lernte, auf das Kreuz zu spucken, ich verfluchte die Dreieinigkeit, fünfmal täglich warf ich mich mit dem Gesicht gen Mekka gewandt in den Staub ... vergaß aber nie, denen, die mich vergewaltigten, Tod und Verderben zu wünschen. Nicht alles war gleich schwarz. Es gab auch Dinge, für die ich dankbar war. Aber das ist eine andere Geschichte. Hier genügt es zu sagen: Wir waren wie die Kinder Israels an den Flüssen Babylons ... eine Hilfe war das gemeinsame Hoffen und Sehnen mit denen, die dasselbe Schicksal erlitten. Und das Feuer, an dem wir uns am liebsten wärmten, war der Traum des Priesters Johannes ... Ich weiß: In Europa muß es ebenso gewesen sein. Die christliche Welt war in Auflösung begriffen. Der Islam wurde mit jedem Jahr mächtiger. Jerusalem schien endgültig verloren. Und die, die noch kämpften? Ihr einziger Trost waren die Heerscharen des Priesterkönigs, die jederzeit aus dem Osten einfallen und sie retten konnten.

Nein.

Ich war nicht der einzige, der hoffte, daß der Mann auf dem weißen, stämmigen Pferd ein neuer König David sein würde.

Mache ich Umwege? Ich frage Diao Chan. Denn sie ist wach geworden. Jetzt sitzt sie hinter mir. Lehnt ihren Kopf an meinen Rücken und läßt die Hände wie schläfrige Katzenpfoten auf meine Schultern fallen. Ich sage: Eines Tages wird dies vielleicht von Menschen gelesen, die keiner von uns kennt.

Sie ist zu müde, um zu antworten.

Sie hat einen langen Tag gehabt und eine lange Nacht.

Mache ich Umwege?

Ich nehme die Wege, die ich will.

Ich bitte dich: Lies diese Seidenrolle lieber wie einen Brief.

Es heißt, daß er in dem Winter – während sie nach Süden unterwegs waren – in Arbukha blieb, um Wildpferde zu jagen. Vielleicht meinte der Alte, er müsse sich vor Yesüi produzieren, der Frau, die er mehr und mehr allen anderen vorzog. Als er abgeworfen wurde … Es sei ein Mißgeschick gewesen, sagte man. Es hätte jedem passieren können. Ein Wort, um sich daran festzuhalten. Jedem. Ein Wort, den Mond anzuheulen. Und war er nicht der Sohn des Himmels? Wer hätte nicht seine rechte Hand gegeben, um dabeigewesen zu sein? Ihn fallen sehen. Ihn wie einen Sack voll Wind bersten hören. Wer würde nicht auch noch seine Linke hingeben … für die Gelegenheit, sich über ihn beugen und sagen zu dürfen: Das kann jedem passieren? … Denn er hat nur zwei Augen. Auch er. Er hat nur zwei Ohren und einen Mund. Er hat nur zwei Beine und zwei Arme. Auch er. Und jetzt ist er tot. Auch er.

Auch er …

Der Sturz tötete ihn nicht. Er steht wieder auf. Sie ziehen weiter. Aber von dem Tag an wird er immer schwächer. Er bekommt Fieber. Und weder Kräuter noch Weihrauch vermögen es zu vertreiben. Weder Tänze noch Trommeln. Seine grünen Augen … Trotzdem bricht er den Feldzug nicht ab. Niemand soll sehen, daß er wankt. Er läßt seine Heerschar den großen Fluß überqueren. Doch der Tod hockt auf seinen Schultern. Und an der Grenze zum Song-Reich – wo sich all die alten Feinde versammelt haben – schlägt er sein Lager auf … zum letzten Mal. Man schreibt das Jahr 1227. Ich versuche, ihn vor mir zu sehen … versuche, die Fäden zu verknüpfen, die ich erhascht habe – bei vielen und langen Gesprächen … schließe die Augen und warte … sehe … sehe die weiße Jurte – sein großes Zelt, das stets für sich steht, abgesondert von den anderen … sehe die Wächter vor dem Eingang, sie sind stumm … mit Gesichtern wie geschnitzt aus altem Treibholz … sehe … brenne mit meinen Gedanken Löcher in Filz und Häute … warte … zögere … lasse die Augen ins Zelt hineinkriechen, sehe ihn … auf dem weichen Pantherfell liegen … sehe ihn. Schweiß auf der Stirn. Sehe. Hände, die zittern und tasten. Höre. Das Rasseln in der Brust. Weiß … daß er sogar jetzt noch Pläne schmiedet, sein Kopf ist ein Mahlwerk und eine Windmühle, sogar jetzt legt er Schlingen aus und baut Fallen. Damit er sie schlagen, züchtigen kann ... damit er seine Feinde besiegen und zu Boden zwingen kann ... auch wenn er schon lange steif und kalt ist. Im Kalender der zwölf Tiere ist es das Jahr des Schweines. Dasselbe Zeichen, unter dem er auch geboren wurde. Man sagt, daß von den zwölf Tieren, die sich zur Neujahrsfeier des Herrn Buddha einfanden – und deshalb wurde jeweils ein Jahr nach ihnen benannt –, das Schwein als letztes kam. Denn das Wildschwein ist vorsichtig ... und berechnend. Es sieht sich vor. Immerzu.

Auch ich bin vorsichtig.

Wer einen leblosen Drachen findet, sollte sich davon überzeugen, ob er wirklich tot ist ... ehe er anfängt, die Zähne in seinem Maul zu zählen und die Schuppen von seinem Panzer zu kratzen.

Viele meinen, er sei ein Gott gewesen.

Weitaus mehr nennen ihn einen Teufel.

So verschieden kann man ihn sehen.

Aber eines steht fest ... eines kann jeder von uns erkennen: Er war auch ein Drache.

Beinahe zwanzig Jahre ist er jetzt tot.

Trotzdem habe ich Angst, mich ihm zu nähern.

Diao Chan ist wieder eingeschlafen.

Ich betrachte sie. Wenn sie so daliegt – das eine Bein auf der Decke und das andere unter den Körper gezogen –, sieht sie aus wie ein Kind.

Vorsicht?

Ein neuer König David.

Ich schreibe das so sorgfältig wie möglich. Damit du, der du es liest, verstehst, welche Erwartungen wir hegten – wie hoch hinauf wir uns heben ließen ... und wie tief wir fielen.

Der Priesterkönig Johannes. Der Traum vom großen christlichen Reich im Osten.

Hatte nicht Papst Kalixt II. bereits im Jahre 1122 von einem Mann Besuch, der sich Erzbischof von Indien nannte? Gab es nicht glaubwürdige Zeugnisse von der Existenz des syrischen Bischofs Hugo von Dschabala?

Ich taste mich vorwärts. Kleine, verstaubte Stücke meines eigenen Kinderglaubens.

Und der Brief ... Wer kannte ihn nicht, diesen Brief, den der oströmische Kaiser in Konstantinopel, Manuel I., im Jahre 1165 von Johannes dem Priester bekommen haben soll? Abschriften wurden sogleich weiterverschickt, unter anderem an Friedrich Barbarossa, den Kaiser des Heiligen Römischen Reiches Deutscher Nation – und an Papst Alexander III. Die gesamte Christenheit spitzte gläubig und verwundert die Ohren. Unser Heiliger Vater versuchte gar, mit dem mystischen Priesterkönig in Briefwechsel zu treten. Johannes wurde eine eigene Kirche in Rom versprochen, ein eigener Altar in den Kirchen St. Peter und St. Paul – und wenn alles gutginge und unsere gemeinsamen Feinde endlich vertrieben wären: ein eigener Altar in Jerusalem in der Abendmahlskirche des Herrn. Welche Adresse schrieb der Papst auf diesen Antwortbrief? Er übergab ihn seinem Leibarzt Philippus – er galt als einflußreiche Person und rühmte sich außerdem seiner vielen und guten Kontakte mit verschiedenen Fürstenhäusern im Morgenland. Wir müssen außerdem davon ausgehen, daß Philippus mit kostbaren Geschenken ausgestattet wurde. Und schließlich müssen wir annehmen, daß er ein Betrüger war. Denn von dem Augenblick an, in dem sich Philippus von unserem Heiligen Vater verabschiedete, hat man von ihm nichts mehr gehört und gesehen. Er verschwindet spurlos in der Geschichte ... Doch Johannes der Priester spukte weiterhin in den Köpfen des Volkes. Der Brief, den er nach Europa schrieb, wurde in alle Sprachen übersetzt. Und jeder Abschrift und jeder Übersetzung wurden neue und märchenhafte Abschnitte beigefügt. Er herrsche vom Babylonischen Turm bis zur äußersten Grenze Indiens, war da zu lesen. Der Paradiesfluß Physon fließe durch die Hauptstadt. Auf einem Berg vor der Stadt liege die Kirche, wo der Apostel Thomas begraben sei und wo sich täglich die herrlichsten Wunder ereigneten. In diesem Land flössen Milch und Honig. Hier finde sich auch der Wald, wo der Pfeffer wachse, und im Wald sei eine Quelle, die zu jeder Stunde des Tages anders schmecke ... die Quelle liege nicht weit vom Garten des Paradieses entfernt, und wer daraus trinke, werde niemals krank und bleibe sein Leben lang jung. Zahlreiche seltsame Menschenrassen seien hier versammelt: Menschen mit Hörnern, Menschen mit Hundeköpfen, Menschen ohne Kopf – und mit Augen und Mund auf der Brust. Auch Israels zehn verlorene Stämme lebten in diesem Königreich – und die Amazonen ... Die Tiere seien noch merkwürdiger. Hier gebe es Würmer, die nur im Feuer existieren können, und Riesenameisen in Hundegröße – die im Wüstensand nach Gold graben. An der nördlichsten Grenze des Reiches habe Johannes eine Höhle voller Drachen. Sie stünden ihm zu Diensten, denn in diesem Land pflegten die Bewohner die Drachen zu zähmen, ihnen Namen zu geben und auf ihnen zu reiten ... Derartige Dinge und vieles andere erzählten wir uns, lasen es laut vor, nickten bestätigend, das hofften und daran glaubten wir. Denn lebten wir nicht in einer Endzeit? War etwa nicht alles möglich?

Heute sehe ich das Ganze aus größerer Distanz. Ich kann darüber lachen. Aber damals ...

Denn auch meine eigene Geschichte ist darin verflochten:

Im Jahre 1217 rief Honorius III. endlich zu einem neuen Kreuzzug auf.

Eine bunt zusammengewürfelte Schar von Gläubigen und Glücksjägern versammelte sich in Syrien. Doch die Muslime mochten nicht gegen sie kämpfen. Sie schlossen sich in großen und uneinnehmbaren Festungen ein – und warteten.

Sie brauchten nicht lange zu warten.

Das einzige, was die »Ritter« verband, war das rote Kreuz auf den Kleidern. Das Heer zerfiel.

Die meisten traten den Heimweg an.

Doch eine beträchtliche Streitmacht zog südwärts. In der Hoffnung, in Ägypten lohnendere Beute zu machen.

Eineinhalb Jahre lang belagerten sie die reiche Hafenstadt Damietta an der Mündung des Nils.

Die Stadt verteidigte sich tapfer. Als sie endlich erobert wurde, war beinahe die gesamte Bevölkerung gestorben. Es heißt, von den 70 000 Einwohnern seien nur noch 7000 übrig gewesen …

Europa muß in Jubel ausgebrochen sein. Und wir, die wir so nahe waren und trotzdem die Ereignisse nur über Gerüchte und Verfälschungen in den Basaren und aus dem Munde unserer Herren verfolgen konnten, wir freuten uns weniger.

Man schrieb das Jahr 1219.

Allzulange waren die Sarazenen nur in den Genuß von Siegen gekommen. Sie hatten vergessen, wie Niederlagen schmeckten. Jetzt wehte ein Wind des Schocks und des ungläubigen Erstaunens durch die arabische Welt.

Als Damietta fiel, zeigten wir endlich unseren Stolz wieder.

Aber nur für erbärmlich kurze Zeit.

Im selben Jahr verbündeten sich Saladins Neffen, die Sultane von Ägypten und Damaskus, und schlossen das christliche Heer ein. Die Belagerer waren selbst belagert …

In dieser Situation … als ganz Kairo einem Hexenkessel glich und alle sich auf die Zehenspitzen stellten und in die entgegengesetzte Richtung guckten … fand ich endlich eine Gelegenheit – und den Mut – zur Flucht.

Ich machte mich auf den Weg.

Und bin seitdem unterwegs.

Mehr oder weniger.

Bis zu diesem Tag.

All das erzähle ich Diao Chan.

Obwohl sie schläft.

Sie ist jünger als ich. Wieviel, will sie nicht sagen. Sonst reden wir über fast alles.

Vorsicht?

Mir bleibt keine andere Wahl.

Ich brauche jemanden, dessen Wange ich zärtlich streicheln kann.

Und sie ist die einzige, die weiß, daß ich eine Stimme habe. Für die anderen habe ich nur ein schräges Lächeln.

Die beiden ersten Jahre in Freiheit waren hart.

Ich lebte als Gaukler. Ich schnitt Grimassen und brachte die Leute zum Lachen oder Weinen.

Manchmal bereute ich es beinahe … in Ägypten brauchte ich immerhin nicht zu hungern und zu dürsten … und ich war nicht gezwungen, in der Regenzeit unter freiem Himmel zu schlafen. Ich wußte nie, erwarteten mich Essen oder Prügel.

Sieben Jahre lang war ich Sklave gewesen. Trotzdem war ich gewissermaßen geschützt. Es konnte mich nicht jeder einfach behandeln, wie es ihm einfiel. Damit hätte er sich am Eigentum eines anderen vergriffen.

Jetzt war ich frei.

Frei, um von allen und jedem getreten zu werden.

Das war es mir aber wert. Und ich hatte Mika. Er war zwei Jahre älter. Mika war es, der mir beibrachte, wie man das Gesicht zu einer Maske schminkt, die keiner wiedererkennt. Er brachte mir bei, mit vier Bällen zu jonglieren. Wir trafen uns in Alexandrien. Und hielten seitdem zusammen. Solange er lebte.

In der ersten Zeit reisten wir in Gesellschaft von zwei Schlangenbändigern und einem Akrobaten. Sie akzeptierten uns, ohne zu fragen. Und versteckten uns wenn nötig. Ich lernte, daß Gaukler keiner Kaste angehören. Aber auch, daß wir eine heimliche Gemeinschaft oder ein eigenes Volk sind, ohne Vaterland … und daß wir zusammenhalten – über Rassen, Religionen und alle sonstigen Grenzen hinweg.

Wir reisten langsam.

Das war am sichersten.

Ich wollte heim nach Europa. Doch nach einer Weile war mir das seltsamerweise nicht mehr so wichtig … Ich habe mich betören lassen von der eigentümlichen Stimmung, den Farben und den Kontrasten in all diesen winzigen Kreuzfahrerstaaten … diesem Netz aus Träumen, Hoffnungen, Selbstverleugnung, exotischem Luxus, himmelstürmender Tapferkeit und abgrundtiefem Verrat, den wir »Outre-mer« nennen.

Ich war jung.

Und in Deutschland wartete niemand auf mich.

Mika ging es ebenso.

Fast alles ist eine andere Geschichte. Habe Geduld. Ich knüpfe die Fäden, so gut ich es vermag. Doch die Finger sind steif …

Und es ist unerläßlich, daß du den Traum von Johannes dem Priester verstehst. Glaub mir: Der Gedanke an ihn … in meiner Jugend verfolgte er mich wie ein Schatten. Wie ein Lichtstrahl! Denn in schweren Zeiten richtete die

Christenheit stets ihren Blick nach Osten. Von dort sollten Hilfe und Rettung kommen. Von da, wo die Sonne aufgeht …

Ich habe Diao Chan von Johannes dem Priester erzählt. Viele Male. Habe mich mit Gebärden und Lauten ausgedrückt. Denn ich wollte, daß auch sie es versteht. Ich sage: natürlich. Obwohl wir geglaubt und gehofft haben … ständig lauerte der Zweifel, die Stimme, die flüsterte, daß alles nichts als Trost und Märchen war. Aber du darfst nicht vergessen … es war ein *alter* Traum. Mit dem wir Hunderte von Jahren gelebt hatten. Ein Traum, der wuchs und gedieh und stark und wirklich geworden war.

Und dann kam Ostern 1221 …

Diao Chan legt den Kopf schräg. Denn jetzt erhebe ich mich. Ich tanze für sie. Ich bin Mann und Frau, Sklave und Freier, Jude und Grieche. Ich verharre. Ich horche – mit den Händen hinter den Ohren. Jetzt lächelt sie. Denn ich sperre die Augen auf. Was höre ich? Eine Botschaft – klar und deutlich wie der Ton einer Posaune. Das ist Jakob von Vitry, Kreuzzugsprediger und Bischof von Ptolemais. Und ich bin die ganze Welt … horche mit offenem Mund. Aber ich bin auch Jakob von Vitry. Es ist wahr! rufe ich. Alles wird bald in Erfüllung gehen und zum blanken Schwert werden! Jedes Wort über Johannes den Priester ist wahr! Zwar weilt er nicht mehr unter uns – obwohl er ungewöhnlich alt wurde, mußte auch Johannes eines Tages im Herrn entschlafen –, doch *seine Nachfolger* leben und herrschen! König David nennt er sich. König David von Indien. Lobet Gott! ruft Jakob von Vitry. Der Himmel hat sich unser erbarmt. Die Christenheit hat einen neuen und mächtigen Beschützer! Und hat er sich nicht bereits auf den Weg gemacht, uns zu helfen? Hat er nicht bereits mit einem ungeheuren Heer einen Krieg gegen die Ungläubigen begonnen? Diao Chan schlägt die Hände zusammen. Denn jetzt bin ich ein ungeheures Heer. Ich bin Soldaten mit Armbrüsten und scharfen Messern. Ich bin Pferde, Kamele und große Kriegselefanten. Und ich bin der Jubel in Outre-mer … der kein Ende nehmen will. Denn wir dachten an unsere belagerten Brüder in Damietta. Dann bestand also doch Hoffnung …

Waren Gerüchte für uns nicht etwas Gewohntes?

Das war etwas anderes. Alles wirkte so detailliert, so genau, so voller Leben und Farben. Und Namen … Jakob von Vitry schilderte, wie der Kalif von Bagdad den nestorianischen Patriarchen in der Stadt aufgesucht und ihn gebeten hatte, für ihn beim christlichen König David Fürbitte zu leisten, damit ihm dieser gegen den Schah von Chwarezm helfe. Denn obwohl sie beide Muslime waren, hatte der Schah trotzdem die Absicht, gegen den Kalifen Krieg zu führen. Und auf die Bitte des Patriarchen hatte König David zu den Waffen gegriffen, den Schah besiegt und sein mächtiges Reich erobert.

Aber hatte sich König David ernsthaft mit den Arabern verbündet?

Keineswegs.

Ich lache. Ich werfe den Kopf in den Nacken und lache ebenso schadenfroh und ausgelassen, wie wir das damals machten. Denn erfuhren wir nun etwa nicht, daß er sich nur fünf Tagesmärsche von Bagdad und Mossul entfernt befand? Hatte er nicht Fürsprecher ausgesandt, die vom Kalifen verlangten, auf fünf Siebtel des Landes sowie auf die Stadt Bagdad zu verzichten? Ich spiele die Fürsprecher, die an das Stadttor pochen, ich spiele den Kalifen, der sich verzweifelt den Bart rauft. Und das Ungewöhnlichste spare ich bis zum Schluß auf. Denn hatte König David nicht außerdem verlangt, so viel Geld zu bekommen, daß er die Mauern um Jerusalem wieder aufbauen könne – nicht mit Erde und Steinen, sondern mit Gold und Silber?

All das habe ich Diao Chan erzählt. Immer und immer wieder. Und jedesmal frage ich sie, so wie ich dich jetzt frage: Ist es so seltsam, daß wir jubelten?

Und wir standen nicht allein. Auch die Juden jubelten. Sie, die von allen am meisten gequält und verfolgt wurden. Denn hieß es nicht eindeutig, daß dieser David auch der König *Israels* war? Unter der Hand war nämlich aus dem »Rex Indorum« ein »Rex Judaeorum« geworden ... und selten war ein Mißverständnis oder eine schlampige Abschrift mit glänzenderen Augen begrüßt worden. Die Neuigkeit wurde von den Juden in ganz Europa gefeiert. Sie hielten Dankesfeste ab und sammelten Geld für jeden, der bereit war, König David entgegenzuziehen ...

Und dann wurde es still.

Wir hörten nichts mehr.

Wir wußten: Irgendwo zwischen Mesopotamien und dem Kaspischen Meer stand eine mächtige fremde Kriegsmacht.

Warum eilte sie uns nicht zu Hilfe?

Kaum etwas ist das, wofür es sich ausgibt. Ich mußte das schließlich am besten wissen. Zu oft habe ich mir das Gesicht geschminkt ... oder den Mund mit Stoffetzen verstopft.

Wenn ich auf dem Rücken liege und die Beine spreize ... Wenn sich Diao Chan auf mich setzt ... wenn wir spielen, was sie »So-übermütig-wie-Schmetterlinge« nennt ... Wenn ich spüre, wie der Jadestab an ihre Pforte pocht ... wenn ich weiß, daß die Wolken bald dem Regen begegnen werden ... kann man das Liebe nennen?

Nein.

Es tut uns gut.

Wir haben beide unser Vergnügen daran.

Aber geht es nicht eher um den Drang, jemanden festzuhalten ... sich in jemandem zu verstecken ... zu umarmen und umarmt zu werden ... jemandem nahe zu sein ... Hände zu spüren, die den Körper streicheln? Ist es Diao Chan, die ich haben will?

Sie wälzt sich im Schlaf … streckt die Arme aus nach mir … murmelt Worte, die ich nicht verstehe.

Oder will sie mich haben?

Ich weiß nur: Ohne Diao Chan wäre es niemals gegangen.

Denn ich habe mein Lager unter denen aufgeschlagen, die mich verfolgen.

Was haben sie gegen dich?

Sie hat nie gefragt.

Und was hätte ich antworten sollen?

Ich weiß es nicht. Hätte ich antworten können. Denn das entspricht der Wahrheit. Ich weiß es nicht. Und sie hätte vielleicht gelacht. Und ich hätte vielleicht auch gelacht. Wie wir es oft aus Verzweiflung tun. Denn braucht es einen Grund? Weht nicht der Wind, wo er will? Und sind nicht überall Mongolen?

Wir könnten dastehen und uns mit den Armen umschlingen. Ich könnte mein Gesicht an ihre Augen und ihre Stirn drücken. Und wir könnten lachen, bis uns die Tränen herunterlaufen. Bis wir nicht mehr wüßten, woher die Tränen sind und wer von uns sie geweint hat.

Warum fragt sie nicht?

Ich brauche das nicht zu schreiben. Ich brauche überhaupt nichts zu schreiben. Aber ein Dämon sitzt mir im Genick. Ich spüre ihn weniger, wenn ich den Nacken beuge und schreibe.

Ich war 17 Jahre alt – und ungeduldig. Und ich war bei weitem nicht der einzige. In kleineren und größeren Gruppen zogen die Abenteurer und die Neugierigen ostwärts. Die meisten kamen nicht weit. Sie verdursteten in der Syrischen Wüste. Oder wurden von den Assassinen gefangengenommen. Wurden von arabischen Krummsäbeln niedergemetzelt. Mika und ich hatten Glück. Wir schlossen uns einer gewöhnlichen Handelskarawane an. Wir entschlossen uns, langsam zu reisen. Wie wir es gelernt hatten … Aber je weiter wir nach Osten kamen, um so klarer wurde es, daß nicht alles so war, wie es sein sollte. Wir bekamen Nachrichten von den christlichen Fürstentümern in Armenien, Georgien und im Kaukasus, erfuhren, daß ihre Streitkräfte geschlagen, ihre Städte geplündert und die Burgen zerstört waren. In einer Oase hörten wir das Gerücht, daß unbekannte Krieger über die Steppen nördlich des Schwarzen Meeres brausten. Man erzählte die fürchterlichsten Dinge von ihnen. Sie seien kurzbeinig, hätten kräftige Brustkörbe und seien ganz schwarz im Gesicht. Sie tränken Blut, wurde gesagt. Und trügen trotzdem das Zeichen des Kreuzes auf ihren Fahnen … Es fiel schwerer und schwerer zu glauben, daß es sich um einen neuen König David handelte. Denn der Strom der Flüchtlinge nahm zu, die Geschichten wurden immer grausamer, und bald schien das Wort des Propheten Jeremias vor unseren Augen wahr zu werden: *Vor dem Lärm der Reiter und Bogenschützen flüchtet das ganze Land, sie gehen hinein ins Dickicht, steigen auf die Felsen; jede Stadt ist verlassen, kein Bewohner darin.*

Gott sei Dank entschlossen wir uns rechtzeitig zur Umkehr.

Denn die dunklen Wolken … der Sturm, der am Horizont entlangzog … das war *er*! Nie hat die Welt seinesgleichen gesehen. Und das Gesicht der Erde wird nie mehr so sein wie zuvor. Aber damals … noch kannten wir ihn nicht … wir hörten nur, daß uns sein Name wie ein Donnern am Himmel entgegenrollte. Und wir kehrten um, weil es uns zu gefährlich war.

Wir zogen aus, um einen Erlöser willkommen zu heißen.

Später begriffen wir, daß wir nur einige Tagesreisen weiter das hemmungslose Wüten der Mongolen erlebt hätten … und vielleicht hätten wir ihm sogar von Angesicht zu Angesicht gegenübergestanden … ihm, für den es tausend Umschreibungen gibt, die eine schrecklicher als die andere. Der große Menschentod. Gottes Zorn. Geißel der Erde. Er, der sich *Dschingis Khan* nannte.

Ich suche nach Worten. Wie soll ich die Lähmung beschreiben, die uns alle überfiel … den Schauer der Enttäuschung, der die ganze Christenheit ergriff … das erbärmliche Schreien und Jammern, das zum Himmel stieg? Alles war so nahe gewesen … so greifbar nahe vor der Erfüllung. Denn es war ja ein riesiges Reich im Osten entstanden, jenseits aller muslimischen Verteidigungslinien, und ein mächtiger König befand sich ganz sicher mit seinem Heer auf dem Weg nach Westen. Er kam nur nicht in der Gestalt eines Erlösers oder Retters. Er war ein Eroberer – der größte, den die Welt jemals gesehen hat. Selbst Alexander war klein neben ihm.

So groß war die Enttäuschung … und ich weiß, daß viele in Europa sich bis zum heutigen Tage weigern, der Wahrheit die Ehre zu geben. Sie wollen ihre Ammenmärchen vom großen, unbesiegbaren christlichen Weltreich nicht aufgeben. Alles sei richtig gewesen, sagen sie. Jedes Wort habe der Wahrheit entsprochen. Die Alten hätten nur einen Fehler begangen und dieses Reich nach Asien verlegt. Inzwischen sind wir sämtliche Briefe und Handschriften durchgegangen. Und wir haben das Mißverständnis aufgeklärt. Das Reich von Johannes dem Priester liegt natürlich nicht in Asien. Es liegt in *Afrika*! Und eines Tages werden die Menschen dort kommen, die Christenheit zu retten …

So schwer ist es manchmal, einen Traum zu zerstören.

Man sagt oft, daß Träume verrückt sind.

Doch dieser muß vom gleichen zähen Stoff sein wie die Dummheit.

Wisse: Ich habe ein rastloses Leben geführt.

Wisse: Als ich 36 Jahre alt war, geriet ich in die Gefangenschaft der Mongolen. Vier Jahre lang mußte ich auf dem Markt ihrer Hauptstadt, in Karakorum, tanzen.

Über das, was hinter mir liegt, gibt es vermutlich nicht mehr viel zu sagen.

Denn man glaube bloß nicht, daß es meine eigene Geschichte ist, die ich ans Tageslicht holen will. Obwohl sie merkwürdig genug wäre und voller seltsamer Begebenheiten.

Über *ihn* möchte ich schreiben.

Aber kann sich der Betrachter völlig heraushalten aus dem, was er betrachtet?

Ist es nicht eher so, daß man, um Gesehenes zu verstehen, zuerst seinen eigenen Augen trauen können muß?

Es ist lange her.

Aber ist es nicht merkwürdig, daß ich mich heute – trotz allem, was ich weiß und was ich seinerzeit wußte – weiter im Osten befinde, als ein christlicher Mensch jemals sein sollte?

Jiayuguan ... von manchen auch Kweimenkwan genannt – das Tor des Dämons. Hier hat die Große Mauer ihren äußersten Vorposten nach Westen. In früheren Zeiten soll sie noch weiter gegangen sein, heißt es. Jetzt sind nur noch einzelne verwitterte, halb vom Sand zugewehte Steinbrocken der alten Wachtürme übrig. Doch Jiayuguan steht nach wie vor. Die Festungsanlage ist im Westen breiter als im Osten und erinnert in ihrer Form an eine Leiter. Der Umfang beträgt beinahe tausend Schritt.

Zu beiden Seiten befinden sich Mauern. Sie sind höher als sechs Mann und stabil, obwohl sie nur aus gestampfter Erde und nicht aus Stein bestehen wie weiter drinnen in Cathay. Wie ein Drachenschwanz winden sich diese Wälle um die Stadt, um sich dann über die nahe liegenden Hügel zu ziehen, immer auf und ab – und in den Bergen zu verschwinden.

Wie ein Drachenschwanz …

Hier verstecke ich mich.

Ich wecke sie. Ich küsse die Jadepforte. Bis sie die Beine hebt und mir die Füße über die Schultern legt. Keiner von uns sagt etwas. Aber ich habe gelernt … daß für Diao Chan jede Bewegung einen Namen hat. Jetzt nimmt sie meine Hände, führt sie, wohin sie will. Ich sehe, daß sie die Stellung wählt, die sie *xuan ming peng zhu* nennt. Das bedeutet: Der-Stein-fliegt-über-den-schwarzen-See. Sie lächelt. Ich fasse sie um die Hüften und lasse den Jadestab in sie eindringen. Die schmalen Mandelaugen schließen sich. Wir sind der Stein. Der über den schwarzen See fliegt.

Als er schon im Sterben lag, so erzählt man … bat er den Tod zu warten … denn vorher wollte er sichergehen, daß das Bündnis zwischen Jin und den Tanguten zerschlagen und jede Stadt in Xixia geplündert und verbrannt war. Ich sehe, wie er kämpft, um seinen Willen zu behaupten. Ich sehe, wie er sich danach sehnt, noch einmal … wenn der Himmel es erlaubt … den Fuß auf den Nacken eines besiegten Gegners zu stellen. Doch Prinz Schidurqo hat sich in der Hauptstadt von Xixia verschanzt, und den mongolischen Wurfmaschinen gelingt es nicht, ein Loch in die Mauer zu schießen … Es heißt, daß Dschingis Khan mit jedem Tag schwächer wurde … nur die nächsten Familienangehörigen und sein treuer Ratgeber, Yelü Chucai, durften zu ihm in das weiße Zelt … und er gab den Befehl, daß niemand von den Soldaten erfahren dürfe, wie es um ihn bestellt sei. Ich höre die Stimme, die flüstert. Zeit … Zeit … Ich sehe die Schatten in seinem Gesicht wachsen. Und dann … endlich kommt Nachricht aus Jin. Ein Kurier bittet um Frieden und überreicht eine Schale mit auserlesenen Perlen aus der Schatzkammer des Königs. Doch Dschingis Khan … Es heißt, er habe die Schale umgedreht und die Perlen in den Staub vor das Zelt geschüttet. Wer sie hätte auflesen dürfen … Ich sehe ihn. Er steht in der Zeltöffnung. Unbeweglich. Niemand stützt ihn. Und er sagt kein Wort. Fürchtet er, die Stimme könnte die Schmerzen verraten? Aber in seinen Gedanken hat auch das rebellische Jin-Reich keine wirkliche Bedeutung mehr. Die letzte Schlacht wird zwischen ihm und Schidurqo stattfinden. So sieht er es. Denn der Xia-Prinz ist der dritte seines Geschlechts, der es gewagt hat, dem Khagan zu trotzen … Gut. Es tut gut zu kämpfen … wenn alles Schwierige einfach wird … und wenn der Feind einen Körper bekommt, ein Gesicht … und einen Namen. So denkt er. Und er weiß … nachdem Jin um Gnade gebeten hat, ist es nur eine Frage der Zeit, bis auch Schidurqo aufgeben muß. Eine Frage der Zeit … Ich sehe, wie sich der Alte windet, Blut hustet, den blauen Himmel um Kraft anfleht. Weiß, daß der Kampf verloren ist. Für beide. Wünscht sich aber trotzdem eine Art Sieg. Einen letzten … Und ich sehe den Boten des Prinzen ins Lager reiten. Ich höre die Stimme rufen: »Wenn der Khagan Schidurqo vergeben will, wird Schidurqo innerhalb eines Monats kommen und ihm huldigen.« Und ich sehe ihn, der längst tot sein sollte … ich sehe den Drachen … ich sehe das unbewegliche Gesicht. Ich weiß, daß er tief drinnen … hinter allen Schmerzen … sitzt und grinst. Aber ich sehe auch, wieviel Zeit er braucht, um die Worte für eine Antwort zu sammeln, mit welcher Anstrengung er den Satz in den Mund holt, und was es ihn kostet, den Satz auszusprechen – mit klarer und fester Stimme. Und was antwortet er? Ein Seufzer geht durch die, die es hören. *»Ich werde vergessen, was gewesen ist.«* Das antwortet Dschingis Khan seinem letzten Feind. Und jeder weiß, daß er ein Mann ist, der sein Wort hält. Aber niemand sieht … daß er in seinem Herzen lacht. Denn das ist ein Scherz, der von Lagerfeuer zu Lagerfeuer wandern wird, solange es Menschen in den grauen Steppen gibt. »Ich werde vergessen, was gewesen ist.« Dabei dachte er gar nicht daran zu verzeihen. Denn so kann auch einer reden, der weiß, daß er bald sterben wird … Dschingis Khan ruft seine Generäle zu sich. Er entwirft einen detaillierten Schlachtplan für einen neuen, vernichtenden Feldzug gegen Jin. Die Verantwortung dafür überträgt er seinem Sohn Tolui. Doch der letzte Befehl, den er erteilt … gilt Schidurqo. Und während alle seine Lagerstätte umringen, bittet er, seinen Tod geheimzuhalten … bis Schidurqo aus Xixia kommt, um ihm zu huldigen. Bis zu diesem Tag dürfe weder Freund noch Feind erfahren, daß der Groß-Khan nicht mehr unter den Lebenden weilt.

Dann stirbt Dschingis Khan.

Es ist der fünfzehnte Tag des mittleren Herbstmonats im Jahr des Schweines.

Im Westen schreiben wir den 18. August 1227.

Ich bin ihm nie begegnet. Ich war nicht dabei … damals vor bald zwanzig Jahren. Trotzdem kann ich das Ganze sehen und hören … und ich kann mich so gebärden, daß auch Diao Chan sieht und hört. Ich kann ihr das Lager mit den tausend Filzzelten zeigen, kann Pferde und Soldaten heraufbeschwören. Denn das ist eine Gabe, die mir Gott verliehen hat. Ich bin ein Kurier von fern und nah. Ich bin ein Schamane mit Trommeln und wilden Augen. Ich bin persische und arabische Kaufleute. Ich bin ein alter, gebeugter Astrologe. Und ich bin der Wachtposten, der sie alle abweist … Denn vor der weißen Jurte steckt eine Lanze in der Erde, als Zeichen dafür, daß jemand im Zelt krank ist. Und nur die Generäle und seine nächsten Angehörigen dürfen zu ihm hinein ... Ich bin alle, die warten. Geduldig. Und ich bin die wenigen, die die Zeltbahn beiseite schieben ... die für eine Weile drinnen bleiben ... allein mit dem Toten ... und die sich mit Verbeugungen und lauten Abschiedsgrüßen rückwärts wieder entfernen. Ich bin der oberste Ratgeber des Reiches ... ich bin Yelü Chucai ... der jeden Morgen verkündet, daß es dem Khan ein bißchen besser gehe, er aber noch nicht wünsche, jemanden zu empfangen. Ich bin die Frau, die neben dem Toten sitzt und wohlriechende Kräuter verbrennt, damit niemand den Geruch der Leiche wahrnimmt. Ich bin seine Söhne. Die lächeln. Ich bin Yesüi, der er verboten hat, Trauer zu zeigen. Und endlich ... ich deute und klatsche in die Hände ... ein stattlicher Zug ... Reiter, die langsam näher kommen ... ich packe Diao Chan am Arm ... ist das nicht Schidurqo? Sie nickt. Denn wir sind da. Wir sind beide da. Wir teilen die Spannung und die Erwartung. Wir befinden uns unter denen, die den Xia-Prinz willkommen heißen. Wir geleiten das Gefolge auf den großen, offenen Platz. Wir verbeugen uns ehrerbietig. Wir bieten ihnen Plätze an bei den Ehrengästen. Bieten Speisen an. Schenken Wein aus. Wir besorgen festliche Gewänder für sie. Wir sagen: Er wird bald hier sein ... bald. Wir scharen uns um sie. Lachen und sind freundlich. Wir lassen Tänzer auf- und abtreten. Wir führen ihnen Sänger und Musiker vor. Kommt er nicht bald? Doch. Bald. Greift zu. Trinkt mehr Wein. Lehne dich zurück, Schidurqo. Genieße die weichen Kissen. Schau sie dir an, die da vor dir tanzt, Schidurqo. Schau, wie weiß ihre Schenkel sind ... sie stammt aus einem fernen Land. Einst war sie eine Prinzessin, Schidurqo. Trink doch! Jetzt tanzt sie heran. Dschingis Khan ist bereit, dich zu empfangen, Schidurqo. Aber fühle zuerst, welch feste Brüste sie hat ... Ich bin Schidurqo, dem man aufhelfen muß. Diao Chan streckt mir ihre Brüste entgegen. Ich bin betrunken. Ich lache … meckere wie ein Bock, während meine Hände sie überall betasten. Dann wird sie der Soldat, der mir den Weg zum Zelt weist. Drinnen ist es dunkel. Ich werfe mich auf die Knie. Grüße den Khagan. Sehe ihn nicht. Grüße ihn aber trotzdem – neige die Stirn dreimal zu Boden. Eine Hand packt mich im Nacken. Reißt mir den Kopf nach oben. Jetzt sehe ich ihn. Warum liegt er so steif und starr da? Und die Hand, die meinen Kopf und Nacken umklammert … warum läßt sie nicht los? Im spärlichen Schein des Feuers sehe ich andere Gesichter … Ich sehe Tolui. Ich höre ihn sagen: »Dschingis Khan hat vergessen, was gewesen ist. Aber wir erinnern uns für ihn!« Ich reiße mich los. Ich wanke aus dem Zelt. Verrat! Ich rufe um Hilfe. Rufe meine Männer zu den Waffen. Verrat! Ein lautes Gelächter schallt mir entgegen. Und ich sehe … den Haufen blutiger Körper … die große Pyramide abgeschlagener Köpfe … und die vier Pferde, die darauf warten, mich in Stücke zu reißen. Ich lasse mich von Diao Chan fesseln. Ich heule und bitte um Gnade. Obwohl ich weiß, daß das Spiel bald zu Ende ist. Und daß sie im nächsten Augenblick wie Regen und weiche Wolken auf mich fallen wird. Aber noch bin ich der bedauernswerte Schidurqo, Prinz von Xixia. Und sie … sie ist die rasenden Mongolen und vier starke Pferde.

Ich schließe die Augen.

Und spüre, daß sie mir vorsichtig in die Schenkel beißt.

Danach erzähle ich ihr von dem langen Marsch in die Heimat. Denn sie wollten nicht, daß er in fremder Erde ruht. Ich erzähle vom Leichenzug, der alles Lebendige am Weg tötete. Jedes Geschöpf, das ihnen begegnete. Egal, ob Tier oder Mensch.

Und wieder spüre ich, daß ich in sie hineinwill.

Gemeinsam mit Diao Chan erklimme ich den heiligen Berg, Burkhan-khaldun.

Sie öffnet sich.

Während wir singen, graben wir ein Loch in die Erde. Größer als sonst. Denn die Leiche ist alt, übelriechend und steif. Vergeblich versucht man, sie vom Wagen, auf dem sie liegt, zu lösen. Wir helfen mit, den Wagen in die Grube zu schieben. Wir häufen Steine und Heidekraut darüber. Bis er endlich weg ist.

Als ich komme, muß ich so laut schreien, daß sie mir die Hand auf den Mund legt, und ich merke, daß ich ihre Finger blutig beiße.

Unser ganzes Leben lang haben wir im Schatten dieses Mannes gelebt.

Du fragst: Warum schreibe ich an dich? Warum schreibe ich an den Wärter der Kaiserlichen Menagerie? Das ist eine alte Geschichte. Und wenn ich sie schon hier verriete … woher wüßte ich, ob du weiterlesen würdest?

Bald kommt der Morgen.

Draußen ist es kalt und sternenklar.

Diao Chan hat eine Schlange gefangen. Ein paar Tage hat sie ihr warme Ziegenmilch gegeben. Jetzt schüttelt sie die Schlange aus dem Krug. Sie windet sich über den Lehmboden. Zischt und züngelt. Diao Chan beobachtet sie aufmerksam. Plötzlich schnellt ihre Hand wie eine Klaue vor. Packt den glatten Körper in der Mitte. Schwingt die Schlange durch die Luft und knallt ihren Kopf auf einen der Steine bei der Feuerstelle. Mit einem scharfen Messer schlitzt sie das Tier auf. Preßt das Blut in einen kleinen Becher. Holt die Galle und die Testikel heraus. Die Schlange zappelt verzweifelt. Erst als Diao Chan ihr die Haut abgezogen hat, macht sie ihre letzten Zuckungen. Diao Chan windet die abgehäutete Schlange aus wie ein nasses Handtuch. Sie will alles Blut herausholen … bis zum letzten Tropfen.

Sie bittet mich, frisches Wasser zu holen. Es gibt eine kleine Oase direkt vor der Stadt. Mit Süßwasserquelle und fruchtbarer Erde. Bevor ich gehe, schminke ich mein Gesicht und male mir Schlitzaugen. Wir sind nicht die einzigen, die so früh erwachen. Soldaten der Festung könnten dort sein. Ich bin ungern tagsüber draußen. Ich gehe am liebsten am Abend oder vor Sonnenaufgang hinaus. Was erzählt sie Freunden und Nachbarn? Sie sagt, daß ich krank bin. Daß ich ein Onkel bin und sie versprochen hat, ihn zu pflegen. Und daß ich für mich bezahle. Begegnet mir ab und zu trotzdem jemand, werde ich lächelnd gegrüßt. Und ich erwidere das Lächeln. Ich bleibe nie stehen.

Bin ich krank? Ich bin krank gewesen. Es sind die Körpersäfte. Sie geraten leicht aus dem Gleichgewicht. Und ich habe einen Rücken, um den mich keiner zu beneiden braucht. Wenn er sich versperrt, gibt es keinen anderen Schlüssel als Geduld.

Ich fühle mich gesund.

Ich habe vieles, wofür ich dankbar bin. Allein daß ich lebe … ist das nicht genug?

Nicht immer.

Ich gehe unterm Sternenhimmel und denke an ein altes kirgisisches Märchen. Darin heißt es, daß jeden Abend, wenn die Dunkelheit anbricht, ein böser Geist auftaucht und sich auf die Jagd begibt. Dieser böse Geist wird »Kaar« genannt, und er sucht nach einem Opfer, auf das er sich stürzen kann. Hat er einen Menschen in Besitz genommen, gibt dieser Mensch leicht allen Verlockungen nach, heißt es. Kaar flüstert seinem Opfer zu, es solle lieber faulenzen als arbeiten, es solle sich lieber von der Familie trennen und sich allen möglichen unwürdigen Genüssen hingeben. Manchmal geschieht es, daß so ein Unglückseliger dazu verführt wird, einen unschuldigen Menschen zu töten. Und genau das ist Kaars Absicht, darauf wartet er … Er schnappt sich die Seele des Unschuldigen, um sie sofort mit in die Hölle zu nehmen. Doch die Engel, heißt es … die Engel sehen Kaars böse Taten immer und versuchen, die Seelen der gerechten Menschen aus seinen gierigen Klauen zu befreien. Die Engel schießen mit Feuerpfeilen auf Kaar. Und wenn wir Menschen diese Pfeile am Nachthimmel sehen … glauben wir, es seien Sterne, die fallen …

Gibt es etwas, was ich nicht tun würde?

Ist es Kaar, der mich zwischen den Schulterblättern kratzt?

Du siehst: So wie du Tiere und Vögel sammelst … von jeder Art zwei … so sammle ich Märchen und Bilder. Ich eigne sie mir an. Ich trage sie immer auf der Zunge. Und wenn ich sie vorzeige, streichle ich sie wie junge Kätzchen … Wie viele Käfige hast du, Wärter? Hast du Elefanten … alt und klug? Singen die Vögel? Mit welchen neuen Wundern lockst du Jerusalems Bürger vor deine Gitter und die tiefen Gräben? Ist es dir schon gelungen, ein Einhorn zu fangen?

Es ist ein bißchen später. Ich stehe in der Tür. Hinter mir rieche ich den Duft nach heißer Schlangensuppe. Diao Chan kommt heraus zu mir. »Trink«, sagt sie – und reicht mir einen Becher. Sie hat in das Schlangenblut die bittere Galle gerührt, das Ganze mit starkem Schnaps und verschiedenen Kräutern vermischt und mit Reiswein, in dem ein ganzes Jahr Schlangenhoden gelegen haben. »Trink«, sagt sie noch einmal. »Das wird dir guttun. Es schenkt dem Mann Lust und hilft gegen schlechtes Sehen, Müdigkeit und jede Art von Rückenschmerzen.«

Hilft es gegen Männer auf flinken Pferden?
Ich trinke.
Sie legt den Arm um mich.
Wir zählen fünf Sternschnuppen.

Die ganze Zeit denke ich an ihn, der auf dem Berg Burkhan-khaldun seine letzte Ruhestätte fand.

## II

Das Gesicht, wie es uns beschrieben wurde: breit und vierschrötig ... Wir kratzen es mit einem kleinen Stöckchen in den harten Erdboden. Aber wir machen es schmaler. Wir glätten die Fältchen um die Augen. Glätten die Runzeln auf der Stirn. Wir entfernen den schütteren Backenbart. Schneiden die herabhängenden Bartenden ab. Wir suchen ein anderes Gesicht ... Die Mongolen sind klein. Arme und Beine sind gedrungen. Er aber überragte die meisten, mit denen er ritt ... Sein Körper sei schwer gewesen, heißt es. Wir machen ihn leichter. Die hängenden Schultern schieben wir zurück ... richten den Rücken auf ... entfernen die grauen Strähnen aus seinem rotbraunen Haar. Wir stellen uns einen jungen Krieger vor. Wir denken ihn uns noch jünger. Wir lassen die Welt schrumpfen. Falten sie um ihn herum zusammen wie eine Tischdecke. Wir wischen ihn mit dem Fuß aus. Ich habe die kleine Schminkschatulle geöffnet. Habe Farben gemischt. Tauche das Stöckchen in Gold und Rot. Wir malen ein Kind. Wie alt ist er? Acht Jahre. Neun Jahre ...

Er heißt Temudschin.

Was ist von Dschingis Khan übriggeblieben?

Die schmalen Katzenaugen. Es heißt, sie seien sein Leben lang gleich klar und aufmerksam geblieben.

Ich tauche das Stöckchen in Grün.

Das erste, woran er sich erinnert, ist das Geräusch des Windes. Das Feuer, das hell und fast ohne Rauch mitten im Zelt brennt ... das kleine Feuer aus Dornengestrüpp. Die Frauen, die auf und ab laufen ... über den Boden aus Stroh und getrocknetem Gras, bedeckt mit großen Fellen und Decken. Und an alles, was an den Ziegengeweihen hing und baumelte, die an den starken Holzlatten, mit denen das Zelt abgestützt wurde, befestigt waren ... Kochtöpfe, getrocknetes Fleisch, ein mächtiger Bogen und ein Köcher voller Pfeile. Die kleinen Götterbildchen aus Filz über der Schlafstelle der Eltern. Die Öffnung nach Süden ... verziert mit gemalten Vögeln und Tieren ... die Tür zur Welt draußen, woher alle kamen und wohin alle verschwanden.

Später dachte er sich das Zelt wie eine Glocke ... geformt wie ein Bild von »Tängri« – dem Himmel – die große blaue Glocke, die sich über die Steppen wölbte. Er lernte, daß das Wort für Zelt »Jurte« ist. Und daß Jurte auch Heimat, Reich bedeutet. Und man erzählt, daß er als erwachsener Mann genau an diesem Wortspiel seine Freude fand. Man erzählt, daß er sich die ganze Welt als seine Jurte vorstellte und daß ihm kaum etwas mehr schmeichelte, als das von anderen zu hören ...

Aber noch ist er Temudschin.

Noch ist er erst neun Jahre alt.

Trotzdem besitzt er schon sein eigenes Pferd. Und die Steigbügel sind nicht aus Leder oder Holz, sondern aus Eisen ... Denn er ist der Sohn von Yesügei, dem Häuptling des Qiyat-Stammes. Sie nennen sich Mongolen. Und ihr Lager zählt 40 000 Zelte ...

Wir befinden uns in der nordöstlichen Ecke der Gobi. In dem kargen Steppenland zwischen den beiden Flüssen Onon und Kerulen. Man kann hier nichts anbauen, aber es gibt brauchbare Weiden. Die Menschen folgen den Tieren. Ist das Gras um das Lager abgefressen, bricht der Stamm auf und zieht an einen anderen Ort. Manchmal dauert eine solche Wanderung Tage und Wochen. Es ist ein imposanter Anblick, ein »Ordu« – ein Zeltlager – in Bewegung zu sehen. Denn die größten der Zelte werden fast nie zusammengepackt. Sie stehen fest auf großen Karren, gezogen von Ochsen, oft einem Dutzend und mehr. (Als ich zum ersten Mal einen solchen Zeltwald am Horizont auftauchen sah, glaubte ich an eine Luftspiegelung – an eines der Blendwerke, mit denen der Teufel und seine Luftgeister uns ab und zu gern foppen. Eine ganze Stadt in Bewegung! Ich weiß noch, daß ich mich bekreuzigte. Und sogar Mika, der mit mir reiste, murmelte ein andächtiges Vaterunser. Wenn ich daran zurückdenke, habe ich das Gefühl, als wäre ein ganzes Leben seitdem vergangen. Und dabei waren es nur fünf Jahre. Fünf Jahre, seit wir Kiew verließen ...)

Temudschin lernte die endlosen Hochebenen lieben. Er lernte: Die Steppe hält die Tiere am Leben, und die Tiere ernähren die Menschen. Er lernte, Wasser zu finden. Er lernte, daß es zwei Dinge gibt, die die Steppe nicht geben kann: Holz für Bogen und Pfeile, für die Holzlatten des Zeltes, für Eßschüsseln und Wagen. Und Eisen ... Für Schwerter, Messer und Pfeilspitzen. Aber es gab Wälder in den Flußtälern. Onon und Kerulen waren nie weit weg. Und vom Nachbarvolk konnte man ab und zu Eisen bekommen – im Tausch gegen Häute und Felle. Eisen war wichtig. Davon hatte man nie genug ...

Er hörte die Alten von weit entfernten Völkern erzählen, Menschen, die in festen Häusern wohnten und so viele tote Dinge ansammelten, daß sie nicht mehr wußten, was ein Mann tatsächlich braucht und worauf er ebensogut verzichten kann.

Temudschin lernte, das Wanderleben zu lieben.

Im Westen und Osten waren die Gebiete anderer Steppenvölker: der Keraiten und der Tataren. Im Nordwesten lag eine Kette hoher Berge, viele davon mit weißen Gipfeln. Dahinter der große Baikalsee und die Wälder ... die sich bis zum Schneeland erstreckten, wo angeblich ein Volk lebte, halb Mensch, halb Tier, das sich in kleinen, von Hunden gezogenen Schlitten fortbewegte. Im Süden und Südosten befand sich die große Wüste, das gewaltige Meer aus Sand und Stein. Durchquerte man diesen Teil der Gobi, stieß man zuerst auf öde, verwitterte Berge, und wagte man sich weiter vor ... konnte man eines Tages mit dem Kopf gegen ein Bauwerk rennen, so riesig und überwältigend, daß man glaubte, Götter und nicht Menschen hätten es errichtet ...

(Mein Freund, du bist der Wärter der Kaiserlichen Menagerie ... dir sind Mauern der verschiedensten Art vertraut ... du weißt, was nötig ist, um Tieren den Weg zu versperren, um die Menschen fernzuhalten von wilden Löwen und Tigern ... trotzdem dürfte es dir schwerfallen, dir diese Mauer vorzustellen. Sie ist hoch wie ein Baum, ist so breit, daß sechs Mann darauf nebeneinander reiten können, und sie ist Tausende von Kilometern lang! Sie soll einst vom Meer im Osten bis nach Nanshan, der Grenze zu Tibet, gereicht haben. Ich weiß: Das sagt dir wenig. Aber kannst du dir eine Mauer quer durch Europa denken ... von Ultima Thule bis nach Gibraltar?

So gewaltig ist die Mauer, die Cathay beschützt.)

Ich zeichne das alles auf den Boden. Kleine Kreuze und gewundene Striche. Die Grenzen seiner ersten Welt ... Diao Chan sitzt neben mir. Lehnt ihren Körper an mein Bein. Sie möchte es so gern verstehen, aber ich habe nicht die Zeit, mehr als einige Bruchstücke ihrer Sprache zu verwenden. Sein erster Kampf – und ich sage es langsam –, sein erster Kampf ist der Kampf ums Überleben. Ich nenne den Feind beim Namen. Es ist ein vielköpfiger Troll. Und auf seinen Köpfen steht geschrieben: Hunger, Durst, Kälte und glühende Hitze.

Ich sage: Am schlimmsten ist es immer für die Kleinen.

Sie hat selbst zwei Kinder gehabt. Es gibt sie nicht mehr.

Ich sage: Kinder kommen immer zuletzt.

Und ich merke, daß sie weint.

Wer nicht fähig war zu überleben, hatte keine Lebensberechtigung. Temudschin war Prinz und Erbe, er war der Sohn von Yesügei baghatur – Yesügei dem Starken. Das verschaffte ihm mehr Freiheiten und einige Vorteile. Aber in erster Linie war er ein Kind. Und auf der Steppe wurde erwartet, daß die Kleinen selbst zurechtkommen, sobald sie der Mutterbrust entwöhnt und auf Pferdemilch übergegangen waren. Und in allen Dingen ... die Erwachsenen zählen mehr, kommen zuerst. Ich sehe ihn am Feuer – an Tagen und Nächten, da die Welt zu Eis erstarrt ist –, ich sehe, wie er schubst und schiebt, um ein freies warmes Plätzchen zu ergattern ... denn die Plätze direkt am Feuer sind nur für Männer, für erwachsene Krieger – und für Gäste. Auch die Frauen haben ihren Platz – zur Linken, ein Stück abseits. Aber die Kinder und die Hunde ... müssen sehen, wo sie bleiben. So ist es auch bei den Mahlzeiten. Die Männer haben das Vorrecht. Dann kommt der Topf zu den Alten und den Frauen. Die Kinder müssen sich um die Reste balgen. Und für die Hunde bleiben nur noch säuberlich abgenagte Knochen übrig ...

Trotzdem hat er Pflichten. Obwohl Temudschin erst neun Jahre alt ist, hat er die Verantwortung für die weidenden Pferde. Gemeinsam mit den anderen Jungen. Verirrt sich eines der Pferde, ist es ihre Aufgabe, es wieder einzufangen. Sie müssen die Herde auch vor Überfällen fremder Krieger schützen. Im Winter müssen sie viele Nächte draußen im Schnee verbringen, ohne Feuer – ohne Essen.

Weil es nicht anders geht, lernt Temudschin, mehrere Tage hintereinander im Sattel zu sitzen. Das Nordlicht … das in klaren Winternächten wie Feuer über den Himmel flackert … er lernt, es zu betrachten, ohne das Gesicht in den Händen zu verstecken. Wenn der Wind die Steppen peitscht und wenn Hagelkörner, so groß wie Taubeneier, fallen, lernt er abzusteigen und sich flach auf den Boden zu legen, um so – in seiner kleinsten Gestalt – den Sturm zu überstehen …

Er ist neun Jahre alt.

Er lernt, daß der Sommer schlimm sein kann, daß aber der Winter schlimmer ist. Zu essen gibt es wenig, und Pferdemilch gibt es nur als »Kumyß«. Er war selbst dabei, das Getränk in große Lederschläuche zu füllen, hat mitgeholfen, sie aufzuhängen und mit einer Keule zu schlagen, bis die Molke vom Quark geschieden wird. Die gegorene Milch enthält Alkohol. Sie ist für die Erwachsenen bestimmt, doch die Kinder stibitzen davon, so oft sie können. Das ist ihr gutes Recht. Es wird von ihnen erwartet … Wie sie sich auch ihren Platz am Feuer stibitzen müssen. Obwohl sie das ganze Jahr helfen, Tierdung in große Körbe zu sammeln und ihn in der Sonne zu trocknen – als Brennmaterial.

Wie ist er gekleidet?

Er ist nackt, abgesehen von einem kleinen, mit Fett eingeschmierten Umhang.

Am schlimmsten ist es gegen Ende des Winters. Niemand wagt mehr, Tiere zu schlachten, weil man befürchtet, daß die Herde zu klein wird. Dies ist die Zeit der Krieger … die Zeit, in der die Krieger der verschiedenen Stämme Überfälle machen, um Vieh und Pferde zu stehlen. Und die Kinder sind zum Hüten des Viehs eingesetzt … wie sollen sie sich verteidigen?

Und trotzdem … ich weiß … als er erwachsen ist … erinnert er sich am besten an den Frühling. Wie ein Fächer entfaltet sich diese Jahreszeit und läßt Winter, Sommer und Herbst verschwinden. Wir vergessen. Darin liegt Barmherzigkeit ... in unserem Vergessen. Und alles, was er sieht, ist der Schnee, der endlich schmilzt. Er sieht die Vogelschwärme am Himmel. Er sieht das Gras grün. Er sieht Fische, die man mit den Händen fangen kann. Und er sieht das Wild in Scharen aus den Wäldern kommen und auf der Wiese äsen ... Die Blumen sind ein Regenbogen: Narzissen, Hyazinthen, Päonien und Mohnblumen, die mit roten Köpfen nicken, Feuerlilien, Glockenblumen und Hahnenfuß. Die Luft surrt von Insekten, wilden Bienen und Hummeln. Kälber und Fohlen werden geboren. Es ist eine Welt des Überflusses. Wo die Milch die Euter platzen läßt und wo sogar die Kinder – voller Übermut – halb abgenagte Knochen wegwerfen ... Ich sehe Temudschin. Ich sehe ihn Schafe einfangen und festhalten, während sie geschoren werden. Ich sehe, wie er die jungen Böcke neckt. Ich sehe, wie er mit dem Knüppel Jagd macht auf Ratten und Murmeltiere. Sehe, wie er lernt, mit Pfeil und Bogen umzugehen. Höre ihn lachen über die kleineren Kinder, die sich darin üben, auf Schafen zu reiten, sich festklammern an der Wolle. Denn das Allerwichtigste ist, ein guter Reiter zu sein ...

(Bei den Mongolen reiten die Frauen fast ebenso gut wie die Männer. Wie ein Sturmwind jagen sie auf ihren Sätteln aus Holz und Gras dahin. Sie sind außerdem gute Bogenschützen. Nur die vornehmsten unter ihnen steigen selten aufs Pferd. Solche Frauen sind gewöhnlich von enormer Leibesfülle. Ja sie sind so dick und schwer, daß mir Diao Chan den Finger auf den Mund legt und lacht, als ich davon erzähle.)

Aber es drehte sich alles um Cathay ...

Das Land hinter der Großen Mauer, in dem alles anders war. Die Mongolen wuchsen im Osten auf, mit Butter und Milch. In Cathay – sagte man – trank niemand Milch. Und das Vieh wurde fast nur zur Arbeit benutzt. Die Menschen waren Bauern, keine Nomaden. Sie gruben von morgens bis abends in der Erde. Und sie hielten die Erde für heilig. Sie glaubten, daß dort Geister wohnen und daß es Glück und ein reiches Erbe bedeutet, mit ihnen auf gutem Fuße zu stehen. Aber die Menschen hatten auch große Städte. Und wenn sie kauften oder verkauften, gaben sie sich kleine, flache Metallblättchen oder Papierfetzen mit gedruckten Zahlen und Buchstaben.

»Wir sind nicht einmal ein Hundertstel von Cathay. Und wir schlagen uns eigentlich nur durch, weil wir von Ort zu Ort ziehen«, sagte Yesügei eines Tages zu ihm. »Alles, was wir besitzen, tragen wir mit uns. Und wir haben unsere eigene Kriegskunst entwickelt: Wenn wir eine Gelegenheit sehen, plündern wir. Wenn wir sehen, daß der Feind zu stark ist, verstecken wir uns … Wenn wir plötzlich anfingen, Städte zu bauen und unsere alten Bräuche zu ändern, würde es uns schlecht ergehen. Außerdem: Klöster und Tempel machen einen Mann weich und sanft, und nur das Harte und Kriegerische vermag über die Menschen zu herrschen.«

Temudschin hörte genau zu, was der Vater sagte. Trotzdem gab es vieles, was er nicht verstand. »Aber hast du nicht selbst gesagt, daß der Kaiser von Cathay die Mongolen und die anderen Steppenvölker als seine Untertanen betrachtet?«

Yesügei lachte. »Wir lassen ihn in diesem Glauben, solange es zu unserem Vorteil ist oder wir keine andere Wahl haben. Doch die Mongolen sind freie Männer. Vergiß das nie. Wir sind frei!«

Aber der Junge hörte nie auf, sich zu wundern. Wie konnte ein Volk von kleinen, schwachen Männern ein so großes Reich schaffen?

Einst waren auch die Mongolen mächtig gewesen …

Sie beherrschten nicht die Kunst, Worte festzuhalten

und in Punkte und Striche zu verwandeln; sie hatten weder Schrift noch Bücher. Aber es entspricht nicht der Wahrheit, daß ihre Geschichte nur die Asche ihrer Lagerfeuer war, die der Wind verwehte, oder die Spur im Sand, die sofort verwischt wurde.

Sie hatten Sänger. Alte Männer mit langen, einsaitigen Instrumenten. Ihre Stimmen rollten wie der Donner und murmelten wie der Wind im Laub der Bäume.

Und Temudschin lauschte aufmerksam.

Er hörte den ältesten aller Gesänge, darüber, wie die ersten der Vorfahren … ein blaugrauer Wolf und eine weiße Hindin … über einen großen See schwammen, zum Onon-Fluß kamen und sich am Fuße des heiligen Berges Burkhan-khaldun niederließen. Dort brachten sie den Sohn Batatschi zur Welt.

Er lauschte dem Märchen von ihrem zehnten Nachkommen – Duwa Sohor –, der nur ein Auge hatte. Dafür befand es sich mitten auf der Stirn, und er konnte damit sehen, so weit er wollte.

Er lauschte der Geschichte von Alan-ghoa, die nach dem Tod ihres Mannes drei Kinder von einem himmlischen Liebhaber gebar – er kam auf Sonnen- und Mondstrahlen durch den Rauchabzug … Alan-ghoa, die eines Tages jedem ihrer fünf Söhne einen Pfeil gab mit der Aufforderung, ihn zu zerbrechen. Jeder brach seinen Pfeil entzwei. Danach band sie fünf Pfeile zu einem Bündel zusammen und forderte die Söhne auf, es zu zerbrechen. Keinem gelang es. Und der Junge Temudschin bewahrte ihre Worte in seinem Herzen: »Ihr seid alle meine Kinder. Ihr seid alle meine Söhne. Zerstreitet ihr euch, seid ihr leicht zu zerbrechen. Seid ihr aber einig, vermag euch kein Mensch auf der Welt zu schaden. Ihr werdet sein wie dieses Bündel Pfeile …«

Doch am besten gefiel es ihm, den Gesängen über die großen Helden zuzuhören: Khabul … ein Enkelsohn von Khaidu, war Khan über alle Mongolen und hat einmal die

Frechheit besessen, den Kaiser von Cathay am Bart zu zupfen …

Denn Khabul gehörte zu seiner engeren Verwandtschaft. Er hatte sieben Söhne. Der zweite – Bartan – hatte vier Söhne, und der dritte von diesen war Yesügei – Temudschins Vater. Deshalb liebte er die Gesänge über Khabul, und er lernte einige davon auswendig. Er jubelte, wenn Khabul die Kuriere aus Cathay töten ließ – die nicht die Absicht hatten, Worte und Grüße zu überbringen, die vielmehr schamlose Meuchelmörder in Verkleidung waren. Und er heulte und ballte die Fäuste, als die Strafe einen von Khabuls Nachfolgern traf, den Vetter Ambakhai. Zusammen mit Khabuls ältestem Sohn, Okin-barqaq, wurde der neue Khan von treulosen Tataren in einen Hinterhalt gelockt und vor den Jin-Kaiser in Cathay gebracht. Hier erlitten sie ein fürchterliches Schicksal. Sie wurden gezwungen, auf hölzernen Eseln zu reiten … und aus dem Sattel ragte ein langer Eisendorn, der in den Mastdarm drang. Beiden wurde bei lebendigem Leibe die Haut abgezogen. Und die Körper wurden zerteilt – Stück für Stück. Der Henker begann mit den Fingern und Zehen … Ambakhai konnte trotzdem eine Nachricht nach Hause schicken. Worte, die sich in den Köpfen aller Mongolen festsetzten, Worte, die die Kinder lernten, wenn sie zu sprechen anfingen. »Ich bin der Khan. Herrscher über alle Mongolen. Ich wurde von den Tataren gefangengenommen. Bestraft sie an meiner Stelle. Auch wenn euch aus den Fingernägeln beider Hände das Blut spitzen sollte – rächt mich! Auch wenn ihr alle zehn Finger einbüßen solltet – rächt mich!«

Die Stämme versammelten sich am Ufer des Onon. Khabuls Sohn Khutula wurde zum neuen Khan gewählt. Danach tanzten alle Krieger um einen heiligen Laubbaum … und stampften dabei so fest auf die Erde, daß ihre Füße einen bis zum Bauch reichenden Graben schufen.

Dann kam Krieg. Vergeltung. Überfälle und Plünderungen. Doch das Glück war nicht mehr mit ihnen ... In dreizehn großen Schlachten kämpften sie gegen die Tataren, erlitten aber jedesmal eine Niederlage. Temudschins Vater und Großvater ritten Seite an Seite.

Niemand hat jemals an Khutulas Mut und Tapferkeit gezweifelt. Sicher ist aber auch, daß unter ihm der mongolische Stammesverband zerfiel ...

Das Ganze endete in Streit und Brudermord.

So war die Welt, in die Temudschin geboren wurde.

Es waren schwere Jahre. Trotzdem hatten es die Qiyat besser als viele andere.

Als Bartan starb, wurde Yesügei zum Häuptling des Stammes gewählt. Er hatte zwei ältere Brüder – doch bei den Mongolen ist die Häuptlingswürde nicht vererbbar. Die Mehrheit der Krieger hielt Yesügei für den besten Anführer.

Yesügei bedeutet »der neunte«. Denn er war der neunte in der Geschlechterfolge seit Bodontchar, dem jüngsten der Himmelssöhne Alan-ghoas ...

Vom Vater lernte Temudschin, daß man, ist ein Kampf unvermeidlich, zuerst zuschlagen muß, schlagen muß, um zu töten – damit man nicht selbst getötet wird. Aber er lernte auch, daß niemand so stark ist, es ohne Freunde zu schaffen. Yesügei gab nie die Hoffnung auf eine Wiedervereinigung aller Mongolen unter *einem* Khan auf. Er schloß mit einigen Nachbarn Frieden. Er schwor Toghril Bruderschaft, dem Khan der Keraiten, eines der mächtigsten Völker in der Gobi.

Und Temudschin erbte die Träume seines Vaters ...

Ich sehe einen Jungen von neun Jahren allein über das verbrannte Hochland reiten. Der vom Wind getriebene Sand läuft in langen Streifen an ihm vorbei, und die Wolken werfen wandernde Schatten – malen Flecken auf den Boden, der aussieht wie das Fell eines unbekannten Tieres. Er läßt das Pferd laufen, wie es will, freut sich, den starken Körper an den Schenkeln zu spüren. Reckt das Gesicht in den Wind. Spielt, daß er erwachsen ist. Daß er Krieger ist ... und Khan. Nicht nur über 40 000 Zelte, sondern über die gesamte Steppe. Er hat Geschwister. Drei Brüder: Khasar, Khatschiun und Temüge. Er hat eine Schwester: Temülün. Er hat auch zwei Halbbrüder: Belgütai und Bekter. Aber zeigten sich die Vorzeichen nicht bei seiner Geburt? Und ist er nicht der älteste der ehelich Geborenen?

Damals – vor neun Wintern – hatte man das Lager auf dem Hügel Dailium Baldak am Ufer des Onon aufgeschlagen. Als seine Mutter – Ölün – in den Geburtswehen lag, befand sich Yesügei im Kampf mit den Tataren – weiter im Osten. Das Ergebnis war wie üblich. Die meisten der Gefallenen waren Mongolen ... Aber gegen Ende der Schlacht gelang es Yesügei, zwei der vornehmsten Männer der Tataren gefangenzunehmen, die zwei Prinzen Temudschin Uge und Khori Buka. Beide wurden gefesselt in das Lager der Mongolen gebracht. So erhielt Yesügeis Rückkehr den Anschein eines Sieges – wenn auch eines teuer bezahlten. Als Yesügei in die Jurte tritt, findet er Ölün vor, die ihm einen Sohn geboren hat. Und die Schamanen – die Tängris Willen besser kennen als jeder andere, die trommeln und tanzen, bis sie umfallen und den Himmel selbst aus ihrem Mund sprechen lassen ... die Schamanen kommen ihm mit Freudenrufen entgegen, denn der Junge ist nicht nur gesund, er hat außerdem, als er aus dem Bauch seiner Mutter kam, einen Klumpen dunklen Blutes in der einen Faust gehabt ... und die Schamanen, die den Willen des Himmels in Feuer und Glut, im Vogelflug und in den Eingeweiden der Tiere zu lesen vermögen ... die Schamanen sind auch imstande, *das* zu deuten. Denn es ist ein gutes Zeichen. Es prophezeit, daß der Junge alle Fähigkeiten zu einem tapferen Krieger und großen Helden hat – wenn ihm vergönnt wird aufzuwachsen …

Es bestand der Brauch – damals wie jetzt –, den Kindern Namen zu geben, die mit den Ereignissen bei der Geburt zu tun haben. Und was konnte die Gefangennahme der beiden vornehmen Feinde übertreffen? Yesügei beschloß, seinen Sohn nach Temudschin Uge, dem älteren der Gefangenen, zu nennen. Der Name bedeutet »Schmied« oder »Eisenmann«.

Auch das war ein gutes Zeichen.

(Du fragst, in welchem Jahr das war? Und du möchtest, daß ich dir mit einer Zahl antworte … wie es im Abendland der Brauch ist. Eine Zahl, die den Abstand zur Krippe in Bethlehem mißt … Es heißt, es seien 1162 Jahre vergangen. Andere sprechen von 1155. Aber die meisten, darunter mein Herr in Karakorum, haben ausgerechnet, daß es sich um das Jahr 1167 gehandelt haben muß. Und warum sollte ich einem Mann wie Yelü Chucai – er ruhe in Frieden! – in einer solchen Kleinigkeit wie dieser widersprechen? Du mußt wissen, daß wir hier im Osten die Zeit anders sehen. Wir sagen, er wurde im Jahr des Ebers geboren. Das sagt mehr als eine Zahl. Was weißt du von Wildschweinen … du als Wärter wilder Tiere? Wenn Zahlen etwas bedeuten würden … müßte die ganze Welt ihre Zeitrechnung einstellen … und sein Geburtsjahr müßte mit Null bezeichnet werden. Denn es ist *seine* Zeit, in der wir leben. Seine und die seiner Nachkommen. Es ist die Zeit der Mongolen. Und sie wird nie ein Ende nehmen … deshalb frage ich: Was weißt du über Wildschweine?)

Temudschin reitet über die Steppe. Er denkt an das mächtige Cathay. Das große Heere gegen kleine Räuberbanden schickt. Das weit vor seinen Mauern Festungswerke baut. Das sich bei den Nomadenstämmen Spione und Verräter kauft. Cathay – vor dem sich jeder gering fühlt. Und trotzdem sagt sein Vater, daß sie weichlich und schwach sind … Woher haben sie eine solche Macht? Kann es daran liegen, daß sie so zahlreich sind? Er hat gehört, daß sie wie ein Heuschreckenschwarm sein sollen. Erklärt das schon alles? Da ist es leichter zu glauben, es liege an der Vermischung des Blutes … Er hat gehört, daß der Name Cathay von Qidan kommt, einem Nomadenstamm, der einmal vor langer Zeit den Song-Kaiser besiegte und den nördlichen Teil des Landes hinter der Mauer eroberte. Doch Song rief einen anderen Nomadenstamm zu Hilfe … es waren die Dschurdschen, ein Waldvolk aus dem Norden, auch Jin genannt oder die goldenen Tataren. Die Dschurdschen vertrieben die Qidan, drangen aber noch weiter vor und blieben selbst dort! Sie machten Yanjing zur Hauptstadt. Von ihnen stammen die Jin-Kaiser ab – die Dynastie, die immer noch herrscht. Die alten Song zogen sich nach Süden zurück und mußten ständig den Jin nachgeben. So entstanden zwei Reiche. Ein Jin-Reich im Norden und ein Song-Reich im Süden.

All das sind schwierige Überlegungen für einen neunjährigen Jungen. Aber wichtige! Denn nichts wirft einen solchen Schatten auf die Welt wie Cathay …

Gemischtes Blut. Das ist die Erklärung.

Aber das Land hinter der Großen Mauer hat noch ein Geheimnis … und keiner auf der weiten Steppe hat jemals die Lösung gefunden: Was ist schuld daran, daß starke Krieger schon nach wenigen Jahren zu Weibern und Hornochsen werden? Was ist in der Luft, in der Erde und im Wasser, daß alle, die sich in Cathay niederlassen, als Bauern enden und das Nomadenleben vergessen? Das ist mit den Quidan geschehen. Und das geschah mit den Dschurdschen …

Könnte es sein – wie sein Vater meint –, daß die Städte schuld sind an dem Unheil? Daß der, der eine Stadt gründet, einen Teil seiner Männlichkeit und Stärke einbüßt, indem er Stein auf Stein setzt?

All das überlegt Temudschin.

Aber er denkt auch an die Götter. Er denkt an Natschigai – die Erdgöttin, die über die Weiden und das Vieh herrscht, deren Bild in jeder Jurte hängt und die alle anflehen um gutes Wetter und trächtige Tiere. Er denkt an die Geister der Vorväter. Er denkt an all die Kräfte, die dem Wasser, den Bäumen und den Steinen innewohnen. Aber am meisten denkt er an Tängri – den Hohen und Fernen, der seinen Willen in seltsamen Träumen offenbart und die Schamanen Stimmen im Wind hören läßt ... Von allen Göttern entscheidet er sich für Tängri. Denn nur Tängri ist mächtig genug, ihm alles zu geben, was er will.

Er reitet.

Er spürt, daß er lebt.

Er reitet unter dem ewigen blauen Himmel.

Diao Chan fragt: Warum hast du ihn neun Jahre alt gemacht?

Ich antworte: Weil er in diesem Jahr auszog, um zu freien.

Diao Chan versteckt ihr Gesicht in den Händen und lacht.

Ich verziehe keine Miene.

Sie möchte mehr von Ölün hören.

Ist es wahr, daß. Ist es wahr, daß.

Sie möchte mehr über die Frauen erfahren.

Ich erzähle ihr, daß fast alles, was sie gehört hat, Lüge ist.

Denn die Zeiten ändern sich. Heute haben wir »Yassaq« – das mongolische Gesetz. Dschingis Khans Wille.

Früher konnte man eine Frau rauben. Auf die gleiche Weise wie Rinder und Pferde. Wer imstande war, sich ein Stück Land zu erobern, und Manns genug, es zu verteidigen ... dem gehörte es – so lange er wollte. So war das immer gewesen. Und weil Männer eine Berufung und ein

Sehnen zwischen den Beinen haben, unternehmen sie nicht jede Anstrengung, eine begehrenswerte Frau zu gewinnen?

Heute haben wir Yassaq.

Und es gibt genug fremde Frauen. Keiner braucht mehr die Frau seines Bruders zu vergewaltigen.

Man konnte auch einen Preis bezahlen – so wie jetzt. Ehe ist Kauf und Verkauf. Und stärkt die Bande zwischen den Familien.

So ist das Gesetz: Es ist recht und billig, daß ein Mann sich die Frauen nimmt, nach denen ihn gelüstet und die er braucht, um sie zu befruchten und viele Söhne und Krieger in die Welt zu setzen.

Die Frau hat nicht dasselbe Recht, sich andere Männer zu nehmen, solange der, den sie hat, fähig ist, sie zu befruchten. Ist aber sein Samen ohne Leben, hat sie die Freiheit, sich einen anderen zu suchen.

Es ist natürlich, daß ein Sohn Gelüste auf die Frauen seines Vaters hat, doch erst, wenn der Vater stirbt, steht es dem Sohn frei, sie zu übernehmen – mit Ausnahme der Frau, die ihn gebar und seine Mutter ist.

Sind mehrere Söhne da, steht das Recht, die Frauen des Vaters zu übernehmen, zuerst dem ältesten Sohn zu, der aber kann, wenn er will, um der jüngeren Brüder willen auf einige oder alle verzichten.

Diao Chan rümpft die Nase. Ich weiß, daß man sowohl in Cathay wie an den meisten anderen Orten diese mongolischen Bräuche mit Abscheu betrachtet. Ich versuche zu erklären, daß einer der dahinterliegenden Gründe sein könnte, den Witwen und Kindern Schutz zu gewähren. Denn wie auch immer ... trotz der Vielweiberei ... die Stellung der Frau bei den Mongolen ist alles andere als schlecht. Oft genießen sie größere Freiheit als ihre arabischen und christlichen Schwestern. Diese Freiheit gründet in der Tradition der Arbeitsteilung. Es ist die Aufgabe der Frauen, die Wagen zu fahren, die Zelte auf die Wagen zu laden, die Kühe zu melken, Felle zu gerben, Kleider zu nähen, Filzdecken herzustellen. Die Aufgabe der Männer besteht in der Herstellung von Bogen und Pfeilen, von Sätteln, Steigbügeln, Zaumzeug, sie verrichten Schreinerarbeiten, reparieren Zelte und Wagen – und in Friedenszeiten: gehen sie auf die Jagd.

Eine solche Arbeitsteilung bringt eine merkwürdige Gleichstellung mit sich, wie sie mir nirgends auf meinen langen Wanderungen begegnet ist.

Ich stellte auch fest, daß es unter den Frauen eines Mannes wenig Zank und Streit gab.

Doch Diao Chan hört nicht zu. Sie zupft mich am Ärmel. Sie legt den Kopf schräg.

Sie möchte wissen, ob in Dschingis Khans Yassaq etwas über Liebe und Lust steht …

Und während ich sie langsam ausziehe, leiere ich den Text mit gekünstelter und brüchiger Altmännerstimme herunter: »So lautet das Gesetz. Das Gleichgewicht zwischen Männern und Frauen wird damit so bestimmt, daß ganz junge Männer häufig von älteren und reiferen Frauen angezogen werden … während ältere und reifere Männer oft ganz junge und unerfahrene Frauen bevorzugen.«

Diao Chan lacht und schmiegt sich an mich. Ich strecke die Hände in die Luft und lasse mir von ihr mein Gewand ausziehen.

»So lautet das Gesetz. Ist eine Frau zu alt, um Kinder zu bekommen, ist es verwerflich, wenn der Mann seinen Samen in ihr vergeudet. Dasselbe trifft zu, wenn ein Mädchen so jung ist, daß sie noch nicht befruchtet werden kann.«

»Aber die Lust?« sagt Diao Chan, und ihre Haut unter meinen Händen ist glatt wie ein gewaschener Stein. »Sagt er nichts über die Lust?«

Ich knie mich hin und küsse die Jadepforte.

»Da steht: Schöne Frauen, wenn auch äußerlich begehrenswert, haben oft ein kälteres Gemüt als die weniger schönen. Oft schenken sie nur ein geringes Lustgefühl und bringen Enttäuschungen, mit denen man nur schwer fertig wird.«

Ich zwinkere ihr zu.

Wir lachen alle beide.

Sie möchte wissen, ob ich sie für schön halte.

Und während sie jetzt auch in die Knie geht, damit sich unsere Lippen begegnen können, sage ich – zwischen Küssen: »Da steht: Die Frau, die die größte Lust schenkt … ist die, die man im Dunkeln sucht. Denn es sind nicht in erster Linie die Augen … die Lust ermöglichen. Und das Äußere verwirrt.«

»Hat Dschingis Khan das alles gesagt?«

»All das ließ er in seine Yassaq schreiben«, sage ich – und wälze sie auf den Rücken. »Er ließ auch schreiben: Die gleiche Frau schenkt nicht jedem Mann die gleiche Lust. Es ist vielmehr so weise eingerichtet, daß eine Frau, die auf den einen Mann wenig anziehend wirkt, einem anderen die höchste Wollust zu geben vermag.«

Ich reite sie in der Stellung, die »Sieben-Wege-zum-Meer« genannt wird. Und ich erwähne nicht, daß Dschingis Khan auch niederschreiben ließ: Was dem Mann eigentlich Lust macht, ist nicht so sehr die Frau als vielmehr seine Einbildung und sein eigenes Vermögen. Sind seine Einbildung und sein Vermögen stark genug, kann ihm jede beliebige Frau Lust schenken.

Denn so steht es auch in der Yassaq. Dieser merkwürdigen Sammlung von Vorschriften und Lebensregeln. Die er vor seinem Tod in uighurischer Schrift auf eiserne Tafeln hämmern ließ. Die wir aber auch in dem Buch, das »Bilig« genannt wird, gesammelt finden.

Sieh nur, wie sie sich reckt … sieh nur, wie sie den einen Arm unter den Kopf legt.

Bin ich schamlos? Wenn ich sage, daß es mir Freude bereitet, in sie hineinzukommen, und daß ich sie aufsuche, so oft als möglich … ist es anstößig … daß ich, ohne rot zu werden, so intime Dinge schildere, sie mit Tusche auf Seide festhalte ... für dich, einen Fremden? Bin ich nicht besser als ein Tier? Aber mein lieber, unbekannter Freund ... ist das nicht einer der Gründe, weshalb ich dich auswählte? Bist du etwa nicht der Wärter der Kaiserlichen Menagerie ... wer sollte sich besser auf solche wie mich verstehen als gerade du?

Unser ganzes Erwachsenenleben verbringen wir damit, auf den Tod zu warten. Ihn zu fürchten. Und zu warten. Glück, mein Freund, besteht zum größten Teil aus Unschuld und Unwissenheit. Deshalb können Kinder lachen – mitten im schlimmsten Elend. Aber für den Tod sind wir geschaffen. Das ist unsere Bestimmung ... von dem Augenblick an, in dem wir aus dem Mutterleib gepreßt werden. Und wir können nur hoffen zu vergessen ... sooft uns der Himmel Gelegenheit dazu gibt. Mit den Jahren wird das schwieriger. Ich sage es, wie es ist. Gesegnet sei deshalb der Schoß der Frau und die wunderbare Zweiseitigkeit aller Dinge! Denn nur in dem Dunkel, das mir einst das Leben schenkte, vermag ich jetzt das Leben zu vergessen – ebenso nackt wie bei der Geburt ... und in der Stellung, die der Welt neue Kinder schenken kann. Gesegnet sei die Ironie des Himmels! Und verflucht sei der Tag, an dem die Pforte offensteht, ich aber nicht mehr die Kraft habe hineinzugehen.

Ja. Sie schenkt mir Vergessen.

Sie nennt mich ihren Mann aus dem Westen. Sie findet mich merkwürdig und anders. Aber ich bringe sie zum Lachen. Und wichtiger: Auch sie hat Freude daran, daß wir wie zwei Affen miteinander sind.

Ich beneide dich um deine Tierstudien. Könnte ich noch einmal leben, würde ich auch mehr von meiner Zeit mit Tieren verbringen. Sie sind sorgloser als wir, sie vergessen leichter, sie haben mehr Freude an Kleinigkeiten – und sie wissen nichts vom Tod, bevor sie ihm begegnen. Ich glaube nicht, daß es nützt, alle philosophischen Systeme der Welt zu studieren. Ich glaube, das Geheimnis findet sich bei den Tieren …

Wenn ich wählen könnte, würde ich eine Katze werden.

Hier im Osten leben Menschen, die daran glauben, daß wir nie sterben können … die Seele wechselt nur in einen anderen Körper über, und wir werden erneut geboren … oder wir leben weiter als Tiere, als Fische, als Vögel, als Pflanzen …

Wenn ich zuviel Wein getrunken habe, bekenne ich mich manchmal zu dieser Religion.

In Cathay gibt es ein altes Märchen über Katzen. Darin heißt es, daß die Katzen einmal vor langer Zeit die wirklichen Herrscher dieser Erde waren. Sie konnten reden. Und sie regierten die ganze Welt …

Der Mensch war damals ein niederes Geschöpf, ohne die Fähigkeit der Sprache.

Doch eines Tages entschlossen sich die Katzen, daß sie lieber in der Sonne sitzen und sich wärmen wollten, als die Welt zu regieren. Sie schauten sich nach einem Nachfolger um – und wählten seltsamerweise den Menschen. Sie mußten dem Menschen die Fähigkeit der Sprache geben, die sie selbst dadurch verloren. Aber dieser Preis war eher gering … Und deshalb – heißt es in dem Märchen – scheinen uns die Katzen immer anzulachen … oder auszulachen.

Diao Chan tut so, als ob sie schliefe. Aber ich weiß, daß sie mich beobachtet.

Sie meint, ich hätte es vergessen … aber um ihretwillen schminke ich mein Gesicht blau … sie möchte ja mehr von

Ölün hören, der Frau, die ihn zur Welt brachte … und ich male weiße Ringe um die Brüste … Ölün-eke. Mutter Wolke. Ich hole das kleine Narrenschwert, schwinge es über dem Kopf, stehe nackt da und stampfe mit flachen, nach außen gerichteten Füßen auf den Boden.

Diao Chan zwinkert mit den Augen und spielt die Überraschte. Ich sehe ihr an, daß sie sich geschmeichelt fühlt.

Für sie … für sie allein … führe ich die Geschichte von der schönen Ölün und dem geilen Yesügei auf. Ich wiehere – und zeige, daß er stolz und stark ist wie ein junger Hengst. Ich zeige, daß es eine Zeit ist, in der jede Hand gebraucht wird, die einen Bogen spannen kann. Eine Zeit voll von endlosen Fehden und wilden Ritten. Wo ein junger Reiter nicht mehr dazu kommt zu überlegen, was er tut, sondern rasch und instinktiv handeln muß – um zu überleben, von einem Tag zum nächsten. Ich bin Yesügei, der am Ufer des Onon entlangreitet. Ich reite durch den lichten Wald, das Sonnenlicht fällt durch das Laub – und auf meinem Handgelenk sitzt ein Jagdfalke. Plötzlich halte ich an … spähe zum Horizont … ein Wagen rumpelt schwankend den Hügel zum Fluß hinunter, und neben dem Wagen – ein einsamer Reiter. Ich verberge mich … warte darauf, daß das Gefährt näher kommt … weiß, daß es den Fluß bei der Furt überqueren muß, nur einen Steinwurf entfernt. Und ich bin der einsame Reiter, ich bin Tschiledü vom Stamm der Merkiten, eines Volkes, das drüben in den Bergen im Norden lebt, zwischen dem Land der Mongolen und dem großen Baikalsee. Ich bin genauso jung und stark wie Yesügei. Ich trage kostbare Gewänder, habe das Haar hinter den Ohren zu zwei langen Zöpfen geflochten, und eine Quaste fällt mir in die Stirn. Ich war zu Gast bei den Olqonoghud gewesen. Ich habe eine ihrer Töchter geehelicht. Jetzt sind wir auf dem Heimweg. Denn obwohl es eine Zeit der Unruhen und der Kämpfe ist, sind die Steppen noch so weit und leer, daß es ein Mann wagen kann, einige Tage allein zu reisen … Ich fühle mich sicher.

Jetzt bin ich wieder Yesügei, versteckt hinter den Bäumen. Ich reibe mir die Augen. Ich zeige, wie heftig das Herz in meiner Brust pocht. Ich greife mir mit beiden Händen in den Schritt. Denn ich habe gesehen, was ich nicht hätte sehen dürfen. Ich habe Ölün erblickt …

Wäre alles so gewesen, wie es Sitte und Brauch ist, sie hätte in dem überdachten Wagen gesessen, Tschiledü hätte die Zügel gehalten, und sein Pferd wäre angebunden nebenhergelaufen. Ölün hätte sich jedesmal, wenn sie sich zeigte, vollständig verschleiert – um andere Männer nicht in Erregung zu versetzen und so Anlaß zu blutigen Fehden zu geben.

Doch es war ein heißer Tag. Sie waren lange unterwegs. Ölün sah nicht ein, warum sie in dem stickigen Wagen verschmachten sollte, wenn ohnehin weit und breit kein Mensch zu sehen war. Und Tschiledü seinerseits sehnte sich danach, wieder auf einem Pferd zu sitzen. Es war nicht schwer, ihn zu überreden, die Zügel abzugeben.

Sie fühlten sich sicher.

Aber ich bin Yesügei … ich habe sie erblickt … und ich bin so geil, daß ich an meinem Glied ziehe und zerre.

Diao Chan lacht. »War sie so schön?« ruft sie.

»Wie der Mond!« gebe ich zur Antwort.

Und ich stöhne und winsle.

Ich bin Yesügei. Ich reite zurück ins Lager. Ich hole meine beiden Brüder, Neikun und Daritai. Ich bitte sie um Hilfe. Und wenn ein Mann seine Brüder fragt, gibt es kein Zögern und kein Zaudern. Beim nächsten Mal kann einer von ihnen jemanden brauchen, der mitreitet.

Ich bin Tschiledü. Ich sehe, wie drei Männer den Fluß hinter mir überqueren. Ich weiß, daß ich es nicht gegen alle auf einmal aufnehmen kann. Aber ich habe ein gutes Pferd. Wenn es mir gelingt, sie hinter mir herzulocken und sie zu trennen … Deshalb reite ich weg von Ölün. Und es geschieht, was ich wollte. Die drei beachten sie gar nicht. Reiten am Wagen vorbei. Verfolgen mich. Doch mein Pferd ist jedem der ihren überlegen. Ich umrunde den Hügel und kehre zu Ölün zurück. Sie hat den Wagen angehalten. Sie sitzt ruhig da und wartet.

Ich bin Ölün. Ich habe nicht erwartet, ihn wiederzusehen.

Hinter ihm kommen die drei Verfolger. Tschiledü war es nicht geglückt, sie abzuschütteln. Und sie reiten als eine Gruppe.

»Tschiledü«, rufe ich. »Sie wollen dich töten!«

Aber er reagiert nicht.

»Tschiledü«, rufe ich erneut. »Die Steppe hat viele Frauen. Rette dein Leben! In all den schwarzen Wagen warten sie auf dich. Und findest du eine, die du lieben kannst, nenne sie Ölün, nach mir. Aber rette dein Leben!«

Ich bin die drei Reiter. Die unerbittlich näher kommen.

Ich bin Tschiledü. Der zögert.

Ich bin Ölün. Die ihr Hemd über den Kopf zieht und es ihm reicht. »Meinen Geruch magst du immerhin mitnehmen!« rufe ich.

Tschiledü greift mit beiden Händen nach der Bluse. Preßt sie vors Gesicht.

Ich merke, daß Diao Chan meine Geschichte mit offenem Mund verfolgt. Und ich sehe, daß sie Tränen in den Augen hat ... als ich wieder Tschiledü bin, der fortreitet, der auf einem falben Pferd flußaufwärts jagt.

Die drei Brüder setzten hinterher. Sie verfolgten Tschiledü über sieben Hügel. Aber es gelang ihnen nicht, seiner habhaft zu werden.

Die ganze Zeit saß Ölün da und wartete.

Als sie endlich zurückkehrten, begann sie zu weinen. Nicht über ihr eigenes Schicksal. Um ihres Mannes willen. »Mein schöner Tschiledü, noch nie mußtest du hungern. Noch nie mußtest du ungekämmt über die Steppe reiten. Wer soll jetzt dein Essen kochen? Und wer deine Zöpfe flechten?« Sie erhob ihr Gesicht zum Himmel, und sie weinte, es heißt, sie weinte so, daß die Wellen des Onon sich mitleidig hoben und die Tannenwipfel zitterten.

So wurde Dschingis Khans Mutter ihrem merkitischen Ehemann geraubt.

Und sie fand sich damit ab?

Ölün war nicht nur eine seiner Frauen ... Yesügei machte sie zu seiner Ehefrau. Und er setzte nie eine andere neben sie.

Aber Tschiledü?

Tschiledü existierte nicht mehr. Sie sah ihn nie wieder. Und ein Mann im Zelt ist mehr wert als zwanzig auf der Steppe ... Außerdem war Yesügei ein großer Häuptling.

Sie war ihm treu?

Sie war alles, was ein Mann sich erhoffen kann.

Und sie war *mehr.* Es ist bei den Mongolen immer üblich gewesen, Frauen bei den Beratungen anzuhören – bei allen wichtigen Sachen, mit Ausnahme kriegerischer Angelegenheiten. Heute können wir sehen, wie Frauen aus der Familie des Khagans königliche Gäste und Abgesandte aus der ganzen Welt empfangen. Und wir wissen, welch entscheidende Rolle sie spielen, wenn es um die Wahl eines neuen Herrschers in Karakorum geht ... Aber nie, niemals hat es eine stärkere und mächtigere Frau bei den Mongolen gegeben als Ölün. Man sagt, daß es Dschingis Khan nicht wagte, sich gegen seine Mutter zu stellen, so lange sie lebte ...

Diao Chan jubelt und schlägt die Hände zusammen. Sie mag es, von starken Frauen zu hören.

Und ihr zuliebe spiele ich noch eine Geschichte ... Ich mache es kurz. Ich erzähle, wie Dschingis Khan einmal – blind vor Machtrausch und krank vor Mißtrauen – seinen Bruder Khasar, den Bogenschützen, beschuldigt, ein Verräter zu sein. Als Ölün erfährt, daß Khasar gefangengehalten wird, steht sie sofort auf – und obwohl es mitten in der Nacht ist, sattelt sie ein weißes Kamel und reitet bis zum Morgengrauen. Sie stürmt in Dschingis Khans Lager, läuft zu Khasar, löst eigenhändig seine Fesseln und gibt ihm Mütze und Gürtel zurück, die man ihm als Zeichen der Demütigung genommen hat. Dann setzt sich Ölün mitten auf den Boden, in Kies und Sand, die Beine unter den Körper gezogen ... sie entblößt beide Brüste, läßt sie fallen, so daß sie auf ihren Knien liegen, und was sie sagt ... sind Worte, die immer noch an vielen Lagerfeuern lebendig sind.

So sprach Ölün zu ihren Söhnen: »Seht ... das sind die zwei Brüste, an denen ihr beide gesaugt habt. Du, Temudschin, der du damit prahlst, eigenhändig deine Nabelschnur abgerissen zu haben ... was hat dir Khasar Böses getan? Als du klein warst, konntest du eine meiner Brüste leer trinken. Khatschiun und Temüge Otschigin mußten zu zweit sein, um eine leer trinken zu können. Nur Khasar war imstande, beide leer zu trinken und mir Frieden zu schenken! Mein Temudschin, du hast einen Kopf wie ein Fuchs bekommen. Khasar bekam Kraft und die Fähigkeit, mit dem Bogen zu schießen ... Er hat alle besiegt, die dir im Wege standen, er hat die erschossen, die zu fliehen versuchten. Und jetzt ... wo alle deine Feinde zum Schweigen gebracht worden sind, jetzt willst du ihn verstoßen? Temudschin, kannst du mir eine Antwort geben?«

Doch der große Dschingis Khan saß mit gebeugtem Haupt da. Er wagte nicht, ihrem Blick zu begegnen. Und alles, was er vorbrachte, war dies: »Wenn meine Mutter wütend ist, zittere ich vor Angst. Ich empfinde Scham für das, was ich getan habe.«

Danach gingen sie ins Zelt und schlossen alle drei Frieden miteinander.

So war Ölün.

Ich sagte: Was weißt du von Wildschweinen?

Alles, was ich höre, ist das sachte Tropfen der Wasseruhr.

Es ist lange nach Mitternacht.

Diao Chan schläft.

Ich sitze bei der Öllampe … allein mit Tusche und Seide.

Wir befinden uns in der Stunde des Ochsen.

Was weiß ich noch von der Yassaq … was steht dort noch über das, was wir Liebe nennen?

Da steht: Es ist verwerflich, wenn ein Mann bei einer Frau andere Öffnungen benutzt als die, durch die sie befruchtet wird. Das bedeutet sinnlose Vergeudung von Samen und erschlaffte Lust, die der Ruhe bedarf.

(Wir, die wir an der Mauer entlang leben, fühlen uns getroffen …)

Und weiter: Nicht nur verwerflich, sondern bei Todesstrafe verboten ist es, wenn sich ein Mann mit einem anderen Mann vergnügt statt mit einer Frau.

(Dann wäre ich in Alexandrien gehängt und in Kairo geköpft worden.)

Weiter: Krieger dürfen anstelle von Frauen nicht ihre Pferde benutzen. Da vergeuden sie sinnlos ihre Kraft und büßen die Leidenschaft ein, die im Kampf unerläßlich ist.

(Wenn es das ist, was sie zu mäßigen vermag – und ihnen ein sanftes und friedliches Gemüt verleiht, müßten die Götter es so einrichten, daß jeder Mongole vom Verlangen nach seinem struppigen kleinen Pferd blind würde!)

Weiter: Zum Krieg gehört das Recht, Frauen an den eroberten Orten zu vergewaltigen. Das wirkt als Ansporn und ist eine wertvolle Triebkraft während der Kampfhandlungen. Doch solche Vergewaltigungen dürfen nicht übertrieben und zur ständigen Gewohnheit werden, denn dann untergraben sie Kraft und Lust des Kriegers.

(Rede lieber mit den Überlebenden in Samarkand, in Buchara … und dem kümmerlichen Rest in Kiew.)

Und endlich: Der Mann sollte immer auf das richtige

Verhältnis zwischen seiner Kraft und seiner Lust achten. Zu viel von dem einen und zu wenig von dem andern bringt Unglück.

(Wenn die ganze Welt ein großes Unglück ist – wie viele meinen –, weiß ich keinen Ort, an dem ich lieber unglücklich bin als zwischen den Schenkeln einer Frau.)

Wo finden wir eine Gesetzessammlung, die mit der Yassaq vergleichbar wäre?

Ich benötige keinen Schlaf mehr.

Oder: Ich kann nicht schlafen.

Das läuft auf dasselbe hinaus.

Wie lange bin ich schon hier?

Zwei Wochen. Vielleicht drei.

Wie haben wir uns gefunden?

Ich war durstig. Sie reichte mir eine Schale mit Wasser.

Ich sehe einen neunjährigen Jungen. Er reitet gemeinsam mit seinem Vater und einer Handvoll Krieger. Ich folge ihnen ostwärts, am Kerulen entlang flußabwärts, sehe sie leicht nach Süden schwenken. Sie haben sich auf die lange Reise zu dem Land der Olqonoghud begeben. Um im Volk seiner Mutter eine Frau für ihn zu suchen. Ich sehe einen Vogelzug am Himmel. Ich sehe, daß das Moos auf den Steinen große Rostflecken in die Landschaft malt.

Doch was weiß er von Frauen?

Wir reden nie über unsere eigenen Kinder.

Sie hat zwei gehabt.

Ich hatte einmal eine Tochter.

Um zu vermeiden, daß es mehr werden, geht sie gewöhnlich hinterher in die Hocke und versucht gleichzeitig zu nießen. Dazu verwendet sie oft Pfeffer. Sie meint auch, es helfe, einige Male hochzuspringen und dabei die Fersen gegen die Pobacken zu schlagen. Selber glaube ich mehr an die alte Methode, bei der die Frau vorher ein Klümpchen mit Öl getränktes Salz in die Scheide steckt. Aber Diao Chan jammert, es tue ihr weh. Und wir befürchten auch, daß sie durch zu häufige Anwendung für immer unfruchtbar werden könnte.

Drei Tage in der Woche geht sie auf die Festung und arbeitet für die Soldaten.

Davon lebt sie.

Und wir bauen Kohl an.

Einmal gingen wir zu einem nicht weit entfernten Berg und brachen schwarze Steine. Wir füllten jeder einen Sack. Legt man einen solchen Stein aufs Feuer, brennt er – und wärmt. Wir versuchen, die Steine an die Karawanen zu verkaufen, die nach Westen ziehen. Denn in der Gobi gibt es kaum Brennmaterial. Und die Wüste kann kalt sein in der Nacht.

Wenn ich behaupte, daß Diao Chan schön ist – woher weißt du, daß ich die Wahrheit sage? Es könnte eine Lüge sein. Sie könnte alt und zahnlos sein. Ich könnte ein Glied haben, das längst zwischen meinen Beinen verwelkt ist. Woher willst du wissen, ob nicht alles nur Prahlerei und leeres Gerede eines erbärmlichen Schauspielers ist?

Du weißt es nicht.

So ist das bei den Menschen, mein Freund.

Vom Wildschwein wissen wir, daß es bei den meisten Völkern Ausdruck von Lust und maßloser Gier ist. Für die Christen symbolisiert es Brutalität und Wut – den grausamen Herrscher. Für die Juden ist es der Feind Israels, der die Weingärten verwüstet. Und bei den alten Ägyptern nahm der böse Sturmgott Seth die Gestalt eines Wildschweins an, als er das Auge des Taggottes schluckte. Weiter im Osten ist das Wildschwein ein Mondtier … Wir hören von Wildschweinen mit Flügeln, die den Gott für Getreide und Ernte töten. Aber bei den Mongolen … bei den Mongolen ist das Wildschwein ein Tier, das man bewundert und zu dem man aufschaut. Es ist ein Sinnbild für Mut, Eroberung und alle kriegerischen Tugenden.

All das versuche ich zu vergessen.

Man sagt, daß Dschingis Khan 119 Kinder hinterließ.

Fünf davon waren ehelich.

Doch auch die anderen zählte er zu den seinen.

Auch das versuche ich zu vergessen.

Ich schiebe all diese Gedanken beiseite … und bahne einen Weg.

Am besten tust du dasselbe.

Einem neunjährigen Jungen soll erlaubt sein, durch unsere Köpfe zu reiten.

## III

Als sie zwischen den Bergen Tsihurga und Tscheksar hindurchritten, stießen sie auf einen der Lagerplätze der Qonggirad. Und der Häuptling, Dai-Setschen, hieß sie herzlich willkommen. Denn es herrschte Friede zwischen den Mongolen und den Qonggirad, und viele Familien beider Völker waren miteinander verwandt.

Dai-Setschen – das heißt: Dai der Weise – war ein Mann, zu dem alle aufsahen und vor dem jeder Respekt hatte. Er lebte in der Nähe der Großen Mauer und hatte oft Besuch von Karawanen mit Kaufleuten aus Cathay und Sendboten des Jin-Kaisers. Trotzdem waren die Qonggirad ein freies und selbständiges Volk.

Während die Erwachsenen Kumyß tranken und Höflichkeiten austauschten, schlenderte Temudschin durch das Lager. Er war noch nie in einem so großen Ordu gewesen und war beeindruckt von den stattlichen Zelten, den kostbaren Gewändern, dem Schmuck, den gehärteten Lackarbeiten und den Waffen … Schwertern mit geschnitzten Griffen und Pfeilköchern aus Elfenbein. Und er sinnierte: All das – eingetauscht für Felle, Häute und gewöhnliches Salz?

Aber die Hunde fürchtete er. Die Qonggirad hatten seit jeher mehr Hunde als jedes andere Steppenvolk. Und Temudschin hatte von klein auf eine Abneigung vor diesen an den Hals springenden, winselnden, schwanzwedelnden und zähnefletschenden Tieren …

Du lachst. Ich höre dein Lachen über den Ölberg schallen. Du sagst: Ein Kind, das unter Nomaden aufwächst, muß sich an Hunde gewöhnen, ob es sie mag oder nicht. Und solche Hunde sind keineswegs gefährlich und fallen nie Menschen an. Es sind Arbeitshunde. Abgerichtet, das Vieh zu hüten und nachts das Lager zu bewachen.

Etwas anderes habe ich auch nicht gesagt.

Du sagst: Hatte der große Dschingis Khan Angst vor kleinen Hunden? Dann hätte sich der Jin-Kaiser von Schmetterling-Löwen statt von Soldaten beschützen lassen sollen.

Du glaubst mir nicht. Oder: Es paßt dir nicht, mir zu glauben. Das macht einen Riß in das Bild, das du von ihm hast. Du willst ihn nur als blutrünstiges Monster sehen, mit Reißzähnen und rollenden Augen. Dir widerstrebt es, ihn als einen Menschen zu sehen, der sich deutlich daran erinnert, wie er als Zwei-, Dreijähriger von einem Rudel spielender, übermütiger Hunde überrannt und gebissen wurde. Ein Mensch, der das im Traum erlebt – immer und immer wieder. Nur schlimmer. Nur grausamer. Mit mehr Hunden und weit offenen Mäulern, klaffenden, abgrundtiefen Löchern … die Kiefer sind gelb, geifernde Brunnendeckel, die sich über ihm schließen wollen, ihn einschließen wollen in ewige, stinkende Finsternis. Er wird menschlicher, wenn wir ihn so sehen. Und zugleich gefährlicher … denn das macht ihn zu einem, den wir nicht einfach verdammen und von uns wegschieben können. Er wird mehr wie du und ich. Denn wenn wir uns schlafen legen … Haben wir nicht alle etwas, von dem wir möglichst nicht träumen wollen? Und was Hunde betrifft … Bedenke, daß der Hund nicht nur Ausdruck der Treue ist. Du weißt ebensogut wie ich, daß mit einem schwarzen

Hund Zauberkräfte, Teufelswerk, die Verdammten und der Tod verbunden sind.

Als Temudschin zu den Erwachsenen zurückkommt, hat Dai-Setschen lange genug gewartet, um endlich fragen zu können, was Yesügei auf dem Herzen habe.

Yesügei antwortet, daß sie zu den Olqonoghud wollen, um eine Frau für seinen Sohn zu finden.

Dai-Setschen überlegt sich die Sache genau. Mustert Yesügei. Mustert Temudschin. Dann sagt er: »Yesügei, mein Freund … dein Sohn hat Feuer in den Augen und ein offenes Gesicht. Ich will dir einen Traum erzählen, den ich heute nacht hatte … Mir träumte, daß ein weißer Falke die Sonne in der einen Klaue und den Mond in der anderen Klaue hielt. Und der Falke flog herunter und setzte sich auf mein Handgelenk. Yesügei, mein Freund, ist das nicht ein seltsamer … ein guter Traum?«

Der Falke war von alters her eines der Symbole für die »Grauäugigen« gewesen. So wurden die genannt, die ihren Stammvater bis ins dreiundzwanzigste Glied zurückverfolgen konnten, bis zu dem blaugrauen Wolf und seiner wunderbaren Hindin. Yesügei war einer davon.

Damit deutete Dai-Setschen an, daß er selbst eine Tochter hatte … und daß er der Meinung war, es wäre für beide Familien von großem Vorteil, wenn sie enger miteinander verbunden wären. Aber noch sprach er den Gedanken nicht direkt aus. Dai-Setschen hatte sich im Laufe der Jahre dieselbe bedächtige Vorsicht zugelegt, die die Kaufleute aus Jin auszeichnet. Und wenn er sprach, liebte er es, eine Sache mindestens zweimal zu sagen. Um den Worten Gewicht zu verleihen.

Sie gingen ins Zelt und nahmen das Mädchen in Augenschein.

Es hieß Börte, und es hatte noch keine Brüste, aber Yesügei sah, daß es kräftig und gut gebaut war.

Auch Temudschin betrachtete Börte mit Wohlgefallen.

Am nächsten Tag bat Yesügei darum, Börte als Frau für Temudschin zu bekommen.

Dai-Setschen hebt an zu einer langen Rede, wie berühmt die Frauen der Qonggirad wegen ihrer Schönheit sind, wie begehrt in der ganzen Steppe, aber dann unterbricht er sich selbst und lächelt. »Yesügei, mein Freund«, sagt er. »Würde es einen besseren Eindruck machen, wenn ich sie erst freigäbe, nachdem du gebettelt und gefleht hättest? Ist es ein Zeichen von Gleichgültigkeit, wenn ich dir mein Ja bereits nach wenigen Worten gebe? Yesügei, mein Freund ... wir wissen beide, daß eine Frau nicht dazu geschaffen ist, ewig im Zelt ihres Vaters zu sein.«

Es wurde ein Verlobungsfest gefeiert.

Ehe Yesügei aufbrach, schenkte er Dai-Setschen ein prächtiges Pferd – seinen eigenen schwarzen Hengst. Und er bekam Gegengeschenke.

Sie verabredeten, daß die beiden Ordus bei der nächsten Gelegenheit das Vieh auf eine gemeinsame Weide treiben sollten – ein Zeichen dafür, daß sie fest entschlossen waren, familiäre Bande zu knüpfen.

Temudschin blieb da – wie es Sitte war. Ein Junge, der verlobt war, sollte bei seinen künftigen Schwiegereltern erzogen werden. Bis er 13, 14 Jahre alt geworden war, dann durfte er seine Frau mit nach Hause in seine Jurte nehmen.

Was dachte Dai-Setschen?

Daß er ein schlechteres Geschäft hätte machen können, als sich die Unterstützung bei dem Führer der Mongolengruppe zu sichern, die derzeit die stärkste war.

Was dachte Yesügei?

Daß es ein beruhigendes Gefühl war, den Sohn in einem friedlichen Winkel der Steppe zu lassen.

Was dachte Temudschin?

Das wissen wir nicht.

Wie lange war er dort?

Das wissen wir auch nicht.
Manche sagen, drei Jahre.

Aber daß er sich vor Hunden fürchtete … das wissen wir. Denn als Yesügei fortritt, heißt es, drehte er sich im Sattel noch einmal um und rief Dai-Setschen zu: »Paß gut auf meinen Sohn auf. Und denk daran … er mag keine Hunde.«

Das waren ungewöhnliche und lächerliche Worte aus dem Munde eines mongolischen Khans. Deshalb wurden sie nicht vergessen – bis zum heutigen Tag.

Es wird aber auch erzählt, daß Yesügei der Starke … ein guter Vater war.

Glücklich das Kind, das einen Vater hat.

Ich hatte keinen.

Bei den Qonggirad erfuhr Temudschin mehr über das Märchenland Cathay. Er verbrachte viel Zeit bei den Kaufleuten. Er dachte: Es muß ein unfaßbar reiches Land sein … wenn es so viele wunderbare Dinge entbehren kann, ohne arm zu werden. Doch wenn die Menschen dort so schwach waren, warum konnten die Qonggirad nicht selbst in Cathay einfallen und sich einfach holen, was sie wollten? Dai-Setschen muß ihn ausgelacht haben … und muß ihm erklärt haben, daß der Jin-Kaiser Hunderttausende von Männern bezahlte, um die Städte zu beschützen und die Nomadenstämme in die Flucht zu schlagen, sobald sie angriffen. Er muß ihm von ihrer Kriegskunst erzählt haben … wie sie Maschinen verwendeten, die große Steine warfen, und Streitwagen und Fußvolk mit langen Lanzen, wie sie in Reihen hintereinander kämpften und jeden aufspießten, der sie niederreiten wollte. Und im Kopf des Jungen muß das Rätsel immer größer geworden sein … denn wenn Cathay trotz allem so mächtig war, warum schickten sie Kaufleute und keine Krieger?

Jetzt raste ich selbst dort, wo einmal Cathay war ... ich sehe ihre Angst und ihren Abscheu vor allen, die herumziehen. Die sie Barbaren nennen. Und sie beweinen jeden Verwandten, der die Heimat verlassen muß. Als würde er sich in ein namenloses Unglück stürzen.

So ist das. Die Nomaden lachen über das langweilige Leben der Seßhaften. Und die Seßhaften graust es bei dem Gedanken an die trostlose Ungewißheit der Nomaden.

Deshalb wurde die Mauer gebaut.

Zum Schutz vor den wilden Horden da draußen.

Aber die da draußen ... waren nicht nur Verbrecher und Übeltäter ... es waren auch die Verlorenen, die die Götter verschmäht hatten, die nicht auf die Hilfe und den Schutz der Geister hoffen durften ... vielleicht konnte man sie überhaupt nicht zu den Menschen zählen ... denn sie befanden sich draußen. Das wahre Heim der Menschen war Cathay, alles andere war Wüste und Blendwerk. Deshalb hat das Land eigentlich auch keinen Namen. Wir von draußen nennen es Cathay. Für die, die hier geboren wurden und die hier leben, ist es das Reich der Mitte, das Zentrum der Erde – und braucht das einen Namen? Denn hier nahm alles seinen Anfang, damals, als das erste Wesen – Pangu – die Welt aus einem gewaltigen Granitblock herausschlug. Ein riesiger Fels, der im großen Nichts schwamm. Pangu arbeitete mit Hammer und Meißel. Und er hatte Helfer – den Drachen, die Schildkröte und den Vogel Phönix. Achttausend Jahre arbeiteten sie, und jeden Tag wuchs Pangu sechs Fuß ... Als die Erde endlich losgehauen war, starb Pangu. Er starb an dem Tag, an dem seine Arbeit vollendet war. Und aus seinem toten Körper entstand die Welt, wie wir sie kennen: Sein Kopf wurde Gebirge, sein Atem wurde Wind und Wolken, sein linkes Auge wurde Sonne und sein rechtes Mond. Sein Körper wurde zu Erde, das Blut zu Flüssen, Haut und Haare wurden zu Pflanzen und Bäumen. Sein Schweiß wurde zum Regen. Und die Menschen? Die Menschen wurden aus all den Parasiten und kleinen Schmarotzern geschaffen, die in seinem gewaltigen Körper gelebt hatten …

Und da sind sie herausgekrochen.

Im Zentrum der Welt.

Ich bin in Jiayuguan. Dem letzten Vorposten zum Westen. Wo der Reisende einen Stein gegen die Mauer wirft, um ein Zeichen zu bekommen, wie die Reise weitergehen soll. Prallt der Stein ab, wird er wohlbehalten nach Hause kommen. Fällt der Stein kraftlos zu Boden, ist er verloren.

Mehrere Jahrhunderte lang sind Verbrecher und Menschen, die beim Kaiser in Ungnade fielen, durch das Tor hier in Jiayuguan des Landes verwiesen worden. Sie sind »aus dem Mund gespuckt worden«.

Diao Chan kennt ein Lied, das so anfängt: »Ich schleppte meine Füße aus Jiayuguan hinaus. Die Gobi liegt vor mir. Wenn ich zurückschaue, weiß ich, daß ich die Schwelle zur Hölle überschritten habe.«

Wo verläuft die Grenze für den menschlichen Hochmut?

Und trotzdem … wie leicht ist es, alles wiederzuerkennen … wenn wir den Blick auf Rom, auf Jerusalem, auf Bagdad und Kairo richten. Hier ist alles nur größer, klarer und hat schärfere Umrisse.

Doch die Mauer konnte sie nicht retten.

Die wilden Horden ließen sich nicht zähmen.

Alles hat sich verändert.

Nur die Vorurteile der Menschen sind dieselben … zu allen Zeiten.

Sollte die Gobi etwa eine Hölle sein?

Ich habe diese Wüste liebgewonnen. Diese weiten, verlassenen Gegenden. Und so wohltuend frei von Menschen.

Ich erinnere mich, was Yelü Chucai mir einmal erzählte. Er, der nächste Ratgeber des Khagan. Und mein Herr in Karakorum. Er sagte: »In seinem tiefsten Herzen wollte er, glaube ich, alle Städte und jedes Bauwerk zerstören. Nicht um des Zerstörens willen – aber um der Landschaft ihre ursprüngliche Schönheit wiederzugeben.«

Möge mir der Himmel verzeihen – aber es gibt Momente, da verstehe ich ihn.

Merkwürdige Worte von einem Schauspieler?

Nicht seltsamer als alles andere.

Ich sagte, daß er bei den Qonggirad drei Jahre blieb. Das scheint vertretbar. (Doch als Schauspieler habe ich gelernt, der Zahl drei gegenüber skeptisch zu sein. Vielleicht waren es eher zwei Jahre?) Andere sagen, daß er nur ein paar Tage dort war. Um die Geschichte spannender zu machen. Alle sind wir uns aber einig, daß es Munglik, der Sohn von Tscharacha, war, der die Botschaft Yesügeis überbrachte. Das Pferd war fast zu Tode geritten, denn er hatte es weder am Tag noch in der Nacht geschont. Und das sagte Munglik zu Dai-Setschen: »Mein Khan. Yesügei grüßt dich … und er bittet um seinen Sohn Temudschin. Denn er ist im Herzen krank vor Sehnsucht nach ihm.«

Das war ein Verstoß gegen alle guten Sitten. (Besonders, wenn es bereits nach einer Woche passierte.) Doch Dai-Setschen beschloß, darüber hinwegzusehen. Er sagte: »Wenn mein Freund Yesügei Sehnsucht nach seinem Sohn hat, will ich ihn nicht daran hindern, ihn zu sehen. Aber laß den Jungen so rasch wie möglich zu mir zurückkehren.«

Temudschin verabschiedete sich von Börte und seinen Schwiegereltern – und folgte Munglik.

Kaum waren sie draußen aus dem Lager, berichtete Munglik, was sich zugetragen hatte.

Während eines Besuches in einem fremden Ordu (auf dem Rückweg von den Qonggirad, erzählen die, die die

Geschichte zusammenhängender haben wollen), war Yesügei wie ein Ehrengast aufgenommen worden. Es wurde für ihn gesungen und getanzt, und er bekam die besten Fleischstücke. Doch als er am nächsten Tag weiterritt, merkte er, daß man ihn vergiftet hatte. Er schaffte es heimzukommen, ohne vom Pferd zu fallen, obwohl er das letzte Stück gestützt werden mußte. Und dann lag er krank und ohnmächtig im Zelt. Der Magen brannte wie Feuer, und das einzige, was er herausbrachte – das einzige, was sie verstanden –, war, daß er Temudschin sehen wolle …

Aber sie kamen zu spät.

Als Munglik und Temudschin ins Lager ritten, hörten sie das Jammern von vielen Klageweibern – und Ölün, die ihre Trauer über den Tod sang.

So erging es Yesügei.

Niemand konnte ihn im Kampf besiegen.

Deshalb gaben ihm seine Feinde ein Stück verdorbenes Fleisch.

Ölün umarmte ihren Sohn.

Und sie führte ihn in die Jurte und wies ihm seinen Platz auf dem weißen Pferdefell.

Als Zeichen, daß er von nun an das Oberhaupt der Familie war.

Yesügei hatte den Stamm unter seiner Führung vereinigt. Er hatte seine Macht erweitert und sich andere Stämme unterworfen. In seinem Ordu gab es Krieger aus vielen Klans.

Doch Temudschin war noch ein Junge.

Yesügei baghatur war ein großer Khan gewesen.

Sollten erwachsene Männer sich von einem Knaben führen lassen?

Es gab bereits Anzeichen von Aufruhr und Zerfall.

Um zu verstehen, wie ein Mann das Leben sieht, müssen wir wissen, wie er den Tod betrachtet. Und alle, die ihn kannten, wissen, wie sehr Dschingis Khan mit den Sitten und Traditionen seines Volkes verbunden war. Wie viele andere glauben auch die Mongolen nicht, daß das Grab nur eine letzte Ruhestätte ist, es ist ebensosehr eine Schwelle und ein Tor in eine andere Welt – in ein Leben nach dem Tode. Aber im Gegensatz zu den Völkern im Westen kennen sie weder Strafe noch Belohnung. Sie stellen sich vor, daß alles etwa so weitergeht wie bisher. Man ißt und trinkt wie hier. Man liebt und kämpft. Deshalb ist es wichtig, nicht mit leeren Händen zu kommen ... Der Tote wird – sitzend – in eine seiner Jurten plaziert. Und das ganze Zelt wird in die Erde gesenkt. Zusammen mit dem Toten werden eine Stute und ihr Fohlen sowie ein Hengst – mit Sattel und Zaumzeug – begraben. So hat er einen Ort, um zu wohnen, er hat eine Stute, die ihm Milch geben kann, und er hat eine Möglichkeit, die Herde zu vergrößern ... Wichtiger als all dies ist aber, daß er Waffen bei sich hat. Wie sollte er sonst zurechtkommen? Ich habe mit vielen gesprochen. Ich habe erzählt, daß es im Westen Menschen gibt, die glauben, der Tod könne ihnen ewigen Frieden schenken. Darüber lachen die meisten nur. Sie reden von gewaltigen Schlachten, von Horden bleicher Reiter, von unvorstellbaren Kraftproben. Warum sollte es dort anders sein als hier? Und sie sagen: Wenn der Starke nicht den Schwachen bezwingen kann, was soll er dann mit seiner Stärke? Wozu hat sie ihm der Himmel gegeben? Ist nicht alles auf diese Weise geschaffen und klug eingerichtet? Ich fühle mich allein und machtlos ... und ich denke: Was hilft es, wenn wir den Mond anheulen? Denn schlimmer als ihr Lachen und ihr gleichgültiges Schulterzucken ... ich weiß, daß sie es *so wollen,* daß es sie erregt und reizt ... und ich denke: Soll denn dieses Töten nie ein Ende haben? Sollen wir ewig von Mongolen niedergeritten werden ... sowohl in dieser Welt wie in der nächsten? Glaub mir, es hat

Augenblicke gegeben, da habe ich Pferde gehaßt ... da habe ich sie nur als lebende Zerstörung gesehen, als galoppierende Teufel mit vier fürchterlichen Hufen ... wilde, wahnsinnige Augen und schnaubende, aufgerissene, blutrünstige Nüstern. Hätte Gott weder das Pferd noch das Kamel, dessen verfluchte Schwester, erschaffen ... um wieviel schwieriger wäre es, gegeneinander Krieg zu führen? Und trotzdem sollten wir dankbar sein. Wie Mika immer sagte: Es könnte schlimmer sein ... Denn wie würde die Welt wohl ausgesehen haben, wenn es so große *Vögel* gegeben hätte, auf denen man hätte reiten können? (Der Fromme findet stets Gelegenheit zur Lobpreisung!) Und hier im Osten habe ich Menschen gesehen, die aus dünnen Holzstreben und Papier große, leichte Gehäuse fertigten ... Sie haben die Gehäuse an lange Schnüre gebunden, und der Wind hat sie mitgenommen, hoch in die Luft. Einmal sah ich einen Mann unter einem Bündel derartiger »Luftgehäuse« hängen und baumeln. Das war in einem Dorf, und sie bauten gerade eine Pagode. Sie zogen schwere Steine hinauf zu ihm. Und er legte sie an ihren Platz, einen nach dem andern ... hoch droben ... während er unter den Wolken schwebte, schwerelos wie ein Vogel. Gott sei Lob und Dank, daß niemand ein ganzes Heer mit solchen Gehäusen ausrüstet – oder sie größer und stärker baut, mit Segeln und Rudern ... Welche Mauer der Welt könnte uns da noch schützen? Ich weiß, daß die Gedanken wandern. Aber das ist bald die einzige Bewegung und Freiheit, die ich habe. Denn obwohl es sicher schlimmer hätte sein können, ist es so, wie es ist, schlimm genug. Ein Beispiel, mein Freund ... ein Beispiel für die Hoffnungslosigkeit, das vielleicht noch nicht bis Jerusalem gedrungen ist, sich aber in der östlichen Welt wie eine Pest verbreitet hat und das – wodurch sollte es aufgehalten werden? – eines Tages auch auf den Hügeln um die Heilige Stadt wartend im Morgennebel stehen wird. Ein Beispiel ... damit du weißt, wie wir leben, und sie wiedererkennst, diese Hoffnungslosigkeit, die die Beine lähmt und die Kehle austrocknet, bei der jeder Gedanke grau wird und das Herz zu einem Stein in der Brust. Ich weiß nicht mehr, wie er hieß. Es war ein gewöhnlicher mongolischer Krieger. Aber ich erinnere mich, wie sich seine Augen freuten, während er sprach. Er prahlte damit, wie er allein vierzehn Menschen getötet habe. Das war auf dem Kriegszug gegen … auch den Namen der Stadt weiß ich nicht mehr, es geschah jedenfalls, als er gerade auf Patrouille ritt. Völlig unerwartet stieß er auf eine kleine Gruppe von Flüchtlingen. Sieben erwachsene Männer, vier Frauen und drei Kinder. Hätten sie gekämpft, sie hätten ihn sicher besiegt. Aber er befahl ihnen, sich in Reihe aufzustellen. Und sie gehorchten. Er forderte sie auf, sich hinzulegen, mit dem Gesicht zur Erde. Und ohne aufzumucken, machten sie, was er sagte. Dann ritt er über sie hinweg. Hin und her. Bis alle tot waren. Er lachte, als er es erzählte. Er sagte: »Ich brauchte ihnen nicht einmal das Schwert zu zeigen.« Alle, die es hörten, lachten. Ich auch … ich lachte auch. Damit niemand glauben sollte, ich dächte anders. So ist das, mein Freund. Mongolen wird es immer geben. Und es wird immer Pferde geben. Um ihre Gräber stellen sie hohe Stangen mit blutigen Pferdeköpfen auf, die Anzahl ist verschieden, einmal zählte ich elf, doch vier sind es mindestens – ein Kopf für jede Weltecke – sie sagen, sie ehrten damit Tängri, den blauen Himmel, und sie schlagen Pfosten tief in die Erde und spannen dazwischen Pferdehäute auf. Hat es auch so ausgesehen … das Grab, das Temudschin für seinen Vater richtete? Nein. Yesügei war ein Häuptling. Und je höherstehend ein Mann ist, um so wichtiger ist es, daß sein Grab unbekannt bleibt. (Sind derartige Überlegungen im Westen nicht völlig fremd? Ich erinnere mich an Säulen und Mausoleen … fürstliche Ruhestätten, die eher einem Schloß als einer Grabkammer gleichen.) Keinem sollte es möglich sein, ihn zu stören. Deshalb ist sein Grab von keiner Stange und keinem Pferdekopf verunziert. Ich sehe einen Jungen. Mit zusammengepreßtem Mund. Und verzweifelten Augen. Ich sehe, wie sorgfältig er mit Erde und Gras beschäftigt ist, um alle Unebenheiten und Hügel auszugleichen. Ich sehe, wie er die ganze Nacht Pferde über das Grab laufen läßt, damit am nächsten Morgen keine Spur mehr davon zu finden ist … Aber am geheimsten ist Dschingis Khans Grabstätte. Sie wurde für ihn und seine Nachfolger gebaut. Wieviel Gold und Silber nahm er mit ins Totenreich? Wie viele männliche und weibliche Sklaven? Wir wissen es nicht. Wir haben nur gehört, daß schöne Frauen – zu Hunderten, scharenweise – in kostbare Kleider gehüllt … und gemeinsam mit ihm begraben wurden. Und es ist bekannt, daß auf dem langen Marsch zurück von den Ländern im Süden jeder, der dem Leichenzug begegnete, getötet wurde … jedes lebende Wesen – egal, ob Tier oder Mensch –, auf daß sie ihm in der nächsten Welt zu Diensten seien. Und hat der Wahnsinn nicht bis zum heutigen Tag angehalten? Verehren wir ihn nicht nach wie vor? Im neunten Monat jedes Jahres – und im zwölften – verbrennen wir ein Pferd und drei Schafe, zusammen mit Kumyß und Wein … und drei bestickten Seidenrollen. So wird Dschingis Khan geehrt, so wird Ögedei geehrt, so werden die großen mongolischen Vorväter geehrt. Und in jeder Stadt, an jedem Ort sind Schamanen, die den Namen der Toten ausrufen. Jedes einzelnen – laut und schrill.

Das mag alles sein, wie es will. Ich schreibe über Temudschin. Ich schreibe über Yesügei. Blind muß sein, wer nicht versteht, daß sie sich liebten.

Ist es nicht seltsam, wie wir uns das, was wir in den ersten Lebensjahren erfahren, für den Rest des Lebens merken? Nach ein paar Bechern Wein fangen die meisten an, über ihre Eltern zu reden. Oder weigern sich lauthals, es zu tun …

Doch Diao Chan erzähle ich die Geschichte von Eusebius. Der Mönch, von dem ich einmal träumte und wünschte, sein Sohn zu sein. Der schöne Eusebius ... dem ich später das Gesicht zerschnitten habe.

Nichts davon gehört hierher.

Aber Diao Chan fragt. Und alles erzähle ich ihr. Alles, woran ich mich erinnere. Sie hat den ganzen Tag bei den Soldaten auf der Festung gearbeitet. Und ich habe mich nach einem Zuhörer gesehnt.

Ich bereue, was ich vorher über die Pferde geschrieben habe.

Es ist nicht die Schuld des Baumes, daß die Menschen Zweige abbrechen und sie als Pfeile verwenden.

Was habe ich gemacht, als ich elf Jahre alt war?

Ich lief mit parfümiertem Hintern herum und erwachte jeden Morgen mit der Angst, kastriert zu werden.

Diao Chan schmiegt sich an mich. Sie möchte, daß wir schlafen. Sagt, wir brauchen es. Alle beide. Streichelt mich mit kühlen, duftenden Händen. Sagt, daß alles gut ist, und ich solle mich nicht fürchten.

Aber wie kann ich ausruhen ... wenn ich mich in Gedanken ständig verfolgt fühle von Mongolen in Kentaurengestalt? Mischwesen mit sechs Gliedern – von denen die vorderen menschliche Arme sind, während es sich bei den vier anderen um Pferdebeine handelt. Von alters her kennen wir viele Bilder von solchen Wesen. Das gräßlichste davon habe ich in Stein gehauen gesehen: Außer dem Menschenkopf hatte es einen Hundekopf im Nacken, Flügel wie ein Adler und einen Skorpionschwanz. Es hatte einen erigierten Penis und hielt einen gespannten Bogen in den Händen ...

Unser ganzes Leben ist voller Tierbilder.

Sogar die Sterne zeichnen welche.

Ich stehe in der dunklen Hüttenöffnung und kaue Kohl.

Eines Tages werden sie mich finden. Ich bin ein Spielzeug, das abhanden gekommen ist. Ich bin ein Ball, der unter einen Stuhl gerollt ist. Eines Tages werden sie mich mit einem Tritt wieder hervorholen.

## IV

Ich habe Frauenkleider angezogen.

Ich habe mir das Gesicht gebleicht und die Wangen rot gefärbt.

Mag der Himmel wissen, wie sehr ich mich danach sehne aufzutreten!

Niemals kann Schreiben ein Ersatz sein.

Ich gebe zu, daß ich auch mit Tusche und Seide Augenblicke erlebe, in denen ich das Gefühl habe, über mich selbst hinauszuwachsen. Es kommt vor ... daß ich Wörter und Sätze finde, die mich überraschen – und mir helfen, meine eigenen Gefühle zu verstehen.

Aber das geht alles so unerträglich langsam!

Ich bin ein Mensch, der nicht weiß, was er meint, bevor er es ausgesprochen hat.

Als Schauspieler konnte ich die Gedanken aus dem Mund sprudeln lassen. Und das, was die Zunge nicht mehr bewältigte, habe ich mit dem ganzen Körper ausgedrückt. Ich konnte weite Sprünge mit Hilfe einer Grimasse machen.

Jetzt ist die Hand eine Bremse.

Und ich bin nur noch eine gekrümmte Schnecke.

Wenn nur Mika noch leben würde.

Wenn diese Hütte nur ein Podium oder ein Marktplatz wäre.

Wenn nur alles anders wäre.

Auch heute ist sie nicht zu Hause.

Sie ist bei den Soldaten auf der Festung.

Und ich erwarte sie erst am Abend.

Trotzdem verkleide ich mich. Und ich balanciere das kleine Holzschwert auf der Nase.

Wenn uns das Leben nichts Entsprechendes gönnt … müssen wir uns selbst helfen. Wir onanieren und spielen, daß wir nicht mehr allein sind.

Genauso stelle ich mir jetzt diesen gestampften Boden als Bühne vor … und die Hüttenwände fülle ich mit Neugierigen.

Denn ich bin Schauspieler.

Und möchte nie etwas anderes sein.

Da trete ich lieber für mich auf. Und für Fliegen und Tausendfüßler.

Warum ich Frauenkleider trage?

Gute Frage. Ich hebe einen Zeigefinger. Gute Frage.

Yesügei war tot. Und Temudschin zu jung, um seinen Platz einzunehmen (erzähle ich ihnen. Vertraue ich meinen unsichtbaren Zuschauern an). Doch dem Ordu gelang es auch nicht, sich um einen anderen Führer zu scharen. Jeder Klan und jede Familie wollten einem der Ihren folgen.

Es war eine Zeit voller Mißgunst und Streit.

Am schlimmsten waren die Frauen …

Ich zwinkere der Decke und den Wänden zu. Ich reibe mir den Bauch und streiche mir über den Schenkel. Ich erzähle, daß Ölün für kurze Zeit mit Respekt behandelt wurde. Weil sie die Witwe des großen Häuptlings war. Aber ich zeige den Töpfen und Tiegeln, daß es noch andere hochstehende Frauen im Lager gab. Und die sahen endlich eine Möglichkeit, sie zu demütigen …

Wer weiß, was in den Herzen von solchen Frauen wie Orbai und Sochatai vorgeht?

Beide sind alt. Und Witwen von Ambakhai Khan – dem Unglücklichen, der sein Leben auf einem hölzernen Esel aushauchte. Jetzt benützen sie den geringsten Anlaß, um allen und jedem zu erzählen, daß Ölün nur die Witwe von einem der vielen kleinen Häuptlinge ist, während sie selbst einmal vor langer Zeit mit einem verheiratet waren, der Khan über sämtliche Mongolen war …

Ich tue den Fliegen schön.

Ich verbeuge mich vor einer Spinne.

Ich bin Orbai und Sochatai. Ich sage: »Ist es nicht recht und billig, daß ihr uns höher stellt als Ölün?« Wir sind zwei alte, zahnlose Nattern. Trotzdem spucken wir noch Gift und Galle.

Da unterbreche ich rasch – und wechsle das Geschlecht.

Denn hinter diesem Ränkespiel ahnen wir auch den Anführer der Taidschigut, den habgierigen Targhutai, einen Mann, den immer mehr als Führer des ganzen Ordu haben wollen – oder sich dazu gezwungen fühlen.

Aber nur für einen Moment … denn jetzt greife ich wieder nach dem Kleid und drehe mich herum. Ich bin nicht nur Orbai und Sochatai, ich bin auch die Frauen von Targhutai und den anderen Häuptlingen … es ist Zeit für die entscheidende Kraftprobe, ein Frühlingstag, im selben Jahr … frühmorgens. Wir stehlen uns aus dem Lager. Vorsichtig. Ölün darf nichts merken. Wir haben uns geschmückt. Haben uns schön gemacht. Haben Amulette um den Hals gehängt. Wir ziehen hinaus, um das große Frühlingsopfer zu verrichten. Aber keiner hat ein Wort zu Ölün gesagt … Wir haben Opfergaben bei uns für die Geister der Vorväter. Wir bringen Fleisch, kleine Kuchen und Stutenmilch dar. Die Toten essen … und wir essen mit ihnen. Ich lecke mir die Finger. Wische mir den Mund. Gehe dicht zur Wand und rülpse. Das Publikum greift nach mir. Ich kichere und blicke zu Boden. Sie lachen. Sie mögen mich. Ich war immer sehr geschickt in Frauenrollen. Plötzlich beuge ich mich vor und halte eine Hand hinter das Ohr … Wer kommt da? Es ist Ölün! Sie hat begriffen, was vor sich geht. Jetzt kommt sie angelaufen. Das Publikum feuert sie an. Ich bin Ölün und hüpfe herum. Gestikuliere wild mit den Armen und schreie zum Himmel. Der ganze Platz brodelt und kocht. Ich bin Ölün … bisher war immer ich diejenige gewesen, die solche Dinge geleitet hat, zuerst als Frau des regierenden Häuptlings, dann als seine Witwe … Aber als ich jetzt hinkomme, ist die Mahlzeit fast beendet. Und die anderen Frauen lachen mich aus.

Der Wortwechsel, der folgte, ist bewahrt worden. Bis zum heutigen Tag kann man ihn an Lagerfeuern hören, bei den Tönen einer Knochenpfeife oder begleitet von einsaitigen Fiedeln. Ihn hier wiederzugeben hat keinen Sinn. Es genügt zu sagen, daß Ölün wütend war. Sie drohte mit Yesügeis Söhnen, die, wenn auch noch klein, sie dereinst als erwachsene Männer das Fürchten lehren würden. Und sie beendete ihre Rede folgendermaßen: »Ihr wißt, daß dies das letzte Opfer war, ehe wir aufbrechen, um zur Sommerweide zu ziehen. Was soll es heißen, dieses Fest abzuhalten, ohne mich zu wecken, damit auch ich hätte teilnehmen können?«

Die letzte Replik verwende ich, wie sie ist.

Auch wie Orbais und Sochatais Antwort lautete, mag ich nicht in voller Länge wiedergeben. (Es sind nämlich weiß Gott wie viele Verse.) Wie Orbai begnüge ich mich damit zu sagen, daß ihrer Meinung nach Ölün nicht länger zu den vornehmen Frauen im Lager gehört. Deshalb sei es nicht ihre Pflicht, sie zu was auch immer mitzunehmen … Und als Ölün sich in hilflosem Zorn zurückzieht, bin ich

Sochatai, die ihr nachruft: »Und noch etwas. Sollte es uns gefallen, dich hier – allein – zurückzulassen, wenn wir zur Sommerweide ziehen, ist es auch unsere Sache – und nicht deine!«

Am liebsten bin ich Ölün. Obwohl sie Niederlagen einstecken muß. Sogar jetzt ... wie sie von einem zum andern geht ... Freunde und Verwandte aufsucht. Fragt und anhört. Um herauszubekommen, wo jeder steht ...

Ich weiß, daß das Publikum auf ihrer Seite ist. Jedesmal, wenn ich die Hände ringe, schreien sie vor Wut und Verbitterung. Der Verkauf in den Basaren hat aufgehört. Alle sind auf den großen Platz gekommen, um mir zuzusehen. Und die vereinzelten Rufe werden zu einem Geheul, als ich einen langen Kreidestrich ziehe ... und erkläre, daß auf der einen Seite die stehen, die Ölün raten, die Schmach zu schlucken und Targhutai zu folgen. Mehr als die Hälfte ihrer Freunde denken so. Sie mögen weder Targhutai noch die anderen Taidschigut, aber so, wie es jetzt aussehe ... sei er der einzige, der einen gewissen Schutz bieten könne, sagen sie. Und es sei am besten, zusammenzuhalten. Jedenfalls, bis sich etwas Besseres zeige ... Das ist die Stimme der Vernunft. Aber es ist die kleinliche Vernunft, die so spricht. Die weder Stolz noch Ehre kennt. Und sie spricht mit kühler Zunge ... schnell und direkt ... damit niemand merken soll, wie die Zähne vor Entsetzen klappern. Auf der anderen Seite des Kreidestriches stehen die, die Yesügeis Andenken noch treu sind, die, die sich geschworen haben, zu seiner Witwe und seinen Kindern zu halten. Aber das Publikum verstummt ... schweigt wie ein versteinerter Wald ... als ich mit leiser Stimme erzähle, daß es auch unter ihnen niemanden gab, der mir riet, mit Targhutai zu brechen ... Besser, dem Rest des Lagers zu folgen, sagen sie. Nicht sich unterordnen, aber zusammenarbeiten – wo Zusammenarbeit möglich ist. Besser so, als seine eigenen Wege gehen ... besser so ... als ein kleiner, schutzloser

Ordu werden – regiert von einer Frau. Das ist die Stimme der Hoffnungslosigkeit. So sprechen die, die nicht mehr den Mut haben, den Blick von ihren Stiefeln zu erheben.

Ich bin Ölün.

Ich höre mit unbewegtem Gesicht zu.

Wenn ich den Kopf neige und für den Rat meiner Freunde danke … sind viele im Publikum, die in Tränen ausbrechen.

Am nächsten Morgen bricht das ganze Lager auf.

Mit den Taidschigut an der Spitze ziehen sie den Onon-Fluß entlang aufwärts.

Niemand hat es für nötig befunden, Ölün und ihre Leute zu benachrichtigen.

Unter den Qiyat herrscht totale Verwirrung. Die eine Hälfte beeilt sich, Anschluß zu finden, will Targhutai zeigen, daß sie auf seiner Seite steht. Die andere Hälfte zögert, weiß nicht, ob sie mitkommen oder bleiben soll. Alle wenden sich mir zu. Ich bin Ölün. Was soll ich ihnen antworten? Mein Mund ist trocken. Der Schweiß läuft mir über den Rücken. Das ist zuviel. Sogar sie zu spielen … ist zuviel. Und auf mich sind ihre Blicke gerichtet. Um mich scharen sie sich. Ich habe Schwierigkeiten, mich aufrecht zu halten. Ich brauche noch jemanden auf der Bühne. Ich bewältige nicht mehr alle Rollen allein. Wenn nur Mika hier wäre. Und plötzlich steht er vor mir. In der Gestalt des alten Tscharacha. Tscharacha … der Vater von Munglik, der Yesügeis Botschaft Temudschin überbrachte. Endlich sind wir zu zweit. Wie früher. Wie immer. Mika hat dick die graue Schminke um die Augen geschmiert, hat sie alt und rotgerändert gemacht. Ich möchte ihn umarmen. Aber er steigt auf das Pferd. Er ist Tscharacha. Jetzt reitet er hinter den Taidschigut her. Er will mit Targhutai reden, will versuchen, eine Versöhnung zu erreichen. Doch Targhutai wendet ihm den Rücken zu. Und die dem Häuptling am nächsten stehenden Männer versperren dem Alten den Weg. Er ruft, aber sie antworten ihm nicht. Schließlich wird einem von ihnen – Todoyan-Girte – die Sache zu dumm, und er sagt: »Die Quelle ist ausgetrocknet. Der glänzende Stein ist zertrümmert.« Damit meint er: Yesügei ist tot. Warum sollen wir uns um seine Witwe und seine Kinder kümmern? Als Tscharacha auch diese Antwort nicht gelten lassen will, hebt Todoyan-Girte den Speer und bohrt ihn dem Alten in den Rücken. Tscharacha stürzt vom Pferd. Ohne anzuhalten, zieht der Zug weiter.

Ich bin Ölün. Ich sehe, wie Tscharacha von seinen Söhnen geholfen wird. Sie tragen ihn in eines der Zelte.

Das ist eine Sache für Männer. Deshalb reiße ich mir das Kleid herunter. Ich werde zum Knaben Temudschin. Der hinläuft, um zu sehen, wie es dem Alten geht.

Tscharacha ist tödlich getroffen. Bei jedem Atemzug verliert er einen Teil von sich. Er sagt zu Temudschin: »All jene, die dein guter Vater geführt hat, wurden zusammengetrieben und weggeführt. Ich wollte sie zurückhalten. Sieh selbst, was sie mit mir machten.«

Ich bin der Knabe Temudschin. Ich weiß nicht, was ich antworten soll. Ich weiß nicht, was ich tun soll. Ich renne heulend hinaus – und zurück zu meinem Zelt.

Aber ich bin auch Ölün – seine Mutter. Und jetzt sprühen ihre Augen Funken. Sie packt Yesügeis Banner. Die Stange mit den neun Yak-Schwänzen. Sie besteigt ein Pferd. Hebt das Banner hoch in die Luft. Und reitet wie eine Furie im Lager herum. Schreit, daß ihre Leute ihr folgen sollen … auch für sie sei die Zeit gekommen, den Winterrastplatz zu verlassen … auch sie müßten grünere Weiden ausfindig machen. Auch sie sollten das Flußufer aufwärts ziehen. Aber sie sucht einen anderen Weg aus als den, den die Taidschigut gingen … Ich bin Ölün. Ich sammle die Reste des Qiyat-Stammes um mich. Wir werden unsere eigene Sommerweide finden …

Doch in den folgenden Tagen verlassen mich viele Krieger. Sie nehmen Frauen und Tiere mit – und schließen sich den Taidschigut an.

Der alte Tscharacha stirbt.

Durch die Schminke sehe ich Mikas Gesicht. Ich küsse ihn auf die Stirn. Auf beide Wangen. Trotzdem stirbt er. Er ist Tscharacha – und er stirbt, den Kopf in meinen Schoß gebettet.

Jetzt gehen immer mehr weg.

Sogar Munglik verläßt mich.

Bald bin ich allein. Allein zurückgeblieben. Mit meinen Kindern, ihren beiden Halbbrüdern – und einigen alten Dienern, die mir mehr Last als Nutzen sind. Und die Herde ist zu klein ... ich stelle fest: Sie ist zu klein, um uns zu ernähren. Ich erkläre dem Publikum, daß in normalen Zeiten kein mongolischer Häuptling eine große Viehherde benötigte, denn der Stamm gab ihm gewöhnlich das, was er zum Leben brauchte. Aber jetzt ... ich zucke die Schultern und mache eine weite Armbewegung. Ich bin die Kinder, die auf ihre aufgerissenen Münder deuten. Ich bin die Alten, die gebückt gehen und klagen. Aber ich bin auch Ölün ... die niemals aufgibt. Ölün schürzt ihren Rock bis unter den Gürtel, steigt auf das Pferd und reitet den ganzen Sommer den Onon auf und ab, jagt und fischt – sucht nach jeder Art von Nahrung. Sie sammelt Pflanzen und Wurzeln. Später im Jahr findet sie wilde Äpfel, Kirschen und Haselnüsse.

So erhält Ölün ihre Kinder am Leben.

Und Mika hilft mir, alles deutlich zu machen. Er ist das Gras, das singt, er ist die Tiere, die ich fange, er ist der Fluß, der lacht und gluckst, er ist der Wind ... er ist der Sommer und der Herbst ... aber er ist auch die Kälte, die langsam gekrochen kommt, er ist der Sturm, der über die Steppe heult, er ist der Onon – zu Eis erstarrt.

Wir sitzen dicht beisammen – in dem kalten Zelt. Denn wir haben fast kein Feuerholz. Getrockneten Dung haben wir auch nicht viel.

Und Mika ist der Winter – streng und hart. Mit Reif im Haar und langen Eiszapfen unter der Nase.

Einige unserer Tiere erfrieren. Und einige schlachten wir. Aber nicht zu viele ... denn wenn wir überleben wollen, müssen wir dafür sorgen, daß auch die Herde durchkommt.

Ein paar der alten Diener schaffen es nicht mehr.

So gibt es weniger Mäuler zu stopfen.

Ich bete zu allen Göttern aus Filz und Holz. Ich flehe den Himmel an: Verschone meine Kinder. Laß sie leben.

Doch Mika schlägt mit langen Peitschen nach uns. Vor seinem Mund steht eine Wolke aus Frostrauch.

Ich wanke herum. Schlag *mich*. Verschone sie. Schlag *mich*! Mika! Schlag *mich* – wie ich dich einmal vor langer Zeit ausgepeitscht habe, als du zwischen zwei Pfählen gefesselt warst. Mika! Aber er ist blind. Das sehe ich jetzt. Seine Augen sind weiß wie Schnee. Und die Peitschen – in jeder Hand eine – zischen durch die Luft, pfeifen um uns, zufällig und ohne Ziel. Ich schare die Kinder eng um mich. Schiebe mir die Jüngsten unters Kleid. Warum hört er nicht, daß ich nach ihm rufe? Er tobt wie ein Berserker. Das Publikum weicht zurück. Schaum steht ihm vor dem Mund. Er ist wie eine wandernde Windmühle. Kippt Stände und Tische um. Jagt alle Leute vom Marktplatz. Mika! Er ist taub. Schlägt nur. Fuchtelt und schlägt. Und es wird immer schwieriger, ihm zu entgehen. Denn der Marktplatz schrumpft. Die Häuser rücken ständig näher. Das Podium ist kein Podium mehr. Ich stehe nicht mehr auf Steinen, sondern auf Erde. Ein Boden. Ein Grab. Das ist eine Falle. Ich bin gefangen. Die Wände schließen sich drohend um mich. Hängen voller Geschirr. Der Himmel fällt mir beinahe auf den Kopf. Und wird grau. Grau. Doch die Peitschen höre ich. Und Mika ist da. Ich muß raus. Ich muß weg. Die Pferde haben sich geschunden. Ich brauche Hilfe. Die Kinder sind fort. Die Wände erschlagen mich. Ich möchte schreien. Der Mund öffnet sich. Aber das Licht blendet mich. Denn ich habe die Tür aufgerissen … und hinter mir im Dunkel der Hütte löst sich Mika auf und verschwindet. Ich bin in Jiayuguan. Es ist Sommer. Und vor mir stehen drei erschrockene Nachbarn. Ich halte den Schrei mit den Zähnen zurück. Zerbeiße den Laut. Sie schauen auf mein Kleid. Sie starren auf das weiße Gesicht und die rotgetönten Wangen. Ihre Schlitzaugen werden kugelrund. Ich verbeuge mich feierlich vor ihnen. Grüße mit gefalteten Händen. Ich bin Diao Chans geisteskranker Onkel. Schnell ziehe ich mich zurück. Knalle die Tür zu. Ich kann nicht anders, ich muß heulen.

Mir kamen schon immer leicht die Tränen. Das hängt mit dem Gleichgewicht der vier Körpersäfte zusammen … die Milz arbeitet verkehrt … und es gibt zuviel schwarze Galle. Der Geist füllt sich mit Luft und Erde, und ich verfalle der Schwermut.

Mit meinem Kopf ist alles in Ordnung.

Diao Chan ist es lieber, wenn ich nicht allein hinausgehe.

Und sie sagt: Am wichtigsten ist, daß du schreibst.

Fast den ganzen Nachmittag bin ich durch die Stadt geschlendert. Niemand hat mich angesprochen. Und ich habe mit niemandem gesprochen. Ich bin die Straße, in der die Wirtshäuser liegen, auf und ab gegangen. Sie lehnen schwerfällig aneinander, und die meisten sind so dicht an die Stadtmauer gebaut, daß diese die Rückwand bildet. Ich habe eine kleine Karawane – mit Wagen und Maultieren – in das große Tor der Herberge Zur Guten Freundschaft einbiegen sehen. Ich beobachtete, wie sie die Tiere ausschirrten und die Karren entluden. Stand einfach da, während die Diener herumgingen und allen sauberes, warmes Wasser brachten.

Ich beneide alle, die hier einkehren. Alle, die auf Wanderschaft sind …

Jiayuguan ist zweigeteilt – und jeder Stadtteil scheint sein eigenes Leben zu führen. Ganz außen, entlang der Mauern, finden wir Wirtshäuser, Läden und kleine Werkstätten. Die Kinder übernehmen die Geschäfte ihrer Eltern. Die meisten, die hier arbeiten, haben nie etwas anderes gesehen, sagt Diao Chan. Sie waren nicht einmal in der Nachbarstadt, in Suzhou … In diesem Umkreis – und in den engen Seitengassen – wohnen auch die meisten. Das Leben hier ist verschlafen. Der einzige Ort, wo immer Leben und Getriebe herrscht, ist vor der Schmiede. Eine große Holzkonstruktion mit Seilen und Flaschenzügen ist auf dem kleinen Platz aufgestellt. Das Ganze sieht eher aus wie ein riesiges Foltergerät, dabei werden hier nur widerspenstige Pferde und Maultiere, die sich nicht beschlagen lassen wollen, festgebunden. Der Schmied – ein Mann mit großem Bauch und zusammengewachsenen Augenbrauen – ist gleichzeitig der Tierarzt der Stadt. Wenn er Nadeln in die Zungen kranker Tiere stecken muß, bleiben immer Leute stehen, um zuzuschauen. Ganz zu schweigen von den Fällen, wenn er sich anschickt, Knorpel aus dem Nasenloch eines armen Geschöpfes zu entfernen, um es von Krämpfen zu kurieren … In den Geschäften gibt es nur wenig zu kaufen. Handgewebte und geflochtene Schnüre, Lederriemen, Weihrauch und roten Pfeffer, vermischt mit Salz. Letzteres sei vor allem als Angebot für Reisende gedacht, sagt Diao Chan. Damit das Essen, das in den Wirtshäusern serviert wird, zumindest nach *etwas* schmeckt … Sie hat weder von der Herberge Zur Guten Freundschaft noch von einer der anderen Übernachtungsmöglichkeiten eine gute Meinung. Ich weiß nicht, was sie von früher gewohnt ist. Sie redet und redet. Trotzdem weiß ich wenig oder nichts über ihr Leben, bevor sie hierher nach Jiayuguan kam. Ich selbst denke, die Wirtshäuser sind nicht schlechter oder anders, als man sie entlang von Karawanenwegen findet: Für einen bescheidenen Betrag erhältst du ein Bett aus erwärmter Erde oder erwärmtem Lehm, du kannst so viel an abgekochtem Wasser trinken, wie du willst, und du bekommst dein Mittagessen. (Die Höflichkeit gebietet normalerweise, daß der Reisende wenigstens einige der Rohstoffe im Wirtshaus kauft, ansonsten steht es ihm frei, die Küche zu bitten, ihm das mitgebrachte Essen zuzubereiten.)

Mir fehlt die Stimmung im Wirtshaus. Am Abend, wenn alle gegessen haben – und es Zeit für gute Geschichten ist.

Ich bin nicht undankbar. Und ich weiß, daß es notwendig ist, so zu leben, wie wir es tun. Ohne Umgang mit anderen.

Ich sage nur, daß sie mir fehlt.

Viermal habe ich mich hinausgewagt. Und vernahm ich das Klappern von Pferdehufen ... habe ich mich an die Hauswand gedrückt, das Gesicht in den Händen versteckt ... denn ich weiß, daß die Soldaten jeden Tag ausreiten, über die Steppe ... zu den grünen Oasen um Suzhou, um frisches Gemüse für den Kommandanten und seine Frauen zu holen. Das ist der andere Stadtteil von Jiayuguan: die Festung – *yamen* genannt, die oberste Verwaltung der Stadt. Ein besonderes Tor führt dort hinein. Für gewöhnliche Menschen ist es verschlossen. Das wenige, was ich weiß, habe ich von Diao Chan gehört. Sie erzählt, daß oft hohe mongolische Offiziere die Festung besuchen, demnach wird Jiayuguan immer noch als wichtiges militärisches Zentrum angesehen. Aber sie sagt auch, daß sich offensichtlich alle langweilen. Und wenn die Männer ungern hier stationiert sind, kann man sicher sein, daß es die Frauen hassen ... »Man kann nichts unternehmen«, beklagen sie sich – während sie Majong spielen, plaudern und Tee trinken. »Alles, was wir tun können, ist dasitzen und dem Wind zuhören, wie er um die Ecken pfeift.« Sie haben nur Suzhou im Kopf, das nicht mehr als sechzig Li entfernt ist … zwei Stunden zu Pferd … und wo immer farbenprächtige Feste sind. Nicht wie hier. Wo sich die Wüstendämonen in Staubwolken verwandeln und in die kleinste Ritze kriechen …

Ich erzähle Diao Chan nicht, daß ich draußen war.

Sie würde mich als dumm und unvorsichtig bezeichnen.

Ich weiß, daß die Mongolen hier sind.

Aber ich finde es auch trostlos, eingesperrt in dieser Hütte zu sitzen.

Wie ich fast alles trostlos finde.

Ich fühle mich allein. Ich bin einsam. Ich komme mir betrogen und verlassen vor.

Aber es würde sie nur verletzen, das zu hören.

Und ich weiß, es ist die Milz. Es ist die schwarze Galle, die im Körper wütet.

Zu Diao Chan sage ich nichts.

Ich bin gefangen.

Nein.

Es gibt neun Arten, sich zu bewegen (– habe ich hier in Cathay gelernt).

1. Der Jadestab wirft sich nach vorn und zieht sich zurück, von links nach rechts, wie ein tapferer General.

2. Er springt hoch und kommt wieder herunter wie ein wildes Pferd, das über einen Abgrund springt.

3. Er bewegt sich in sanften, gleichmäßigen Kreisen – wie Möwen auf den Wellen treiben.

4. Er stößt und zieht sich zurück wie ein Hahn, der ein Korn pickt.

5. Er dringt tief ein – oder streicht über die Oberfläche – wie ein Stein, der ins Wasser geworfen wird.

6. Er dringt sanft ein und zieht sich langsam zurück – wie eine Schlange, die ins Nest zurückkehrt.

7. Er geht hinein und zieht sich schnell zurück – wie eine schreckhafte Maus.

8. Er steigt in die Lüfte wie ein Adler, der gerade einen Hasen erbeutet hat.

9. Er steigt und fällt wie ein Schiff, das gegen den Sturm kämpft.

So versuche ich, über mich zu lachen.

Aber es ist wahr: Dies sind beinahe die einzigen Bewegungen, die mir vergönnt sind … langsam, langsam … und variiert durch plötzliche Stöße der Gruppen 3, dann 5, als nächstes 7 und schließlich 9.

Dabei weiß ich, daß mich das am Leben erhält.

Denn es steht geschrieben: Ein Mann, mag er auch noch so alt sein, möchte nicht ohne eine Frau leben. Ist er sich selbst überlassen, wird seine Konzentration *(yi)* bald in Unordnung geraten. Wird sein *yi* gestört, ermüdet sein Geist *(shen)*. Wird sein Geist müde, verkürzt sich seine Lebenszeit.

In Cathay ist der Beischlaf mit dem Gedanken des Yin und Yang verknüpft. Was wir erleben, ist *dao* … die Begegnung von Himmel und Erde. Alles dreht sich um Harmonie und Gleichgewicht. So wird die Liebe zu einer Kunstform … die Kunst zu leben … die Kunst, die zahlreichen Knoten des Körpers aufzuknüpfen.

Ich denke auch an etwas, das ich in Jerusalem hörte. Innerhalb der jüdischen Kabbala soll es eine Schule geben, die lehrt, daß das gesamte Schöpfungswerk allein vom Geschlechtstrieb erhalten wird. Wenn alle Sexualität plötzlich aufhörte, so diese Schule, würde sich das gesamte Universum auflösen – wie ein Schloß aus Salz im schäumenden Fluß versinkt …

Doch eine Sache ist mir unverständlich hier im Osten: Warum darf nur die Frau einen Orgasmus haben? Warum wird es für erstrebenswert gehalten, daß die Frau einen solchen erreicht, während sich der Mann um jeden Preis zurückhalten sollte?

Ich weiß natürlich, daß es komplizierte und hochgeistige Antworten gibt.

Aber die interessieren mich nicht.

Und Diao Chan schimpft mich jedesmal.

So sitze ich oft da und grüble.

Während ich darauf warte, daß sie heimkommt.

Ich weiß, daß es so für mich am besten ist.

Das genügt mir aber nicht.

Ich spüre die Rastlosigkeit wie Ameisen im Blut.

Jiayuguan hat drei Tore. Das kleinste wird am meisten benutzt. Der Weg führt einen steilen Hang hinunter, zu den Quellen, wo die Stadt ihr Wasser holt – in hölzerne Bottiche geschöpft, wird es auf dem Rücken kleiner Esel transportiert.

Gras und Blumen wachsen dort.

Das eigentliche Stadttor ist wesentlich größer. Es zeigt nach Cathay ... nach Suzhou. Die Tür ist aus schwerem Holz gefertigt und mit Nägeln gespickt. Jeden Abend kommen Soldaten und verschließen das Tor mit einem riesigen Eisenschlüssel, den sie in die Festung mitnehmen.

Und trotzdem ... das wichtigste der drei Tore ist das letzte. Es wird von vielen »Der Mund« genannt oder »Tor der Seufzer« ... Ein langer Tunnel führt dorthin. Wenn man durch den Tunnel geht, hallen die Schritte wider. Die Felsmauern sind mit Schriftzeichen übersät wie der Weg zu einer Richtstätte – letzte Grüße von Menschen, die wissen, daß sie gleich dem Unbekannten gegenübertreten werden. Denn das Tor, in das der Tunnel mündet, zeigt in

Richtung Nordwesten – hin zur endlosen Wüste, die wir Gobi nennen.

Heute nachmittag bin auch ich in diesem Tunnel gewesen … den alle Ausgestoßenen gegangen sind – Kaufleute, die in Ungnade gefallen waren, Übeltäter, Aussätzige … all die, die in Cathay nicht mehr erwünscht waren.

Ich blieb ungestört.

Kein Stadtbewohner benutzt dieses Tor, und sogar die mongolischen Soldaten scheuen es wie die Pest.

Der Tunnel … es war, als ginge man durch eine Grabkammer.

Und dann stand ich im Tor vor schweren Querbalken. Und starrte hinaus in das, was von alters her das Reich der Dämonen gewesen war, der Aufenthaltsort der bösen Geister.

Da draußen türmt sich ein großer Steinhaufen, aufgeschichtet, um die bösen Mächte fernzuhalten. Denn das ist das Amüsante an Dämonen und bösen Geistern … fast überall, wo ich gewesen bin, halten die Leute sie für strohdumm. Hier in Jiayuguan glaubt man offenbar, es würde genügen, wenn die Ungeheuer mit den Köpfen gegen den Steinhaufen stoßen, und keines besäße Verstand genug, den dahinterliegenden Weg in den Tunnel zu finden …

Ich blieb lange hier draußen stehen.

Ich weiß, daß ich diesen Ort schon einmal erwähnt habe, aber selbst hier stehen … das war ein wesentlich stärkeres Erlebnis, als ich gedacht hatte. Ich vergaß, daß dies auch der Weg ist, den gewöhnliche Reisende benutzen. Ich verdrängte völlig das riesige mongolische Reich. Ich versetzte mich in eine Zeit, in der die Welt der Menschen genau an diesem Tor endete … und ich empfand eine seltsame Gemeinsamkeit mit all den Ausgestoßenen, die einmal hier gegangen waren. Denn auch ich bin ein Ausgestoßener. Und ich bin ein Gaukler. Ein doppelt Ausgestoßener.

Ich dachte an Ölün.

Daß ich hier stand … half mir, an Ölün zu denken.

Der Winter war ein zottiges Tier, das knurrend um die Zelte schlich. Aber Ölün scharte die Ihren eng um sich. Sie erzählte von Börte-tschinua – dem graublauen Wolf – und von Maral-ghoa – der strahlenden Hindin … den beiden, die in grauer Vorzeit über den Tenggis-See geschwommen waren. Sie machte sie stolz auf die Geschichte ihres Geschlechts. Sie brachte ihnen alles bei, was sie über Bräuche und Lebensweise der Mongolen wußte. Sie sang ihnen die alten Lieder vor. Und sie brachte ihnen bei, nach vorn zu schauen … Und eines Tages mußte der Winter aufgeben. Murrend zog er sich zurück. Endlich kam der Frühling zu dem kleinen, armseligen Lager am Onon.

Die Tiere waren abgemagert und die Menschen schwach und ausgehungert. Aber sie lebten! Jetzt galt es, neue Kräfte zu sammeln. Und es galt, sich vorzubereiten … damit ihnen ein zweiter solcher Winter erspart bliebe.

Die größeren Kinder waren reif geworden. Sie waren mehr als bereit, ihren Teil der Arbeit zu übernehmen, wollten auf eigenen Beinen stehen, wollten die Kunst des Überlebens lernen.

Ölün zeigte ihnen, wie man Nadeln zu Angelhaken biegt. Sie brachte ihnen bei, Fischernetze zu knüpfen. Sie zeigte ihnen, wie man Fallen stellt. Und sie lobte sie bei jedem kleinen Fisch, den sie herauszogen, bei jeder Ratte und jedem Eichhörnchen, mit denen sie heimkamen.

Khasar war zwei Jahre jünger als Temudschin. Trotzdem war er stärker. Aber er bewunderte seinen Bruder, sah zu ihm auf als dem natürlichen Führer … und wenn sie sich balgten, ließ er immer Temudschin gewinnen. Nur beim Bogenschießen zeigte er seine Überlegenheit. Als erwachsener Krieger sollte er unter dem Namen Khasar der Bogenschütze bekannt werden. Und es heißt, daß er schon als

Knabe einen in die Luft geworfenen Stein traf und einen Fisch im Wasser durchbohren konnte.

Doch das Verhältnis zu den beiden Halbbrüdern wurde immer schlechter. Weder Belgütai noch Bekter sahen eine Veranlassung, Temudschin als ihren »Häuptling« zu betrachten. Denn waren sie etwa nicht auch Söhne Yesügeis? Waren sie etwa nicht älter? Und was die Stärke betraf … sowohl Belgütai wie Bekter waren imstande, Khasar zu Boden zu werfen.

Eines Tages schoß Khasar eine Lerche. Aber als er hinging, um den Pfeil herauszuziehen, kamen die beiden Halbbrüder und schoben ihn zur Seite. Sie nahmen die Lerche und liefen davon. Statt ihn mit nach Hause zum gemeinsamen Fleischtopf zu bringen, rupften sie den Vogel und aßen ihn auf – nur sie beide.

Khasar erzählte es Temudschin … beide waren wütend, und gemeinsam gingen sie zu Ölün und beschwerten sich. Aber sie hatte keine Zeit, ihnen zuzuhören. Erwachsene sind es gewohnt, daß Kinder sich zanken, und gehen davon aus, daß sie sich bald wieder vertragen. Und an einer Lerche ist nicht so viel Fleisch …

Einige Tage später saßen die vier Jungen beim Angeln. Gewöhnlich erwischten sie nur kleine Fische, aber dieses Mal fingen sie ein ungewöhnlich großes und fettes Exemplar. Es war eine Art Forelle, ein goldener »Sochusun«.

Aber auch diesmal waren Belgütai und Bekter nicht bereit zu teilen. Sie prügelten sich mit den beiden anderen um den Fisch, rissen ihn an sich, sonderten sich ab – und verspeisten ihn.

Wieder gingen Temudschin und Khasar zu ihrer Mutter.

Aber sie stellten schnell fest, daß Ölün auf sie ebenso böse war wie auf die Halbbrüder. »Warum könnt ihr vier nie Frieden geben?« rief sie. »Ihr seid alt genug, um zu begreifen, wie schwierig die Lage ist, in der wir uns befinden. Wir haben keine anderen Freunde als unsere eigenen

Schatten. Und wenn ihr euch nur zankt und prügelt, wie sollen wir dann jemals Rache nehmen an den treulosen Taidschigut und den verräterischen Tataren?«

So sprach Ölün. Und sie sagte noch viel mehr, als ich hier aufgeschrieben habe.

Doch diesmal fielen ihre Worte auf steinigen Boden …

Ich möchte Temudschin gern verstehen. Er ist elf oder zwölf Jahre alt. Er betrachtet sich selbst als Häuptling. Wie die Mutter es will … Doch jetzt merkt er, daß die anderen ihn nicht als Anführer akzeptieren wollen. Sie lehnen sich gegen ihn auf. Und sie gefährden die Gemeinschaft. Er fühlt sich bedroht. Was soll er tun? Von seinem Vater lernte er, daß Angriff die beste Verteidigung ist. Temudschin beschließt anzugreifen.

Bekter ist der schlimmere der beiden »Feinde«. Immer ist er der Anstifter.

Temudschin wartet, bis Bekter allein ist.

Er hat Khasar bei sich.

Sie pirschen sich von verschiedenen Seiten an. Beide haben sie einen Pfeil auf der Bogensehne.

Als Bekter Khasar erblickt, dreht er sich um und will fliehen. Da steht er von Angesicht zu Angesicht vor Temudschin.

Bekter versucht zu lachen und zu scherzen, aber Temudschin hebt den Bogen und zielt …

Bekter erkennt, daß er nicht entkommen kann. Noch möchte er gern glauben, daß sie es nicht ernst meinen. Er spielt den Gleichgültigen. Setzt sich mit gekreuzten Beinen hin und faltet die Arme über dem Bauch.

Doch Temudschin hat seinen Entschluß gefaßt, da gibt es kein Zurück. Er läßt den Pfeil von der Sehne schnellen. Und trifft Bekter in die Brust.

In dem Moment, als der Junge sich nach vorn krümmt, schießt Khasar ihm in den Rücken.

Denn sie wollen den Mord zu zweit begehen.

Als sie ins Lager zurückkommen, brauchen sie nichts zu sagen. Ölün sieht ihren Gesichtern an, was geschehen ist. Und an mongolischen Lagerfeuern kann man immer noch ihren Wutausbruch hören – Wort für Wort, endlos aneinandergereiht. Sie nennt die Knaben Mörder. Sie erinnert Temudschin daran, daß er mit einem Klumpen geronnenen Blutes in der einen Hand zur Welt kam. Sie vergleicht Khasar mit einem Hund, der seine eigene Nachgeburt frißt. Sie schreit: Was sind das für Tiere, die ich geboren habe? Und sie nennt sie Wölfe, Schakale, Löwen, Falken, die auf ihren eigenen Schatten herunterstoßen, und verrückte Kamelfohlen, die ihre Mutter von hinten angreifen.

Wenn wir mit Gewalttaten und gemeinen Handlungen konfrontiert werden … warum greifen wir stets zu Umschreibungen? Warum finden wir es so normal, an Tiere und Vögel zu denken? Das ist eine Flucht, mein Freund. Damit wir uns selbst nicht in unserer wahren Gestalt sehen müssen. Wenn du als Fremder in eine Stadt kommst und wissen willst, welche Art von Menschen dort leben … wissen möchtest, was sie fürchten, was sie hassen … aber auch, was sie lieben und bewundern … horch genau hin, was sie sich über Tiere erzählen. Achte darauf, was sie über die Tiere sagen.

Ölün ringt verzweifelt die Hände. Sie heult vor Wut. Sie schreit: Wie soll es mit Yesügeis Stamm weitergehen, wenn sich schon seine Söhne gegenseitig umbringen?

Sie stehen vor ihr mit gesenkten Köpfen.

Aber sie schlägt sie nicht.

Dazu sind sie zu groß.

Später – als er Dschingis Khan wurde – machte er ganze Städte dem Erdboden gleich, und dort, wo einmal Türme und goldene Spitzen in den Himmel ragten, ließ er Pyramiden aus geköpften Häuptern aufschichten – eine für

Männer, eine für Frauen und eine für Kinder. Man sagt, daß er es liebte, seine Hände im Blut seiner Feinde zu waschen ...

Aber noch ist er elf Jahre alt.

Es ist das erste Mal.

Es ist das erste Mal, daß er einen Menschen tötet.

Doch es heißt: Niemand kann ohne Schuld herrschen.

Und Belgütai?

Er begrub seinen Bruder in der Steppe, trauerte über seinen Tod, wie es sich gehörte. Aber dann schloß er Freundschaft mit Temudschin und diente ihm treu, so lange er lebte.

Wer versteht schon die Menschen?

Entschuldige ich ihn?

Als die Kreuzfahrer Jerusalem einnahmen – unter Führung von Gottfried von Bouillon –, feierten sie ihren Sieg, indem sie eine Woche lang ununterbrochen Heiden und Götzenanbeter massakrierten. Ein französischer Augenzeuge berichtet, daß »in den Säulengängen der Moscheen das Blut bis zu den Knien und bis zum Zaumzeug der Pferde stand«.

Gottfried wurde König von Jerusalem.

Ich entschuldige keinen.

Diao Chan ist noch nicht heimgekommen. Und ich kann unmöglich schlafen.

Ich sage nur: In Dschingis Khan sah die Welt einen Herrscher, der nie jemanden wegen seiner Religion oder Hautfarbe tötete oder verfolgte. Er verurteilte nie einen seiner Söhne, Ratgeber oder Generäle zum Tode. Er zeigte große

Nachsicht mit den Soldaten. Nur in wenigen Fällen hören wir, daß er seine Gefangenen foltern ließ. Und an den Hof in Karakorum kamen Gesandte aus der ganzen Welt. Sie kamen mit der Gewißheit, daß ihnen immer eine sichere Heimreise garantiert war, egal, welche Botschaft sie vorzubringen hatten.

Ich weiß, daß er wenig Respekt vor dem menschlichen Leben hatte. Allein beim Feldzug gegen Chwarezm ließ er mehrere Millionen niedermetzeln.

Jeder weiß das.

Ich will nicht, daß man ihn weniger seltsam macht, als er zweifellos war.

Keiner von uns kann nur mit Vierecken und geraden Strichen gezeichnet werden.

Das heißt nicht, daß mir die Antwort fehlt – oder Teile einer Antwort. Ein Zipfel der Wahrheit könnte vielleicht so aussehen: Er nahm, was er für sich und die Seinen wollte. Er tat es mit Hilfe von Waffen. Denn er kannte keine andere Art. Er verschonte das, was er für verschonenswert hielt, was seine Söhne und das mongolische Volk brauchten und nutzen konnten. Alles übrige zerstörte er. Denn er wußte nicht, was er sonst damit hätte anfangen sollen. Je weiter er sich von zu Hause entfernte, um so weniger verstand er von dem, was er sah. Zum Schluß wurde fast alles zerstört.

Ich hätte damit warten sollen, das aufzuschreiben.

In der christlichen Welt hält man es vielerorts für eine Sünde, wenn man dem anderen während des Beischlafes auf andere Weise als von Angesicht zu Angesicht, von Brust zu Brust begegnet. Denn Gott schuf das Weib aus der Rippe des Mannes – heißt es –, und »damit die beiden eins werden«, muß »die Vereinigung« von vorn geschehen. Und nur so. Alles andere sind Einfälle des Teufels. Und führt zu Krankheiten der Geschlechtsorgane, mißgebildeten Kindern und einer unendlichen Strafe nach dem Tode.

So viel Unverstand!
So viele Vorurteile!

Manchmal könnte man es als Fluch empfinden, als Mensch zur Welt gekommen zu sein.

Wenn sie heimkommt, will ich sie von hinten nehmen. Ich möchte *shan yang dui shu* spielen. Das bedeutet: Die-Ziegen-klettern-in-die-Bäume. Ich will sitzen, während sie – mit dem Rücken zu mir – sich auf mich setzt und auf und ab schaukelt. Und ich möchte *bai hu teng* spielen – Der-weiße-Tiger-springt … Ich will, daß sie kniet, Kopf und Oberkörper gebeugt, während ich mich hinter sie knie, ihre Brüste packe und den Jadestab in sie einführe.

Ich will sie von hinten nehmen.

Wie ein Tier.

Auf diese Weise möchte ich heute nacht die Welt ausschließen.

Und um sicher zu sein, daß es gelingt, habe ich die Frauenkleider anbehalten und die Schminke nicht entfernt.

Denn alle, die auf diesem Fluchtweg unterwegs sind, wissen, daß Frauen mehr aushalten. Sie sind stärker. Wie Wasser stärker ist als Feuer.

Ich liege und warte.

## V

*Der, der liest, hebt den Kopf. »Wie konnte er annehmen, daß diese Rolle bis nach Jerusalem kommen würde?«*

*»Lies weiter.«*

*»Aber ich finde keinen Sinn in dem, was er schreibt, Herr. Was will er eigentlich erzählen?«*

*»Er bittet um Aufschub.«*

*»Ich könnte auch Ruhe gebrauchen.«*

*Der, der zuhört, klatscht in die Hände. Ein Diener tritt herein. Mit Brot und Wein.*

*Der alte Mönch ißt.*

*Der, der zuhört, sitzt schweigend da und beobachtet ihn. Du verstehst mehr, als du zugeben willst, denkt er. Denn ich weiß, wer du bist. Und voriges Mal, als du für mich gelesen hast, da hast du große Stücke von der Rolle abgerissen – und verbrannt.*

# VI

Ich sehe ihn auf den Berg Targhunai zureiten. Er reitet wie noch nie. Denn die Taidschigut sind hinter ihm her. Es sind viele. Und sie sind gut bewaffnet. Seine einzige Hoffnung sind das Walddickicht und die steilen Felsabbrüche. Da kann er sich vielleicht verstecken, kann ihnen entwischen, kann verschwinden und unsichtbar werden. Temudschin reitet. Er reitet um sein Leben.

Es ist das Jahr des Tigers.

Drei oder vier Winter sind vergangen, seit sie sich vom übrigen Klan getrennt haben. In diesen Jahren haben sie nicht sehr viele andere Menschen gesehen. Denn es wurde als unklug erachtet, sich mit ihnen anzufreunden. Doch auf der offenen Steppe hat das Gras Ohren, und alles, was man flüstert, wandert mit dem Wind.

Der Überfall kam unerwartet. Aber sie hätten es wissen müssen ... Hatten ihnen die Gerüchte nicht erzählt, daß sich Targhutai Kiriltuk eigenmächtig zum Khan aller Grauäugigen ausgerufen hatte – aller wahren Nachkommen des Wolfes und der Hirschkuh? Und hatten nicht Temudschin und sein kleines Gefolge trotzdem – ohne zu fragen – die besten Weideplätze im ganzen Tal in Beschlag genommen? Das war unüberlegt. Das war dumm. Denn das bot Targhutai einen willkommenen Anlaß, sie anzugreifen … Ein Vorwand, auf den er lange gewartet hatte. Denn auch die Taidschigut hatten Ohren für Gerüchte … Die Schlangen sind dabei, sich zu häuten, erzählte man. Temudschin und seine Brüder sind gewachsen – und stärker geworden.

Ölün sah sie kommen … da waren sie noch weit entfernt.

Belgütai bringt seine kleinen Halbgeschwister zwischen zwei großen Felsen in Sicherheit. Er fällt Bäume, um eine Palisade zu bauen.

Das kleine Lager bereitet sich auf den Kampf vor.

Khasar empfängt die Reiter mit einem Hagel von Pfeilen.

Aber der Feind ist übermächtig. Wie ein Sturmwind fegen sie zwischen die Zelte. Den Lärm übertönend, erschallt Targhutais Stimme: »Gebt Temudschin heraus! Sonst wollen wir nichts!« Und er reitet geradewegs auf die Jurte zu, vor der Yesügeis altes Banner in der Erde steckt. Die Stange mit den neun Yak-Schwänzen. Die er schon lange vor seinem eigenen Zelt sehen wollte …

Die Taidschigut kümmern sich nicht um Ölün. Sie beachten weder das Vieh noch die Pferde. Temudschin ist es, auf den sie Jagd machen.

Der Junge flieht.

Khasar und Belgütai helfen ihm. Sie reiten zurück. Versuchen mit allen Mitteln, die Verfolger abzulenken.

Die erwachsenen Krieger schieben sie einfach weg.

Temudschin ist allein.

Er wird gejagt wie ein Tier – von einer Meute bellender Hunde.

Der Wald schließt sich um ihn.

Die Zweige peitschen ihm ins Gesicht.

Reißen dem Pferd blutige Schrammen.

Die Reiter hinter ihm sind langsamer geworden.

Doch Temudschin kämpft sich immer noch weiter ins Unterholz. Und in einem dichten Gebüsch steigt er ab … und wartet.

Die Taidschigut zögern. Sie wissen, wo er ist. Doch der Vierzehnjährige ist ein guter Bogenschütze. Und er kann sie sehen, ohne selbst gesehen zu werden.

Keiner hat Lust, sein Leben bei einem unüberlegten Angriff aufs Spiel zu setzen.

Besser, ihn auszuhungern …

Targhutai läßt das kleine Waldstück von seinen Männern umstellen.

Auch sie warten.

Die Mongolen lieben die Jagd mehr als alles andere. In den vier Jahren, in denen ich unter ihnen lebte, war ich Zeuge von Auftritten, die sich, wenn ich sie erzähle, wie Übertreibungen und Lügen anhören. Ich habe gesehen, wie über 5000 Reiter gemeinsam aufbrachen – jeder mit einem Falken auf dem Handgelenk. Und ich habe auch gesehen, wie sie viele andere Jagdvögel abrichteten. Die Adler, darauf trainiert, auf Wölfe herunterzustoßen, sind so groß und stark, daß sich niemand aus ihren Klauen befreien kann … Es heißt, daß Dschingis Khan am liebsten in der Gegend um Almalya jagte. Ögedei dagegen – sein Sohn und Nachfolger – bevorzugte eher das Gemächliche. Trank gern. Und war dick und rund. Um sich nicht zu weit von Karakorum entfernen zu müssen, hatte er veranlaßt, daß direkt vor der Stadt ein eigener Jagdpark angelegt wurde. Und hierher ließ er Wildschweine, Bären, Hirsche, Esel und wilde Stiere bringen … Jedesmal, wenn der Groß-Khan und sein Hof hinauszogen, konnten wir anderen die Jagd aus der Entfernung verfolgen. Und wenn Ögedei nicht mehr herumreiten wollte – und das dauerte nicht allzulange –, kam etwas, das als Abwechslung und Zerstreuung gedacht war, für uns Zuschauer aber den Höhepunkt des Tages bedeutete. Während Ögedei auf einem mit Kissen gepolsterten Wagen saß, wurden verschiedene Käfige und Behälter herbeigetragen. In den Käfigen saßen Leoparden und Löwen – manchmal auch ein Tiger. Auf das Zeichen des Khagans wurden die Tiere freigelassen. Ich vergesse nie das erste Mal, als ich dabei war. Es war ein grausiger Anblick. Doch zu gleicher Zeit schön. Und du schaffst es nicht, den Blick abzuwenden. Um mich hörte ich die Mongolen jedesmal lachen und jubeln, wenn eine der großen Katzen einem Hirsch oder einem Esel an die Kehle sprang. Das ist ein rohes und brutales Schauspiel. Trotzdem kehrte ich zurück. Zum Theater gleichgültiger Wildheit. Ich auch. Sooft ich konnte. Angewidert. Und hingezogen …

Er war ein Tier. Er war wie ein junges Wildschwein. Umringt von geduldigen Jägern … in sicherem Abstand.

Drei Tage wartete er.

Dann entschloß er sich, einen Versuch zu wagen.

Vorsichtig zog er das Pferd hinter sich her.

Doch als sie gerade am Waldrand waren, fiel der Sattel herunter. Obwohl er Brustriemen wie Sattelgurt eben nachgezogen hatte.

Es gab nur eine Erklärung: Tängri – der Himmel – beschützte ihn. Und es war der Wille des Himmels, daß er abwarten sollte …

Temudschin begab sich zurück in sein Versteck.

Und blieb dort weitere drei Tage.

Als er das nächste Mal zu fliehen versuchte, fiel ein großer, weißer Stein herab und versperrte ihm den Weg.

Temudschin deutete auch das als ein Zeichen. »Der Himmel will, daß ich noch ein bißchen hierbleibe«, sagte er zu sich.

Er ging zurück. Und wartete nochmals drei Tage.

Jetzt hatte er dort im ganzen neun Tage und neun Nächte verbracht. Ohne zu essen. Ohne zu trinken. Er muß vor Hunger und Durst halb tot gewesen sein. Aber jedesmal, wenn später im Leben die Sprache darauf kam, schwor Dschingis Khan, daß es so war … so und nicht anders … sei es gewesen.

Er versuchte, die Furcht abzuschütteln. Doch als die neun Tage vorüber waren, sei er dennoch von Unruhe ergriffen worden, erzählte er. Würde es ihm nie gelingen, sich einen Namen zu machen? Würde er hier sterben müssen, zwischen Dornengestrüpp und verdorrten Sträuchern – allein und unbekannt? Da schien es besser, einen letzten Versuch zu wagen. Trotz der Übermacht der anderen. War er etwa nicht ein »Bogdo« – ein vom Himmel Erwählter? So fühlte er sich.

Möglichst leise bahnte sich Temudschin einen Weg um den großen, weißen Stein. Vorsichtig führte er das Pferd den Berghang hinunter.

Und wurde gefangen.

Ich sehe noch eine andere Jagd. Die große Winterjagd. Wie sie alljährlich abgehalten wird. So wie Dschingis Khan es bestimmt hat. So wie er es in seiner Yassaq hat aufschreiben lassen. Damit die mongolischen Soldaten in Form bleiben und nicht dem Müßiggang und der Trunksucht verfallen. Es ist eine Jagd, die mehrere Monate dauert. Das ganze Heer nimmt daran teil. Tausende und aber Tausende. Damit es genügend Wild zu jagen gebe, hat Dschingis Khan in der Yassaq verfügt, daß es von März bis Oktober für jeden Bürger des Weltreiches verboten sein sollte, Hirsche, Rehe, Hasen, wilde Esel sowie einige Vogelarten zu erlegen. Die Regeln für die Winterjagd sind streng und unerbittlich. Dschingis Khan hat sie selbst gemacht. Und das Ganze erinnert mehr an eine Kriegsübung … Der Jagdmeister hat einen Umkreis von 300, 400 Kilometern inspiziert und abgesteckt. Verschiedenfarbene Wimpel markieren den Startpunkt für jedes Regiment. Und in weiter Ferne … jenseits des Horizontes … befindet sich »Gurtai« – der Ort, an dem die Jagd endet –, ebenfalls sorgfältig ausgewählt und deutlich gekennzeichnet. Ich sehe, wie sich die Teilnehmer der Horde aufstellen. Sie verteilen sich in einem riesigen Halbkreis. Jetzt warten sie nur noch auf das Kommen des Khagans, fiebern danach, die Fanfaren der Hörner und die Gongs zu hören, die ihnen erlauben, ihre Pferde zu besteigen. Als alter Mann liebte Dschingis Khan diese Jagd über alles. Ich sehe ihn kommen ... weißhaarig, aber noch aufrecht im Sattel ... zusammen mit den Generälen und Prinzen und umgeben von seinen Enkeln. Ich höre, wie die Horde ihn grüßt. Und dann kann die große Jagd beginnen ... Die Soldaten rücken vor. Dicht an dicht. Oft zwei und zwei hintereinander. Zusätzlich zur üblichen Ausrüstung haben sie große, aus Weiden geflochtene Schilde bei sich. Denn in dieser ersten Phase der Jagd soll das Wild nur aufgeschreckt, nur zur Flucht veranlaßt werden. Es wird als eine nicht wiedergutzumachende Schande angesehen, wenn jemand ein Tier durch die Kette der Männer schlüpfen läßt. Doch streng verboten ist der Gebrauch von Waffen. Deshalb leistet der Schild gute Dienste ... Die ersten Wochen verlaufen in der Regel ohne Schwierigkeiten. Aber je größer die Menge der getriebenen Tiere wird, um so mehr muß das Lager auch nachts in Bereitschaft sein. Langsam ... langsam wird der große Halbkreis enger. Jetzt wissen die Tiere, daß sie gejagt werden. Sie sind zahlreich. Und sie sind unruhig ... Noch ein Monat vergeht. Die beiden Flügel nähern sich einander. Die Tiere sind fast verrückt vor Angst. Die Jäger lassen sie nie in Ruhe. Aber noch gilt das Tötungsverbot. Und nicht ein Tier darf entkommen. Sieht jemand einen Fuchs in einem Loch verschwinden, ist er verpflichtet, ihn mit Hacke und Schaufel auszugraben. Es gibt viele Gelegenheiten für junge Krieger, Tapferkeit und Stärke zu beweisen. Zum Beispiel wenn ein Wildschwein sich plötzlich umdreht und angreift. Oder wenn ein Bär sich in einer Höhle verstecken will und jemand hineingehen muß, um ihn herauszuholen. Doch ohne daß der

Bär dabei verletzt wird … Ab und zu – aber immer unerwartet – begegnen sie auch Dschingis Khan. Er reitet die lange Menschenkette auf und ab. Beobachtet, was geschieht, und merkt sich, wer zaudert und wer mutig ist – und welche Offiziere es verstehen zu führen, damit man ihnen vielleicht beim nächsten Heereszug eine größere Verantwortung übertragen kann … Endlich erreichen die Jäger Gurtai, das Ziel, oft eine große Ebene. Der Kreis schließt sich – die Schlinge wird zugezogen. Die Männer reiten jetzt fast Schulter an Schulter. Sie johlen und schreien. Sie schlagen auf große Gongs. Treiben die Tiere enger und enger zusammen. Die große Ebene brodelt vor knurrendem und unberechenbarem Leben. Da gibt Dschingis Khan ein Signal. Die Horde hält an. Läßt ihn hinein in den Ring. Er hält ein Schwert in der einen, den Bogen in der anderen Hand. Denn so sind die Regeln. Der Khagan muß der erste sein, der den eingesperrten Tieren gegenübertritt … Und die, die ihn wirklich erlebten – nicht nur so, wie ich ihn mit Gedanken und Gefühlen beschwöre –, sagen, daß er sich immer einige der größten und gefährlichsten Tiere ausgesucht hat. Er zielte entweder auf einen Tiger oder lenkte das Pferd mitten in ein Rudel Wölfe … Wenn er der Meinung war, daß er genügend Tiere erlegt hatte, zog er sich zurück und überließ die Jagd seinen Söhnen und den ranghöchsten Offizieren. Einer nach dem andern kamen sie in den Ring. Allein – in ein wogendes Meer aus Hufen, Klauen und Zähnen. Er selbst ritt auf eine Anhöhe, wo man einen kleinen Pavillon für ihn hergerichtet hatte. Von dort konnte er ungestört alles verfolgen, was in der riesigen Arena geschah. Wo Tiere und Menschen um ihr Leben kämpften und wo nicht immer der Mensch siegte … Und dann endlich gibt er das Zeichen, auf das alle gewartet haben. Das Signal für den Start zum großen Abschlachten … Die Horde rückt vor. Alle auf einmal. Dreschen nach links und rechts. Töten alles, was ihnen in den Weg kommt … Einen ganzen Tag dauert dieses Blutbad. Einen ganzen Tag. Bis die Urenkel, die Jüngsten von den Enkeln, hinauf zum Pavillon reiten zu ihrem Großvater und ihn bitten – feierlich und wie es vorgeschrieben ist –, die Tiere, die noch am Leben sind, zu verschonen. Und Dschingis Khan hört sie an – ernst und aufmerksam. Er nickt, gibt sein Einverständnis. Das genügt, die Jagd ist vorüber.

Die Taidschigut haben ihn gefangengenommen.
Er rechnet damit, getötet zu werden.
Warum ließen sie ihn am Leben?

Ein guter Jäger tötet nicht nur, wenn er Fleisch braucht, sage ich zu Diao Chan, sage ich zu ihrem Rücken, schreibe ich dir. Ein Jäger tötet einfach deshalb, weil es ein gutes Gefühl ist, ein starkes und schönes Tier zu erlegen. Hängt es damit zusammen, daß die einen zum Jagen geboren sind und die andern dazu, gejagt zu werden? Nein. Ich antworte für euch beide. Aber der Jäger … haßt er denn die Tiere so sehr? Nein. Er möchte im Gegenteil zum Ausdruck bringen, daß keiner Tiere mehr liebt und bewundert als er. Dann ist es aus Liebe? Ich schreibe die Frage zwischen ihre nackten Schulterblätter … mit einem Finger. Und ich weiß, daß jeder Jäger mit Ja antworten würde. Sollen wir ihm glauben? In gewisser Hinsicht. Aus Liebe zum Tier? Er wird sich auf die Brust schlagen. Ja! Aber ich sage: *Nein*. Wenn es Liebe ist … dann nicht die Liebe zum Tier, sondern die Liebe zu sich selbst. Denn im Grunde ist es nicht nur das Tier, das er tötet. Es ist zugleich seine Angst vor dem Tod. Jedesmal, wenn ein Jäger ein Tier erlegt, freut er sich, daß er noch am Leben ist. Demnach ist die mongolische Winterjagd ein großes Freudenfest … ein Liebesakt und eine Umarmung des Lebens? Ja. So ist das gemeint. Denn gibt es etwas Mißverständlicheres als Liebe? Und etwas, das mehr mißbraucht würde als Lebensfreude?

Es ist mein Pech, daß ich alles schräg und von der Seite sehe. Hätte ich andere Augen, ich wäre der leidenschaftlichste Jäger geworden. Denn niemand hat ein größeres Bedürfnis, sein rastloses Herz zu beschwichtigen. Doch ich sehe nur Blut. Verstümmelte Körper. Du darfst meinetwegen lachen. Mich feig nennen. Oder verrückt. Ich bin ein Narr. Ich habe es immer geschätzt, daß andere das Fleisch, das ich esse, für mich töten. Ich gehöre auf den Mond.

Ich sehe Targhutai wie einen alten Wolfsrüden ... der den jungen Wolf anknurrt, der ihm eines Tages seinen Rang als Rudelführer streitig machen wird. Temudschin erwidert trotzig seinen Blick. Die beiden mustern sich gegenseitig. Ich glaube, Targhutai denkt: Wenn ich ihn umbringe, wird einer der Brüder seinen Platz einnehmen. Und dann muß ich noch einen umbringen. Und vielleicht noch einen ... Und ob das klug ist, Yesügeis Familie auszurotten? Führt das nicht nur zu Haß und Verbitterung? Denn noch gibt es viele unter uns, die sein Angedenken hochhalten ... Und vielleicht denkt er: Aus dem Jungen kann ein guter Krieger werden. Er muß nur lernen zu gehorchen ... Und wird es mir nicht mehr Ehre einbringen – wird nicht die ganze Steppe mich fürchten –, wenn sich das Gerücht verbreitet, daß Yesügeis Erbe lebt ... und mir die Füße leckt wie ein Hund?

Targhutai ordnet an, Temudschin in ein »Kang« zu stekken: Ein schweres hölzernes Joch wird auf seine Schultern gelegt, und seine Handgelenke werden an den Enden angekettet.

So wird der junge Dschingis Khan zurückgebracht in das Ordu der Taidschigut.

Wie ein Sklave.

Und damit er sich keine Freunde schaffen und keine Flucht planen kann, wird bestimmt, daß er jeden Tag und jede Nacht in einem anderen Zelt verbringen soll.

Der eine Gedanke muß sich einem zweiten anvertrauen dürfen: Wer von uns hat noch nie auf einem Marktplatz einen Bären gesehen ... mit riesigem Maulkorb und ausdruckslosen Augen ... auf einem Bein hinkend ... vielleicht zu den Tönen von Flöten und Trommeln ... während ein plappernder Quälgeist ihn dirigiert, indem er ihm mit einem Stöckchen auf den Rücken klopft?

Ebensowenig vermag ich den Gedanken an einen Strick zu unterdrücken, den ich einmal um meinen Hals hatte ... wie das riß und rieb ... da war ich acht Jahre alt ... und wurde nach Alexandrien hineingeführt ... als einer von vielen ... ein Kind in einer langen, langen Reihe ... auf dem Weg zum Markt ... gewogen und gemessen, gekniffen und betatscht ... und endlich verkauft.

Als Kinder und Knaben hätten wir uns vielleicht verstanden.

Ich heiße Wolfgang.

Ich habe den Namen nach einem Tier bekommen.

Dasselbe Tier, von dem er angeblich abstammt.

Ich sehe ihn zusammengekrümmt ... weil das Kang ihn im Nacken drückt, aber trotzdem ist die Jurte bewacht ... sie steht auf einer »Kibitka« – einem großen Wagen –, die knarrend dahinschaukelt ... das Lager ist auf Wanderschaft, Targhutais ganzes Ordu ... er weiß nicht, wohin, denn die Zeltöffnung ist dicht geschlossen, aber er lauscht ... merkt sich, woher der Wind bläst, ob Bäume rauschen und ob er Wasser um die Räder hören kann.

Welche Meinung haben wir von Wölfen?

Von Wölfen haben wir in der Regel die schlimmste Meinung.

Wir halten sie für grausam und mordgierig. Und sie sind die Reittiere von Hexern und Zauberern.

Wußtest du, daß der Wolf für viele Christen auch das Symbol für alles Halsstarrige und Hartnäckige ist – für alle, die sich nicht beugen wollen? Denn im Westen glaubt man allgemein, daß der Wolf nicht imstande ist, den Hals zu bewegen …

Ein Kang. Ein Strick.

Ich treibe Spaß mit meinem Namen. Ich gehe vor Diao Chan in die Hocke, strecke hinter jedem Ohr zwei Finger in die Luft. Lasse die Zunge aus dem Hals hängen. Atme rasch und leicht. Lege den Kopf schräg. Ich bin ein Wolf, der darum bettelt, gestreichelt zu werden. Aber ich habe auch eine Stimme … denn ich bin ein sehr *gelehrter* Wolf, und ich stamme aus einem Märchen über kleine Mädchen, die allein durch finstere Wälder spazieren. Ich lege ihr die Pfote auf die Brust. Ich fordere sie auf, meine Zähne zu befühlen und mir tief in die Augen zu schauen. Und ich sage: Ist es nicht ein Zeichen von Ironie, daß Geächtete so oft Wölfe genannt werden? Ich erzähle ihr, daß in einem der Länder in meinem Teil der Welt Geächtete dazu verurteilt werden können, Wölfe zu sein … *Wargus esto* – Werde Wolf! –, sagt der Richter. Und sobald er diese Worte ausgesprochen hat, wird der Unglückliche wie ein *wirklicher* Wolf behandelt … von allen gehaßt und gefürchtet … und es steht jedem frei, ihn zu jagen, ihn zu erschlagen – ja sogar ihm die Haut abzuziehen. Ich wälze mich auf den Rücken, strecke alle vier Pfoten in die Luft. Und dann frage ich (knurre ich mit leiser Stimme): Bin ich immer ein Wolf gewesen – oder hat man mich verzaubert?

Ich möchte sie so gern lachen hören.

Aber das ist kein Spaß mehr.

Das wissen wir alle beide.

Da gibt es nichts zu lachen.

Ich habe mich in all den Wörtern und Fakten verheddert.

Mein Gott – dabei wünsche ich mir trotzdem, daß sie lacht.

Oder mich wenigstens fest in den Arm nimmt.

Ein Kang ist eine Erfindung des Teufels. Der Gefangene muß es Tag und Nacht tragen. Doch mit dem großen Joch ist es schwierig, sich hinzulegen, und beinahe unmöglich zu schlafen … Dazu kommen die Demütigungen am Tage. Menschen, die dir nachrufen und dich anspucken. Kinder, die versuchen, dir ein Bein zu stellen und dich zu Fall zu bringen … So wird dir allmählich alle Kraft genommen. Alles wird sinnlos – mehr und mehr.

Ein Ordu setzt sich aus vielen Zeltgruppen zusammen. Eine solche Gruppe wird »Ail« genannt – das bedeutet: Gemeinschaft. Und jedes Ail hat einen Anführer, der dem Häuptling gegenüber verantwortlich ist. Temudschin sollte jeden Tag in einem anderen Ail verbringen. Bei dem Anführer der Gemeinschaft.

In der Regel wurde er schlecht behandelt. Es kam aber auch vor, daß sich jemand seiner erbarmte. Eine alte Frau, die dort, wo das rauhe Holz auf seinen nackten Schultern rieb, Stoffetzen unter das Kang legte. Und in der Jurte von Sorqan-schira wurde ihm endlich eine Nacht Schlaf gegönnt. Sorqan war der Anführer des Suldus-Klans. Weder er selbst noch seine Leute wollten sich gegen die Taidschigut auflehnen, aber sie hegten in ihren Herzen auch keinerlei Groll gegen Yesügei. Und die beiden Söhne, Tschimbai und Tschila'un, mochten den jungen Gefangenen – und er tat ihnen leid. In der Nacht lösten sie die Ketten ein wenig, damit Temudschin schlafen konnte. Sorqan sah es, tat jedoch, als ob er schliefe.

Lernte er etwas daraus? Was schrieb er später in seiner Yassaq?

Er schrieb: Keinem Bürger des Weltreiches ist es erlaubt, einen Mongolen als Diener oder Sklaven zu haben.

Aber er schrieb auch: Um fremde Sklaven an der Flucht zu hindern, wird hiermit bekanntgegeben, daß jeder, der ihnen Unterschlupf gewährt oder sie mit Essen und Kleidung versorgt, mit dem Tode bestraft wird. Dasselbe gilt für jeden, der einem entwichenen Sklaven begegnet und nicht sofort dafür sorgt, daß er zurückgeschickt wird zu seinem Herrn.

Wo finde ich ein Volk, das außer sich selbst auch noch andere als wirkliche Menschen anerkennt?

Indem sie mir Unterschlupf gewährt, bringt sie ihr Leben in Gefahr. Denkt sie manchmal daran? Zeigen deshalb ihre Augen ab und zu diesen seltsamen Ausdruck?

Ich bin aus einem anderen Rudel ... gehöre in ein anderes Revier. Das Fell ist anders. Und der Geruch verrät mich.

## VII

Ich habe gelernt, mich dumm zu stellen.

Der widerliche Gestank der schwefelhaltigen Strände. Zwei große Landzungen, die in einer weiten Krümmung aufeinander zulaufen – wie ein Kiefer. Der Schlamm des Nils verwandelte den Hafen allmählich in ein Sumpfloch, und Damietta im Osten und Kairo im Süden haben längst die Rolle der wichtigsten Städte im Delta übernommen. Aber noch kann sich Alexandrien rühmen, der meistbesuchte Sklavenmarkt in ganz Nordafrika zu sein.

Die Stricke, die uns fesselten, hatten mehrere Tage in einer Salzlake gelegen. Sie waren zäh. Nicht durchzubeißen.

Ich habe auch gelernt, mich klüger zu stellen, als ich bin.

Die Stelle, wo wir warteten. In großen Gehegen um den Marktplatz. Ein Gewimmel von Kindern. Und durch einen hohen Zaun nach Geschlechtern getrennt. Wie Vieh, das sich nicht paaren soll … Aber wir hatten Schatten. Wir wurden gewaschen und bekamen saubere Kleidung. Und so viel zu essen, wie wir wollten: Pita-Brot, Ziegenkäse und Apfelsinen. Sie wollten, daß wir einen guten Eindruck machten. Wenn wir an der Reihe waren, auf die riesige Auktionsplattform zu steigen, mußten wir so appetitlich wie möglich aussehen …

Ich habe gelernt, mich demütig zu stellen, mein Fähnchen nach dem Wind zu hängen.

Woran ich mich am besten erinnere … sind die drei schwarzgekleideten Mönche, die am Gitter vorbeigingen. Mit am Gürtel baumelnden Rosenkränzen. Wir riefen hinter ihnen her. Aber sie gaben keine Antwort. Schauten woandershin. Beschleunigten ihren Gang. Und wir verstanden nichts mehr. Warum konnten sie sich wie freie Männer bewegen? Wir waren klein und unschuldig. In unseren Augen war die Welt in klaren Farben gemalt. Später erfuhr ich, daß sie sich auf dem Weg zur Messe in der Sankt-Markus-Kathedrale befanden. Und daß alles käuflich ist. Über alles verhandelt werden kann. Wenn man Geld hat. Und sich durchzuschlängeln weiß. Wir erfuhren, daß es in Alexandrien eine richtige kleine Kolonie von Christen gab. Vor allem Kaufleute. Und die Muslime ließen sie in Frieden. Solange sie *jizyah* bezahlten – die Steuer der Ungläubigen – und einverstanden waren, runde blaue Stofflappen am Ärmel zu tragen …

Ich habe gelernt, mich in fast allem zu verstellen. Nur durch die Kunst der Verstellung konnte ich mich am Leben halten. Ich lernte, daß man rennen muß, ohne stehenzubleiben, ohne sich umzudrehen. Ich lernte, daß der Teufel immer den nimmt, der als letzter kommt. Deshalb verstellte ich mich. Legte das Gesicht in die richtigen Falten. Wußte stets, welche Maske ich wählen mußte. Denn ich konnte zu jeder Zeit ein anderer sein. Und ich machte die Zunge weich. Fand Worte, die jedem, der zuhörte, süß in den Ohren klangen. Brachte sie zum Lachen. Das ist es, was ich an mir am meisten hasse: meine unglaubliche Gabe, andere zum Lachen zu bringen. Und ich habe immer nachgegeben. Selbst jetzt verstelle ich mich. Sogar jetzt – während ich das hier schreibe. Ich spiele einen alten Narren … der so tut, als sei er noch fähig, ehrlich zu sein.

Dschingis Khan hat sich niemals gebeugt.

Der erste Vollmond des Sommers wird von allen Mongolen gefeiert. Es ist der »Tag der roten Scheibe« – einer der wichtigsten Feiertage des Jahres. So versammelte sich Targhutais ganzes Ordu am sechzehnten Tag des ersten Sommermonats am Ufer des Onon. Der Anführer des Ail, der die Verantwortung für Temudschin hatte, wollte auf das Fest nicht verzichten. Denn das war ein Tag, an dem es Essen und Trinken im Überfluß gab. Deshalb band er einen Strick an das Joch und zog den Gefangenen wie ein Packpferd hinter sich her. Als er mehr und mehr betrunken wurde, übergab er das Tauende einem seiner Männer. Aber auch der hatte keine Lust, aufzupassen, und gab die Verantwortung weiter an einen anderen. Und so ging es weiter. Jeder fand einen, über den er bestimmen konnte, einen, dem er sich überlegen dünkte. Die Männer wurden immer betrunkener. Und das Tauende wanderte von Hand zu Hand. Bis sich Temudschin schließlich bei einem Knaben befand, der weder über einen anderen bestimmen konnte noch jemandem überlegen war – denn er sei nicht nur schwach in den Armen gewesen, heißt es, sondern auch schwach im Kopf. Der Junge hielt den Strick, so fest er konnte, und starrte den Gefangenen an, bis ihm die Augen tränten. Temudschin war sofort klar, daß sich ihm vielleicht nie mehr eine bessere Gelegenheit zur Flucht bieten würde als jetzt … Es war in der Stunde der Dämmerung. Im Westen war die Sonne gerade untergegangen, und im Osten hatte der Mond seinen Aufstieg am Himmel noch nicht begonnen. Temudschin gelang es, seinen Bewacher ein bißchen von den anderen wegzulocken. Plötzlich wirft er sich nach hinten, reißt das Tau an sich. Der kleine Junge streckt sich, will den Strick erwischen, doch in dem Moment stößt Temudschin mit dem Kang zu. Das große Holzjoch trifft den Kopf des Knaben – und er sinkt ohnmächtig zu Boden. Niemand merkt etwas. Temudschin hastet davon. Ein Schatten im grauen Dämmerlicht. Im Laufen rollt er das Tau auf, verschwindet zwischen Büschen und Gestrüpp. Wohin soll er sich wenden? Er hat kein Pferd. Und zu Fuß in der Steppe weiterzukommen ist aussichtslos. Es würde nicht lange dauern, bis sie ihn entdeckten und wieder einfingen. Besser, er tastet sich hinunter zum Fluß. Doch der Vollmond ist jetzt aufgegangen. Ein verräterisches Licht. Rasch muß ein Versteck gefunden werden …

Und ich vergesse nicht, wem ich schreibe.

In letzter Zeit habe ich mehr und mehr an Tiere gedacht. An Tiere aller Art. Mit Hörnern und mit Flügeln. Fische und Eidechsen. Sie kommen, wenn ich sie am wenigsten erwarte. Jedes Bild, das in meinem Kopf Gestalt annimmt, bekommt plötzlich einen Fellbesatz. Ich sehe Stacheln und Fühlhörner. Ich kann einfach nicht anders. Wenn ich eine Sache höre, denke ich sofort an eine andere. Ich sehe Temudschin nach einem Versteck suchen, ich erinnere mich an die vielen Male, da ich mir wünschte, der Erdboden möge sich öffnen … und schon fällt mir ein seltsames Insekt ein. Damit verhält es sich so: In heißen Gegenden gibt es eine langbeinige Mücke, die sich unsichtbar machen kann. Wenn sie auf einem Blatt sitzt und merkt, daß sich ein Feind nähert, fängt sie so wild mit den Beinen zu zappeln an, daß ihr ganzer Körper vibriert und »verschwindet« …

Ist das kein schönes Bild?

Nirgends finden wir soviel Nahrung für unsere Träume und Sehnsüchte wie beim Studium der Tiere.

Du bist der Wärter der Kaiserlichen Menagerie.
Ich weiß, daß du mich verstehst.

Temudschin legt sich auf dem Rücken ins Wasser. Mit dem Kang kann er nicht untergehen. Nur der Kopf schaut heraus. Er läßt sich mit der Strömung treiben. Findet ein Kehrwasser, einen stillen Kolk, der von dichtem Gebüsch umgeben ist. Bewegungslos liegt er unter dem grünen Vorhang. Wartet. Ich höre sein Herz schlagen. Schnell, sehr schnell. Manchmal schnappt er nach Luft. Das Wasser ist kalt. Sein Mund zittert. Er weiß, daß die Flucht jetzt entdeckt ist. Weit hinter sich vernimmt er das Rufen aufgebrachter Stimmen. Bald werden sie hier sein. Eine Menschenkette. Und der Mond leuchtet. Nicht eine Wolke am Himmel. Ich sehe die Männer, wie sie suchen. Sie lassen sich Zeit. Schlagen mit langen Stöcken auf die Büsche, stechen mit Lanzen um sich. Und einer findet ihn …

Als ich Diao Chan das vorspiele, entfährt ihr ein heller Laut, und sie hält sich mit der Hand den Mund zu. Denn ich bin die dunkle Gestalt, die sich nach vorn beugt. Und ich bin auch das bleiche Gesicht, das im Wasser treibt.

Trotzdem wird er nicht gefangengenommen.

Denn Sorqan-schira ist es, der ihn findet, und Tängri – der blaue Himmel – flüstert Sorqan zu, er solle Temudschin nicht verraten … So erklärte es Sorqan-schira viele Jahre später. Er sagte: »Ich bin kein Held. Und kein Retter. Es war der Himmel selbst, der mich innehalten ließ. Das einzige, was ich tat, war gehorchen.«

Das mag sein, wie es will.

Sorqan-schira ging jedenfalls weiter, als wäre nichts geschehen.

An den Lagerfeuern ist daraus eine lange Geschichte geworden. Noch zweimal, so erzählt man, hätten in dieser Nacht die Männer die Gegend durchkämmt. Jedesmal habe Sorqan darauf geachtet, selbst so zu gehen, daß er dem Versteck am nächsten kam, und jedesmal habe er sich vorgebeugt und etwas zu Temudschin gesagt. Was er sagte, ist seitdem zu Versen geworden – drei Gesänge, strotzend von stolzen Anspielungen.

Auch das mag sein, wie es will.

Ich glaube jedoch nicht, daß er seinen Mund geöffnet hat.

Und ich glaube auch nicht, daß Temudschin die Kraft hatte zuzuhören.

Schließlich müssen die Taidschigut aufgeben.

Sie einigen sich darauf, zu warten, bis es hell wird. Sie wissen, daß jemand zu Fuß und mit einem hölzernen Joch sicher nicht weit kommt.

Als alle schlafen, krabbelt Temudschin an Land.

Vorsichtig schleicht er sich zurück ins Lager.

Er bleibt dicht am Ufer.

Niemand bemerkt ihn. Denn Targhutai hat einen Teil der Wächter zum Wäldchen beordert und die anderen in die Steppe hinausgeschickt.

Temudschin findet Sorqan-schiras Zelt – und wankt hinein.

Sorqan erwacht. In der Jurte ist es dunkel, aber ihm ist sofort klar, wer es ist. »Warum kommst du hierher?« fragt er. »Habe ich nicht schon genug für dich getan?«

Temudschin gibt keine Antwort.

Auch die anderen in der Jurte werden wach. Keiner sagt etwas. Sie wissen, daß das für sie alle den Tod bedeuten kann. Falls jemand den Flüchtling gesehen hat und ihm gefolgt ist, kann jeden Augenblick das Zelt von Soldaten aufgerissen werden. Sie halten den Atem an und warten.

Ich bin Temudschin, ausgekühlt und triefend naß ... mit schmerzenden Schultern. Ich möchte reden, aber mein Mund ist verschlossen. Ich möchte aufrecht stehen, aber meine Beine versagen den Dienst. Ich falle und bin nicht einmal fähig, mich mit den Händen abzufangen.

Und ich bin Sorqan-schiras Sohn. Ich bin der junge Tschila'un. Ich blickte meinem Vater ins Gesicht, und ich sage: »Wenn sich ein Vogel in einen Busch flüchtet, pflegt ihn dann der Busch nicht zu verbergen?« Ohne eine Antwort abzuwarten, knie ich mich neben Temudschin, löse die Fesseln und nehme ihm das Joch ab. Und mein Bruder Tschimbai hilft mir. Wir fachen die Glut des Feuers an. Und wir verbrennen das verdammte Kang zu Asche …

Ich bin auch die andern im Zelt. Sie haben gelernt zu schweigen. Es sind erwachsene Frauen. Alle außer einer. Ich bin die kleine Khada'an. Ich blicke mich angstvoll um. Alles, was ich denke, läßt sich an meinem Gesicht ablesen. Ich bin kurz davor, in Tränen auszubrechen. Ich möchte aufspringen. Ich möchte hinausrennen. Da spüre ich Vaters Hand auf dem Mund.

Und ich bin Sorqan-schira, der seine Tochter bittet, sich still hinzulegen. Ich deute auf Temudschin. Ich bitte sie, mir zu versprechen, keinem zu erzählen, daß sie ihn gesehen hat. Ich halte sie mit festem Griff. Bis sie nickt. Dann fasse ich Temudschin unter die Arme und hebe ihn hoch. Winke meinen beiden Söhnen, damit sie mir helfen. Wir tragen ihn hinaus zu einem großen Wagen, der direkt vor dem Zelt steht. Er ist mit Wolle beladen.

Ich bin Temudschin. Ich bin schwach wie ein neugeborener Welpe. Sie können mit mir machen, was sie wollen. Sie legen mich auf den Wagen und schieben die Wolle über mich.

Ich bin Sorqan-schira. Ich gehe zurück in die Jurte und lege mich schlafen. Beim Morgengrauen stehe ich wieder auf. Gemeinsam mit Tschila'un und Tschimbai nehme ich an der Suche teil …

Ich bin der eine. Ich bin der andere.

Und ich bin Wolfgang.

Ich lebe im Halbdunkel. Hinter Wänden aus Lehm und einer Tür aus verwittertem Holz.

Auch ich muß vielen dankbar sein.

Darüber besteht kein Zweifel.

Doch in der Regel war ich darauf angewiesen, mit den Beinen zu zappeln … in der Hoffnung, daß der Körper verschwinden möge.

Drei Tage lang suchen sie vergeblich nach Temudschin.

Schließlich ist Targhutai davon überzeugt, daß ihn jemand versteckt hält. Er ordnet an, alle Jurten des Lagers zu durchsuchen. Jeweils ein Ail wird dafür verantwortlich gemacht, im anderen Ail die Zelte zu überprüfen.

So kommen sie auch zu Sorqan-schira … sie stellen alles auf den Kopf, schieben die Bettdecken beiseite, suchen oben und unten … und bleiben vor dem Wagen stehen, in dem Temudschin liegt. Sie werfen Sorqan einen Blick zu, schauen sich gegenseitig an. Der Wagen ist mit einer Plane überzogen. Einer von ihnen klettert hinein. Rumort herum.

Es ist Frühsommer, und die Nächte sind noch kühl, die Tage dagegen sengend heiß. Sorqan lacht. Er wischt sich den Schweiß von der Stirn. Langsam und bedächtig. »Ist einer unter euch, der bei diesem Wetter gern drei Tage unter einem Haufen Wolle liegen möchte – ohne sich zu rühren?« fragt er.

Die Männer schauen sich an und lachen. Der, der in den Wagen gekrochen ist, lacht ebenfalls. Er steckt den Kopf heraus und bittet um eine Lanze. Er sticht ein paarmal aufs Geratewohl in den Wollhaufen. Dann klettert er heraus.

Die Schmarotzerwespe … wir sehen sie auf einem Baumstamm auf und ab laufen, als suchte sie etwas. Plötzlich bleibt sie stehen, verändert ihre Stellung ein wenig und bohrt dann ihren langen, gezackten Stachel mit großer Geschwindigkeit ins Holz. Würde man jetzt den Stamm auseinandersägen, könnte man sehen, daß an der Stelle eine

Puppe oder Larve liegt … Es scheint unfaßbar, wie es der Wespe gelingt, so treffsicher zu sein.

Er wird ins Bein getroffen. Gibt aber keinen Laut von sich.

Mein Freund … wieviel einfacher wäre es doch, wenn uns der Herrgott als Eidechsen zur Welt hätte kommen lassen! Denn Kriechtiere können die Körperteile, die sie verlieren, ersetzen. Und eine Eidechse opfert ihren Schwanz, wenn sie in Bedrängnis gerät … Ich kannte einmal einen Mann, der Versuche mit einem Salamander anstellte. Er schnitt ihm ein Bein ab. Es wuchs schnell wieder nach, alle Teile wurden vollständig neu gebildet, mit derselben Zahl an Knochen und Gelenken. Im Laufe eines halben Jahres hatte das arme Tier auf diese Weise 1374 Knochen neu gebildet … Es war ein sanfter und freundlicher Mann. Doch ein verrückter Herrscher hatte ihm aufgetragen, kleine und große Tiere in Stücke zu schneiden, um festzustellen, was mit ihnen passiert.

Ich war fünf Jahre lang mit ihm zusammen.

Er war mein Schwiegervater.

Er hatte eine Stellung, die der deinen entspricht.

Erst als Sorqan und die Söhne ihn am selben Abend ausgruben, entdeckten sie, daß er verletzt war.

Sie schmierten Salbe auf die Wunde und verbanden ihn. Und Sorqan sagte: »Heute waren wir nahe daran, als Asche in alle Winde verstreut zu werden. Es ist höchste Zeit, daß du dich auf den Weg machst. Sieh zu, ob du deine Mutter und deine Brüder wiederfindest.«

Sie gaben ihm gekochtes Lammfleisch und einen Schlauch mit Pferdemilch.

Tschila'un führte eine strohgelbe Stute mit weißem Maul herbei.

Sie gaben ihm keinen Sattel, aber er bekam einen Bogen und zwei Pfeile.

In dieser Nacht ritt Temudschin aus Targhutais Ordu hinaus. Und niemand versuchte ihn aufzuhalten. Denn alle hatten die Nase voll vom Suchen. Die Wachtposten draußen in der Steppe wurden hereingerufen. Und die meisten hegten die Überzeugung, daß er ertrunken war.

Wie findet eine Brieftaube nach Hause?

Er folgte den Spuren flußaufwärts bis zu der Stelle, wo der Kimurkha in den Onon fließt. Da bog er ab, ritt westwärts, hinein in das neue Flußtal, und auf dem Bergrücken Khortschukhui am Fuße des Baitar-Gebirges fand er seine Familie.

Obwohl jetzt viele Tagesritte zwischen ihm und Targhutai lagen, hatte Temudschin das Gefühl, es wäre sicherer, ein Stück weiter weg zu ziehen. Er drang deshalb darauf, das Lager sofort abzubrechen, und führte sie weiter nach Westen, hinein in eine Bergwelt, die Guralgu genannt wird. Und sie machten nicht eher halt, bis sie eine Hochebene erreicht hatten, die Kara Jiruge heißt. Sie liegt am Ufer des Sanggur-Flusses. Direkt bei Köke naghur, dem Blauen See.

Hier – am Fuße des Burkhan-khaldun – stellte Temudschin seine Jurte auf.

Und vor dem Zelt pflanzte er das alte Banner seines Vaters auf – die Stange mit den neun Yak-Schwänzen.

Sie waren jetzt ohne Viehherde.

Alles, was sie besaßen, waren neun Pferde.

Auch gab es hier oben im Hochland nicht so viele Beeren und eßbare Pflanzen wie unten am Onon.

Aber im Fluß waren Fische.

Und sie fingen Murmeltiere und Ratten.

So lebten sie ein Jahr.

Am Fuße des Burkhan-khaldun. Der heilige Berg. Von jeher die letzte Zufluchtstätte der Grauäugigen. Ich sehe

Ölün. Ich sehe sie ihre Kinder um sich scharen, sehe sie Holz nachlegen. Ich höre sie erzählen. Sie sagt: Der Berg wird uns beschützen. Der Himmel und Burkhan-khaldun … Denn hier oben halten sich starke Geister auf, und sie sind alle auf unserer Seite. Ölün erzählt die alte Sage von einem der Vorfahren des Geschlechts, der sich hierher gerettet hatte, von vielen Feinden verfolgt. Doch der Berg verbarg ihn. Und jeden Tag schickte ihm der Himmel einen Falken – mit allem, was er zum Leben brauchte. Seitdem gilt der Falke als Schutzgeist unseres Geschlechts, sagt Ölün. Und in diesen Bergen haben wir uns stets vor Feinden sicher gefühlt.

Sie hören zu. Sie kennen die Geschichte von früher. Trotzdem lauschen sie mit offenem Mund. Denn sie brauchen solche Geschichten – jetzt mehr denn je.

Haben Tiere dieselbe Fähigkeit, Schmerz zu erleben, wie wir?

Diao Chan ist heute zeitig gegangen. Und ich hatte keine Lust, allein liegenzubleiben. Ich sehnte mich nach Farben, Licht, neuen Gerüchen. Deshalb stahl ich mich hinaus. Ich ging nicht hinter ihr her. Ich bin die Straßen, in der die Wirtshäuser sind, auf und ab gelaufen. Ich dachte, es würde mir helfen, andere Menschen zu sehen. Aber mir wurde immer schwindliger im Kopf. Ich kam mir vor wie in einem Ameisenhaufen. Einer von den Nachbarn erspähte mich und begleitete mich nach Hause. Er sagte nichts. Und ich bemühte mich, die ganze Zeit zu lachen.

Diao Chan mag es nicht, wenn ich mich selbst bemitleide.

Die Karawanen sind es, die ich sehen möchte … Im Sommer kommen sie immer bei Tagesanbruch. Tiere und Menschen sind staubig und müde. Denn die ganze Nacht sind sie wie lebende Tote durch die Stille gezogen. Jetzt geht gerade die Sonne auf. Aber sie nehmen keinen Anteil an dem neuen Tag. Sie flüchten sich hinter Mauern und Wände, verbergen sich vor dem Licht. Sie haben sich vom Tag abgewandt. Die Gobi hat sie gezwungen, den Tag zur Nacht zu machen. Ich weiß noch, wie sehr ich mich nach einem kleinen Raum ohne Fenster sehnte. Wo ich mich flach auf ein Erdbett legen und endlich schlafen konnte … während die Wirtsleute einen großen Stein vor die Türöffnung rollten, auf daß mich die geschäftigen, lauten, allzu wachen Stimmen der Tagmenschen nicht störten. So lag ich oft – wie im Dämmerzustand –, bis die Mittagssonne einen senkrechten Strahl durch das kleine runde Luftloch in der Decke schickte. Und wenn ich noch länger schlafen wollte, konnte ich rufen, und ein Diener schob sofort einen flachen Stein darüber und machte aus dem Loch einen kleinen Spalt. Ich erinnere mich aber auch an Tage, da war ich so müde, daß ich nicht zu rufen brauchte und nicht einmal die Fliegen es schafften, mich zu wecken.

Ich weiß noch, daß es besser war, im Herbst zu reisen. Wenn die Luft sich abgekühlt hatte. Wenn wir nicht mehr in der Dunkelheit dahinziehen mußten. Wenn wir uns mit den anderen das Tageslicht teilen durften … Und wenn die Abende lang waren. Angefüllt mit Wein und guten Geschichten.

Hier in Jiayuguan ist der Sommer am Ende.
Für mich macht das keinen Unterschied.
Ich lebe genauso abgesondert wie immer.
Und ich reise nicht.
Ich laufe nur in meinem Kopf herum.
Auf welche Jahreszeit warte ich?

Sie sagt, ich müsse vorsichtiger sein.

Noch viele Jahre blieben Sorqan-schira und seine Söhne bei Targhutai und den Taidschigut. Dann schlossen auch sie sich Temudschin an. Keine Minute zu früh, sagen manche. Viel zu spät, meinen viele. Doch Temudschin vergaß nie, was sie für ihn getan hatten. Als er Dschingis Khan wurde, wies er Sorqan und seinem Klan die Weidegründe zu, die am Selenga liegen, und er verfügte, daß sie für allezeit von jeder Art von Steuer und dem Zehnten befreit sein sollten. Wenn er und Sorqan gemeinsam auf die Jagd ritten, durfte stets Sorqan die Beute behalten ... und er ließ ihn aus dem Becher des Khagans trinken. Tschimbai erhielt ein Kommando über tausend Mann in Dschingis Khans Heer. Und der zweite von Sorqans Söhnen – Tschila'un – stieg im Laufe der Jahre so hoch in der Gunst des Khagans, daß er General wurde ... und in der ganzen östlichen Welt unter dem Namen Tschila'un baghatur – der starke Prinz – bekannt wurde.

Ich bin nicht viel mehr als ein Insekt.

Aristoteles stellt sich einmal die Frage, ob man einen Sklaven als Menschen betrachten könne. Er vertritt die Auffassung, daß der Sklave nichts mit seinem Herrn gemein habe. Er sei ein lebendes Werkzeug, genauso wie ein Werkzeug ein lebloser Diener sei.

Wie tief müssen da die Insekten stehen?

Ein gewisser Kardinal pflegte sich von Mücken stechen zu lassen, denn, so sagte er: »Wir Menschen bekommen unseren Lohn im Himmelreich, während diese armen Geschöpfe sonst nichts haben von ihrem Leben auf der Welt.«

Das ist nicht viel.

Ich weiß, daß ich leicht zu verscheuchen bin.
Zwischen zwei Fingern zerdrückt werden kann.

Wenn ich so rede, wird Diao Chan wütend. Sie schüttelt mich und sagt, sie werde mir die Vernunft schon einbleuen. Sie meint es gut. Aber manchmal erschreckt sie mich. Denn es kommt vor, daß ich uns als zwei Gottesanbeterinnen sehe. Das Weibchen ist größer und stärker als das Männchen. Es kommt vor, daß es während der Paarung anfängt, den vorderen Teil des Männchens zu verspeisen, während der hintere Teil die Paarung fortsetzt, bis zwei Drittel des Gemahls aufgegessen sind …

Ich weiß, ich bin ungerecht. Aber was kann ich dafür, daß ich alles in Bildern sehe?

Bald setzen die Herbststürme ein.

Hier ist ein Traum: Ich bin ein Tier. Ich weiß nicht, von welcher Gattung, denn ich kann mich selbst nicht sehen. Ich befinde mich auf Wanderschaft. Und ich bin nicht allein. Wir sind viele. Wir sind eine Flutwelle. Alles, was kriechen und gehen kann, alles, was schwimmen und fliegen kann. Wir stammen aus den vier Weltecken. Alle wurden wir am fünften und siebten Tag geschaffen … Wir suchen nach der Stelle, wo alles anfing. Wir sind Tiere, Fische und Vögel. Und weder Engel noch Flammenschwerter vermögen uns aufzuhalten … Dann stehen wir endlich im Garten des Paradieses. Zwischen den Bäumen sehen wir den Herrgott auf uns zukommen. Und wir blicken zu Boden und kneifen die Augen zu, denn jeder, der sein Gesicht sieht, muß sterben. So steht es geschrieben. Aber obwohl die Angst in Beinen und Flügeln zwickt, bleiben wir, wo wir sind, und warten … Der Herrgott bleibt vor uns stehen und blickt über das riesige Heer von Tieren. Und als er zu uns redet, ist es, als würde sich ein Gewitter entladen. Denn schon als wir noch weit weg waren, hat er jeden Gedanken in unseren Köpfen gelesen.

»Ihr fordert Rechenschaft von mir?«

Niemand wagt zu antworten.

»Ihr sagt, ich hätte euch unrecht getan?«

Ein Zittern durchläuft uns alle. Wären wir doch nie gekommen. Aber jetzt ist es zu spät. Wie angenagelt stehen wir auf der Erde.

Nur die Schildkröte reißt sich los. Und kriecht vorwärts.

Sie braucht tausend Jahre, bis sie bei den Füßen des Herrgotts anlangt. Und hundert Jahre, um den Mund aufzumachen.

»Ja«, sagt die Schildkröte. Und hebt den Kopf.

Und als die Schildkröte das sagt, wagen auch wir anderen, die Augen aufzumachen.

Und wir sehen, daß der Herrgott ein Mensch ist.

Mein Freund: Du darfst dich nicht an einem Traum stoßen.

Ich weiß nicht, welche Religion du für die richtige hältst. Ich schlage jedenfalls das Zeichen des Kreuzes über das, was ich schreibe. Ich streue mir Asche aufs Haupt. Ich verneige mich dreimal in Richtung Mekka. Ich tue, was immer du für schicklich ansiehst. Doch wisse: Derartige Gedanken flüstert uns der Teufel ins Ohr, während wir schlafen … hier, weit im Osten.

Und es ist das Jahr der Schlange. Für uns, die wir uns nach dem Kalender mit den zwölf Tieren richten.

## VIII

Ich möchte nicht im Weg stehen.

Meine eigene Geschichte soll nicht zu viele Schatten werfen.

Deshalb bemühe ich mich, Zunge und Tusche zu beherrschen. Leicht ist das nicht. Denn Diao Chan wird nie müde, Fragen zu stellen. Sie bittet mich, von Ägypten zu erzählen … Stimmt es, daß ein Eunuch eine Erektion bekommen und eine Frau genießen kann, noch lange nachdem man ihm seine Nüsse zerquetscht oder entfernt hat? … Sie möchte etwas über die Assassinen erfahren, die kleine Jungen kaufen und sie in lebendige Dolche verwandeln … sie fragt nach Jerusalem und Kiew … will vom langen Marsch nach Karakorum hören … und sie streichelt mit der Hand meine Brust und bittet mich, von den Jahren mit Mirjam zu erzählen: Welche Farbe hatte ihr Haar, waren ihre Hüften breit? Ich antworte: Geduld. Ich sage: Später. Trotzdem gibt sie nicht auf. Sie holt das Narrenschwert. Und um ihretwillen schnalle ich es um. Das kleine, schwarz bemalte Holzschwert. Aber wenn sie mich bittet, von dem zu erzählen, den ich einst umbrachte, von dem Mönch Eusebius – möge er in seinem eigenen Fett braten! –, dann lache ich. Ich lache und küsse sie. Ich sage: Das gehört nicht hierher. Das ist eine ganz andere Geschichte, Diao Chan. Doch sie entzieht sich meiner Umarmung. Blickt mir direkt in die Augen und stampft mit dem Fuß auf. Ich sage: Einmal werde ich dir alles erzählen. Und habe ich nicht schon sehr viele Fragen beantwortet? Denn ihr erzähle ich mehr … wesentlich mehr, als ich hier schreibe. Trotzdem ist sie niemals zufrieden.

Ist es nötig, alles zu wissen von dem, der erzählt? Mußt du mit dem Finger jede Falte meines Gesichtes betasten, bevor du endlich zuhören kannst?

Von Buddha stammt die Geschichte über einen, der, von einem Pfeil verwundet, auf dem Schlachtfeld liegt. Seine Freunde wollen den Pfeil herausziehen und die Wunde verbinden. Doch der Mann weigert sich. Zuerst will er wissen, wer geschossen hat, welchem Klan er angehört, mit wem er verheiratet ist, aus welchem Holz der Bogen gefertigt ist, in welchem Wald die Pfeile geschnitten wurden und so weiter – bis ins Unendliche. Bevor er all dies in Erfahrung gebracht habe, sei er verblutet, sagt Buddha. Das einzig Richtige ist, den Pfeil sofort herauszuziehen.

Mein Freund, ich versichere dir: Sogar der Erleuchtete Asiens hätte Schwierigkeiten, Diao Chan zu überzeugen. Ich hoffe, du bist nicht wie sie.

Dies ist die Geschichte über Temudschin. Der sich später Dschingis Khan nannte. Dies ist die Schilderung seiner Kindheit und Jugend. Möge sie mit schnellen Kamelen und Pferden, die der Wind jagt, zu dir gelangen!

Nein.

Ich weiß genau, daß es seine Zeit braucht.

Der Pfeilbote ist nichts für solche wie wir. Die bandagierten Reiter … sie haben sich feste Bänder um Bauch, Brust und Kopf gewickelt … damit der Körper den Ritt aushält … wenn sie Tag und Nacht über Steppen und durch Wüsten jagen und in wenigen Tagen Entfernungen zurücklegen, für die man sonst Wochen braucht … im Sattel schlafend und das Pferd fast zu Tode reitend.

Sie sind nichts für uns.

Sie sind Karakorums Augen, Ohren und Mund.

Damit in der unendlichen Weite der Mongolei nicht das geringste geschieht, ohne daß der Khagan sofort davon Kunde erhält.

Wir nennen diese Einrichtung »Dscham«.

Es begann als Kurierdienst für das Heer. An der Marschroute entlang … auf den alten Karawanenwegen … wurden in gleichmäßigen Abständen ein paar Jurten zurückgelassen, dazu eine Handvoll Pferde, einige Knaben, die sie versorgten, genügend Heu, einige Säcke Getreide – und ein paar erwachsene Krieger zur Abschreckung von Dieben und Räubern. Da, wo Dschingis Khan und seine Horde einmal durchgezogen waren, erübrigte sich eine größere Wachmannschaft …

An dieser Verbindungslinie ritten die Kuriere auf und ab.

Es war ein sicherer Reiseweg.

Bald wurde er auch benutzt, um kostbare Kriegsbeute heim nach Karakorum zu schicken … Juwelen, Jade, Rüstungen mit zierlichen Silberarbeiten, mit Perlen besetzte Schleier aus Persien, die großen Rubine aus Badachschan.

Nachdem der Heerzug vorüber war, wurden die kleinen Stationen gelassen, wo sie waren. Sie wurden vergrößert. Und man richtete immer mehr davon ein. Um die Verbindung mit allen seinen Armeen und all den eroberten Gebieten zu halten, bestimmte Dschingis Khan, daß außerdem neue »Wege« eingerichtet wurden – all die alten Karawanenrouten sollten miteinander verknüpft werden. Zu einem riesigen Spinnennetz.

Als Dschingis Khan starb, wurde die Arbeit von seinen Söhnen fortgeführt.

Heute gibt es über 10 000 Dscham-Stationen. Zusammen haben sie etwa 30 000 Pferde zur Verfügung. Jede Station wird von einem »Daroga« geleitet – einem Gouverneur mit absoluter Machtbefugnis über sein Gebiet. Wer sich weigert, ihm das zu geben, worauf er deutet, wird mit dem Tod bestraft.

Ahnst du die Dimensionen dieses gewaltigen Reiches, mein Freund? Und erkennst du, wie durchdacht alles aufgebaut und eingerichtet ist?

Im Westen werden die Mongolen noch als eine Schar wilder Barbaren betrachtet, und man versucht, jeden ihrer Siege zu vertuschen.

Vielleicht glaubst du mir nicht.

Du meinst, ich übertreibe.

Du sagst: Gott wird uns beschützen. Der Papst in Rom. Salomos Tempel. Knochen und Gebeine aller heiligen Märtyrer.

Aber Dschingis Khan pflegte zu sagen: »Es gibt nur eine Sonne über uns allen und nur einen Himmel. Und so soll es auch nur einen Khagan auf der Welt geben.«

Er ist inzwischen tot. Doch die Horde marschiert nach wie vor. Ich weiß niemanden, der imstande wäre, sie aufzuhalten. Denn alles im Westen wirkt lächerlich klein und erbärmlich, wenn wir es in östlichem Licht betrachten.

Ich schreibe das nicht, um dir den Mut zu nehmen. Denn Mut und Verstand brauchst du jetzt mehr denn je.

Ich will nur, daß du verstehst, wie schwierig es ist, sich versteckt zu halten.

Die Mongolen sind überall.

Und für mich ist jeder Tag ein Geschenk.

Doch es heißt, daß es in jedem Sturm … ganz innen … einen Punkt gibt, wo es völlig windstill ist.

Suche nach diesem Punkt.

Mehr können wir nicht machen.

Kannst du ihn sehen? Hörst du den Pfeilboten? Um den Bauch hat er einen breiten, mit Schellen besetzten Gürtel. Damit man ihn von weitem hören kann. Damit sich ein neuer Reiter zur Übergabe fertigmachen kann. Und ein neues Pferd gesattelt bereitsteht.

Ich höre ihn. Sogar wenn ich mir die Ohren zuhalte.

Der Pfeilbote ist heilig. Er trägt ein Zeichen bei sich, eine kleine Goldtafel ... damit er, wenn das Pferd unter ihm zusammenbricht, die Tafel vorweisen und Anspruch auf ein frisches Pferd erheben kann.

Nein.

Er ist nicht für solche wie wir.

Aber wenn diese Seidenrolle einmal zu Ende geschrieben ist ... wen soll ich überreden? Wer wird es wagen, sie mitzunehmen? Auch ich habe Gold ... doch auf wen kann ich mich verlassen?

Die Seidenrolle.

Soll ich sie in kleine Stücke schneiden und an tausend taunassen Schnecken festbinden?

Oft muß ich lachen.

Diao Chan schimpft mich, wenn ich zuviel lache.

Jetzt ist auch mein Lachen falsch.

In dieser Ecke der Welt sind Pferde mehr wert als Menschen.

Nichts deutet darauf hin, daß Temudschin noch einmal gefangengenommen wurde. Er lernte, wie man einen Hinterhalt vermeidet. Er wurde Meister darin, die Linien des Gegners zu durchbrechen. Aber er vergaß nie, daß er weit mehr war als nur ein Flüchtling und Ausgestoßener. Nicht einen Augenblick dachte er daran, das seinen Feinden zu überlassen, was er als sein rechtmäßiges Erbe betrachtete.

Er hielt sich möglichst fern von Targhutais Ordu. Aber sooft sich eine Gelegenheit bot, besuchte er die verstreuten Jurten von Yesügeis alten Stämmen. Er muß ein eigentümlicher Anblick gewesen sein, dieser junge Bursche ... wie er allein durch die Steppe ritt ... und mit ernster Miene von seinen »Untertanen« den Zehnten des Khans forderte – den Anteil des Häuptlings an den vier Tieren: Kamel, Ochse, Pferd und Schaf – damit er besser für seine Mutter und seine Familie sorgen könne. Und die, die ihn nicht auslachten oder fortjagten ... es gereicht ihnen zur Ehre, daß sie ihn ernst nahmen.

Eine der bekanntesten Geschichten aus dieser Zeit handelt von Pferden.

Eine Bande Räuber. Taidschigut, heißt es. Völlig überraschend. Nicht einmal Khasar kam dazu, den Bogen zu spannen. Doch die Diebe wollten keinen Kampf. Auf die Tiere waren sie aus. Die Pferde. Acht der neun. Trieben sie mit sich. Zu Fuß konnte man sie nicht verfolgen. Belgütai war auf der Jagd, als es passierte. Das Pferd, das er ritt, war jetzt das einzige, das sie hatten ... Ich rede schnell. Ich benutze beide Hände. Angenommen, es erfolgt noch ein Angriff? Sie fühlen sich wehrlos. Und wie sollen sie das Lager transportieren? Ohne Zugtiere ist das aussichtslos. Sollen die Zelte am Boden festwachsen? Ich bin unruhig. Wütend. Wir sind alle wütend. Erst spätabends ist Belgütai wieder in dem kleinen Lager. Mit seinem Fang an Murmeltieren. Als er hört, was passiert ist, will er sofort losreiten. Will die Verfolgung aufnehmen. Aber Temudschin schüttelt den Kopf. Auch Khasar erbietet sich, den Räubern nachzusetzen. Aber Temudschin hat seinen Entschluß gefaßt. Er ist der Häuptling. Die Verantwortung liegt bei ihm. Ich klopfe mir auf die Brust. Die Verantwortung liegt bei mir. Ich steige aufs Pferd. Ich habe ein Stück getrocknetes Fleisch unter den Sattel gelegt. Ich habe mir einen

Wasserschlauch über die Schulter geworfen. Ich bin Temudschin. Ich reite über die Hochebene und hinunter auf die Steppe. Ich schlafe, wo mich die Dunkelheit überrascht. Und ich reite weiter, sobald es hell genug ist, die Spuren zu lesen. Drei Tage folge ich ihnen. Ich denke an nichts anderes. Ich weiß, daß die Diebe ständig auf ausgeruhte Pferde wechseln können. Ich merke, daß meines bald unter mir zusammensacken wird. Der Vorrat an Essen und Trinken ist zu Ende. Trotzdem reite ich. Und Diao Chan hört zu. Lebt und leidet mit. Beim vierten Sonnenaufgang, sage ich – und beschreibe mit beiden Händen einen Kreis. Ich hole Atem und halte Ausschau. Beim vierten Sonnenaufgang … sehe ich einen jungen Krieger … einen Burschen in meinem Alter … er melkt eine Stute … und eine große Gruppe Pferde grast ruhig um ihn. Hier unterbreche ich die Erzählung einen Moment. Ich gehe ein paar Schritte auf und ab. Und als ich fortfahre, bin ich nicht mehr Temudschin … ich bin Bo'ortschu, mein Vater heißt Naqu-bajan, und es sind seine Tiere, die ich bewache. Ich mustere den fremden Jungen. Er gefällt mir. Ich beantworte ihm alle seine Fragen. Ja, ich habe sie gesehen … kurz vor Tagesanbruch … ja, sie sind diesen Weg geritten. Und ich merke, daß er Hilfe braucht. Ich fordere ihn auf abzusteigen. Ich lasse sein Pferd gemeinsam mit unseren grasen. Ich leihe ihm ein frisches, ausgeruhtes Tier, einen Falben. Und ich reite zusammen mit ihm weiter … Diao Chan springt auf und klatscht in die Hände, als sie das hört. Ihre Augen leuchten. Sie hat alle Geschichten über Folter und Grausamkeit, Entsetzen und Unterdrückung vergessen. Sie hat vergessen, daß es Dschingis Khan ist, von dem ich erzähle … jetzt sieht sie nur Temudschin. Und ich gehe aus der Erzählung heraus. Ich sage: Es heißt, er hätte diese besondere Eigenschaft gehabt … und verlor sie nicht, so lange er lebte … eine Fähigkeit, die nicht erklärbar ist. Wir wissen nur, daß die Menschen ihm folgten. Auch wenn die Bekanntschaft nur wenige Augenblicke alt war. Und lange bevor sie wußten, wer er war. Junge und Alte schlossen sich ihm an und wollten in seiner Nähe sein. Wie wir einem Licht und einer Fackel folgen …

Wir unterhalten uns lange darüber. Diao Chan und ich. Wir verlassen die Geschichte über die Pferdediebe. Denn sie ist weder außergewöhnlich noch interessant. Sie geht genauso weiter wie alle Abenteuer von tapferen Helden. Sie endet, wie man es erwartet. Den beiden Burschen gelingt es, die Pferde zurückzustehlen. Und als die Räuber versuchen, sie zu verfolgen, übertreffen sich Temudschin und Bo'ortschu gegenseitig an Mut und ritterlichen Tugenden.

Das sollen andere erzählen.

Was sie sicher gern tun.

Wichtiger ist folgendes: Dschingis Khan fragte einmal seine Männer: »Was ist für einen Herrscher das abscheulichste Verhalten?«

Niemand antwortete ihm, deshalb antwortete er selbst. Er sagte: »Am abscheulichsten ist es, wenn ein Herrscher sein Wort bricht.«

Denn am meisten schätzte er Freundschaft und Treue. Und wer das nicht weiß, wird immer nur die eine Seite seines Gesichtes sehen.

Deshalb erwähnen wir auch das Ende der Geschichte. Als die zwei jungen Burschen ihre Verfolger abgeschüttelt haben. Als sie ruhig dahinreiten, Seite an Seite. Als Temudschin sagt: »Mein Freund, ohne deine Hilfe hätte ich meine Pferde niemals zurückbekommen. Es ist nur gerecht, daß wir sie zwischen uns teilen. Wie viele willst du haben?« Und als Bo'ortschu antwortet: »Als ich dir meine Hilfe anbot, habe ich das als Freund getan. Was wäre das für ein Dienst, ließe ich mich dafür bezahlen?«

Sie reiten in das Lager von Bo'ortschus Vater. Naqu-bajan hatte den Jungen vermißt oder tot geglaubt und sich die

Augen ausgeweint – denn er ist zu alt, um noch Kinder zu bekommen, und Bo'ortschu ist sein einziger Sohn. Zuerst weist er Bo'ortschu zurecht, weil er, ohne Bescheid zu sagen, fortgeritten ist, aber bald lacht er vor Freude, ihn wiederzuhaben. Er weiß sofort, wer Temudschin ist, denn das Gerücht von der abenteuerlichen Flucht aus Targhutais Ordu hat sich über die ganze Steppe verbreitet. Er weiß auch, daß er sich mächtige Stämme zum Feind machen kann, wenn er diesem jungen Burschen freundlich entgegenkommt. Aber er blickt in zwei so eifrige Gesichter und sagt: »Ihr habt euch gefunden. Haltet daran fest. Laßt nie etwas Böses zwischen euch kommen.«

*Und wie ist es weitergegangen?*

Auch die Geschichte von den Pferdedieben zog weite Kreise. Viele betrachteten Temudschin und seine Brüder mit neuen Augen.

*Begann man um diese Zeit, sich ihnen anzuschließen?*

Bo'ortschu war der erste. Manche sagen, daß Temudschin ihn rief. Andere, daß er von selber kam. Das mag sein, wie es will. Sicher ist, daß Bo'ortschu sein »Anda« war, sein Blutsbruder. Und der erste, der Temudschin als seinen Häuptling wählte.

Der andere hieß Dschelme. Er war der Sohn eines umherziehenden Schmiedes.

Von jetzt an wurde es in der Steppe bekannt, daß Temudschin um Leute warb, und Mongolen aus allen Gebieten strömten in sein kleines Lager …

*So zahlreich waren sie wohl nicht?*

Nein. Aber genug, daß er sich mit einer gewissen Berechtigung Häuptling nennen konnte.

Temudschin war nun 17 Jahre alt.

*Gibt es mehr über Bo'ortschu zu berichten?*

Er war sein Leben lang einer der engsten Vertrauten Dschingis Khans. Ein Fürst und Heerführer. Einer der vier großen.

*Wurde Dschelme ebenso belohnt?*

Auch Dschelme wurde ein berühmter Heerführer ... einer der »Vier Hunde« – der furchtlosesten und tollkühnsten aller Krieger ... ihre Aufgabe war, allen Feinden des Khans Rache und Tod zu bringen.

*Ich habe nicht gewußt, daß es so einfach war, General zu werden. Es sieht fast so aus, als hätte es genügt, ihn als Kind oder Jugendlichen gekannt zu haben! Machte er sie alle zu Fürsten und Heerführern?*

Nicht alle.

*Aber fast alle?*

Eine Herrschaft, aufgebaut aus dem Kreis alter Freunde ... ist diese Basis nicht ebenso gut wie jede andere?

*Ich glaube aber, daß Dschingis Khan von seinen Generälen wesentlich mehr forderte.*

O ja.

Einmal übertrug er einem Krieger, der als einer der mutigsten und kühnsten galt, eine hohe, aber ziemlich unbedeutende Stellung.

Die Ratgeber sagten: »Warum machst du ihn nicht zum General?«

Und Dschingis Khan antwortete: »Niemand ist tapferer als Yesütai, niemand hat derart außergewöhnliche und bewundernswerte Eigenschaften. Selbst die längsten Tagesmärsche ermüden ihn nicht. Und er kennt weder Hunger noch Durst. Der Fehler ist nur, daß er dasselbe auch bei allen anderen annimmt! Deshalb ist er nicht dazu geeignet, ein Heer zu führen. Ein General sollte Hunger und Durst kennen, sollte wissen, was es bedeutet, müde und erschöpft zu sein, damit er versteht, wie die, die ihm unterstellt sind, leiden. Es liegt in seiner Verantwortung, darauf zu achten, daß weder Mensch noch Tier so verausgabt sind, daß sie nicht mehr zum Kampf taugen!«

Wieder breche ich in lautes Gelächter aus. Ich lache, bis ich schluchze. Und Diao Chan packt die Wut. Sie hämmert mit beiden Fäusten auf meine Brust. Sie fleht mich an aufzuhören. Und ich weiß, sie meint es gut. Sie sagt, ich erschrecke sie, wenn ich so lache. Aber daran ist weder die Leber noch die Milz schuld. Ich kann einfach nichts dafür. Worüber sprechen wir? Freundschaft, Vertrauen, Treue. Und was wir reden, ist ernst gemeint. Doch wem schreiben wir diese Eigenschaften zu? Wen machen wir hier zu einem Edlen und Klugen? Ich lache und ich heule. Und es hilft nichts, daß sie in meine Schultern Tigerstreifen kratzt.

In der Stadt Merw wurden Männer, Frauen und Kinder gezwungen, sich flach auf den Boden zu legen, die Hände auf dem Rücken. Dann wurden die Opfer unter den mongolischen Soldaten verteilt, und jeder war dafür verantwortlich, seine Gruppe ums Leben zu bringen, nicht schnell mit der Waffe, sondern indem die Unglücklichen erdrosselt oder zu Tode geprügelt wurden. Dieses langsame Abschlachten dauerte sieben Tage. Einige sagen, daß 900 000 vor ihren Schöpfer traten. Andere nehmen eine Zahl über einer Million an. Auch in Herat verschonte er kein lebendes Wesen. Hier nehmen die meisten an, daß die Zahl der Toten über zwei Millionen ausmachte. So trug es sich in zwei von Chorassans Städten zu. Muß ich noch weitere nennen?

Was ist das abscheulichste Verhalten eines Herrschers?

Es heißt, daß jeder Abschnitt im Koran sieben Auslegungen hat. Jeder Abschnitt kann auf sieben verschiedene Weisen gelesen werden …

Ist es einfacher, die Menschen zu verstehen, die sich um ihn scharten?

Es waren keineswegs nur Krieger und Abenteurer.

Habe ich schon Yelü Chucai erwähnt? Ich erinnere mich nicht. Er war jedenfalls vier Jahre mein Herr – und Freund. In der Hauptstadt der Mongolen … im Mittelpunkt der Welt … der unbegreiflichen Stadt aus Jurten und Häusern, die aussehen wie riesige Glocken. Es wäre besser für mich gewesen, wenn ich ihm früher begegnet wäre. Aber besser, ihn in den letzten Jahren seines Lebens gekannt zu haben, als ihm überhaupt nie begegnet zu sein. Und einmal wird er eine eigene Seidenrolle bekommen. Das ist ein Versprechen. Ich schwöre es. Wenn es mir der Himmel erlaubt, werde ich mich heiser singen vor Begeisterung … Denn von allen Menschen halte ich Yelü Chucai für den edelsten. Den weisesten und barmherzigsten. Von allen, denen ich begegnet bin, von denen ich gehört oder gelesen habe … Du kennst ihn nicht? Der Name ist dir unbekannt? Und trotzdem war er der oberste Ratgeber des Reiches. Zuerst unter Dschingis Khan. Dann unter seinem Sohn, Ögedei … Er war selber kein Mongole. Er stammte aus Cathay. Trotzdem wog seine Stimme in Karakorum am schwersten. Er war die rechte Hand des Khagans. Aber eine Waffe trug er niemals … Er sagte: »Du kannst die Welt vielleicht vom Pferderücken aus erobern, mein Khan. Aber du wirst sie niemals von dort aus regieren können!« … Und ebenso, wie es zutrifft, daß Dschingis Khan die Ursache für den Tod von Millionen von Menschen ist, ebenso trifft es zu, daß Yelü Chucai die Ursache dafür ist, daß mehrere Millionen am Leben bleiben durften.

So ist das.

Er war ein Mann des Friedens.

Und trotzdem stand er Dschingis Khan nahe. Womöglich näher als jeder andere.

Was sah der eine im andern?

Auch darüber sollte man sich vielleicht Gedanken machen.

Ich habe aufgehört zu lachen.

Ich wische die Tränen ab.

Und Diao Chan umklammert mich mit beiden Armen.

Mein Freund im fernen Westen ... kennst du die Geschichte von den Blinden und dem Elefanten? Es wird erzählt, daß es eine Stadt gibt, in der alle blind sind. Einmal belagerte ein Feldherr diese Stadt. Er hatte einen riesigen Kriegselefanten bei sich. Keiner der Blinden hatte jemals von einem solchen Tier gehört, und sie waren neugierig, wollten herausfinden, was für ein Geschöpf das war. In der Nacht sandten sie drei »Späher« aus. Leise schlichen sie sich an den Elefanten heran, stellten sich im Kreis um ihn und versuchten, ihn zu betasten. Als sie zurückkehrten in die Stadt, meinte jeder von ihnen, jetzt etwas über das Tier zu wissen – weil er einen Teil davon berührt und betastet hatte. »Nun?« fragten ihre Mitbürger. »Welche Form und Gestalt hat ein Elefant?« Der erste, der antwortete, war der, der das Ohr des Elefanten befühlt hatte. Er sagte: »Es handelt sich um ein großes und rauhes Geschöpf, breit und von der Form einer großen Decke.« – »Keineswegs«, sagte der, der eines der Beine angefaßt hatte, »Form und Gestalt ähneln mehr einer Säule.« Und der, der den Rüssel des Elefanten berührt hatte, sagte: »Ihr irrt euch beide. Denn ich habe das Tier eigenhändig angefaßt und weiß mit Sicherheit, womit ein Elefant am besten vergleichbar ist. Er hat Ähnlichkeit mit einem riesigen Schornstein – einem hohlen Rohr, das frei in der Luft pendelt, ohne Füße, ohne Flügel – und jeder kann sich vorstellen, was passiert, wenn er die Gelegenheit bekommt, über unsere Mauern zu fliegen und Tod und Verderben zu bringen ...« So redeten die drei Blinden. Jeder von ihnen hatte einen Teil berührt ... einen Teil von vielen. Doch die Ganzheit erfaßten sie nicht.

Die einen sagen, diese Geschichte hätte zuerst Hakim Sanai erzählt, andere schreiben sie seinem Schüler Rumi zu. Wieder andere sagen, beide hätten sie erzählt, jeder auf seine Weise.

Auch ich habe meine Version gewählt …

Dschingis Khan ist nicht nur ein Elefant. Er ist ein Wildschwein – und ein Drache.

Wir werden ihn niemals verstehen.

Aber wir werden verrückt und irrsinnig, wenn wir es nicht versuchen.

## IX

Trotzdem würde ich mondsüchtig werden, zwischen den Zehen schwitzen, aufgeblasen sein wie der Wind und ständig Wasser lassen, wenn ich ohne Frauen leben müßte.

Sieben – vielleicht acht – Jahre sind vergangen, seit Temudschin zum ersten Mal in das Ordu der Qonggirad ritt … damals, als Yesügei die Ehe für den Sohn vereinbarte, die Ehe mit der Tochter Dai-Setschens.

Vier Jahre lang hat sich das junge Paar nicht gesehen.

Aber Börte hat die ganze Zeit auf ihn gewartet.

Und Temudschin kommt nicht als gehetztes Wild, ist kein Bettler mehr mit leeren Händen. Er hat sich einen Namen gemacht.

Jetzt ist es Zeit, eine Frau heimzubringen.

Eine Meute junger Burschen fährt wie ein Wirbelwind zwischen die Zelte. Sie johlen und schreien. Schwingen drohend Schwerter über den Köpfen, halten die Bogen gefährlich gespannt. Es sieht aus wie ein plötzlicher Überfall. Doch sie sind willkommen …

Die Meute hält jäh vor der Jurte des Khans. Der Anführer springt vom Pferd. In dem Augenblick erscheint

Dai-Setschen in der Zeltöffnung. Der junge Bursche fällt vor ihm in die Knie, springt dann auf und wirft sich in seine Arme.

»Temudschin«, sagt der Häuptling der Qonggirad, »ich habe gehört, daß sich deine Verwandten, die Taidschigut, von dir abgewandt haben. Lange war ich traurig und hatte Angst um dich. Ich wagte kaum zu hoffen, dich wiederzusehen.«

Es wird ein Fest veranstaltet. Schafe und Pferde werden geschlachtet. Tag und Nacht brutzelt das Fleisch in den großen Töpfen. Temudschin hat Geschenke dabei. Geraubt von den Karawanen und aus den Jurten der Reichen. Alles wird feierlich überreicht. Und mit demselben Ernst entgegengenommen. Flöten und Fiedeln spielen auf. Es wird getanzt. Es wird getrunken. Es ist genug Kumyß und Reiswein für alle da …

Der dritte Tag … Ich sehe Börte. Im Zelt des Khans. Auf der linken Seite. Sie trägt ein fußlanges Kleid aus weißem Filz. Auf dem Kopf hat sie eine Haube aus Birkenrinde, mit Seide zusammengezogen und geschmückt mit Silbermünzen. Das dunkelbraune Haar ist geflochten, liegt kranzförmig über den Ohren. Sie ist schweigsam. Sitzt fast unbeweglich da. Aber die Gedanken fliegen ihr wie Schwalben durch den Kopf. Denn sie merkt, daß sich das Fest dem Ende nähert … daß die Zeit für den Aufbruch naht. Jetzt ist *ihr* Augenblick gekommen … Ich sehe sie mit einem Ruck aufstehen, das Kleid raffen und aus dem Zelt laufen. Sie flüchtet. Temudschin entdeckt sie. Er nimmt die Verfolgung auf. Frauen und Dienstmädchen stellen sich ihm in den Weg. Packen ihn. Halten ihn zurück. Wie es Sitte ist. Gelächter und Geschrei. Und Börte … Börte flieht wie eine weiße Hindin zwischen den Zelten. Endlich erwischt er sie. Und alle, die zuschauen, jubeln und klatschen in die Hände. Denn beiden Eheleuten gereichte die Jagd zur

Ehre. Nicht zu leicht ließ sich Börte einfangen, und Temudschin hat nicht gezögert, sie festzuhalten ... Sie stößt und zappelt immer noch, als er sie zu seinem Pferd trägt, in den Sattel hebt, sich hinter ihr hinaufschwingt – und aus dem Lager reitet, gefolgt von singenden und fröhlichen Kriegern.

Viele von Börtes Freunden und Freundinnen sind dabei. Und eine große Gruppe von Dai-Setschens Dienerschaft. Denn die Frau eines Häuptlings hat das Recht auf ein eigenes Zelt und ein eigenes Gefolge ... Auch Börtes Eltern reiten mit. Dai-Setschen begleitet sie nur ein Stück, dreht dann um und kehrt heim, wie es für Väter Sitte ist, doch Börtes Mutter, Tschotan, kommt mit bis in Temudschins Ordu. Tschotan hat einen kostbaren schwarzen Zobelpelz bei sich, für Ölün, die Mutter des Bräutigams ...

Ölün steht draußen und erwartet sie. Begrüßt Tschotan. Nimmt den Zobelpelz entgegen. Das ist ein prächtiges Geschenk und mehr wert als alles andere im Lager zusammen – die Tiere mitgerechnet. Aber Dai-Setschen ist ein mächtiger Khan. Der Handel mit Cathay hat ihn reich gemacht. Und es heißt: Wenn ein großer Häuptling schenkt, soll er das mit vollen Händen tun.

Ich sehe Ölün. Sie begrüßt ihre Schwiegertochter. Läßt sich von ihr umarmen. Was fühlt und denkt sie? Die beiden mustern einander. Ölün ist eine starke Frau. Sie hat nicht die Absicht, sich von einem unreifen Gänschen beiseite schieben zu lassen ... Aber auch Börte kennt ihren Platz. Sie ist die angetraute Frau des Khans. Ab jetzt hat sie die Verantwortung für seine Jurte. Ihre Aufgabe ist es, Filz für die Zelte zu walken, Kleider und Sandalen mit starken Sehnen zu nähen, die Tiere zu melken und – falls nötig – die Herde zusammenzuhalten, wenn die Männer im Krieg sind.

Wieder mustern die beiden Frauen einander.

Keine will zuerst den Blick abwenden.

Ölün ist seine Mutter.

Aber das junge Mädchen ist »Khatun« – die erste Frau des Khans. Und obwohl er später noch viele andere Frauen hatte, stellte er nie eine an die Seite von Börte Fidjen.

Temudschins Ordu ist auf einmal recht voll geworden. Doch er hat das Gefühl, daß der Ort nicht mehr sicher genug ist. Deshalb führt er sein Gefolge am Kerulen entlang flußaufwärts bis nach Burgi ... und hier schlägt er ein neues Lager auf. Sie befinden sich jetzt ganz am Rande der alten Gebiete der Mongolen. In westlicher Richtung liegt das Land der Keraiten. Aber nach wie vor hat er den mächtigen Burkhan-khaldun im Rücken ...

Die Keraiten. Manche sagen, sie seien türkischer Abstammung. Ihre Weideplätze befanden sich einst zwischen den Flüssen Tula und Orchon. Sie waren aber mehr Händler als Nomaden. Sie hatten feste Wohnplätze – und Städte, mit Häusern aus gebranntem Lehm und sonnengebleichtem Holz. Durch ihre Gebiete liefen Karawanenstraßen von Cathay zum Land der Naiman und der Uighuren.

Toghril war der Khan dieses großen und mächtigen Volkes. Er sollte später berühmt werden als Ong Khan oder, wie die Jin ihn nannten: Wang Khan.

Mein Freund ... erzählt ihr euch immer noch Geschichten vom Priesterkönig Johannes? So wisse, das ist euer Mann! Soweit es möglich ist, hinter Märchen und Anekdoten zu schauen ... Zumindest: Wenn die alte Sehnsucht nach dem Priesterkönig wiederaufgetaucht war – in meiner eigenen Kindheit und Jugend –, dann nur, weil die Geschichte von Toghril ins Abendland geweht wurde – leicht wie eine Feder, und irgendwo unterwegs hat sie Flügel und einen Schnabel bekommen ... hat gegackert und sich aufgeführt wie ein ganzer Hühnerhof. Doch wisse auch, daß selten jemand eines solch edlen und furchteinjagenden Gerüchts weniger würdig war. Zwar trifft zu, daß es viele Christen unter seinen Leuten gab, Nestorianer, die ihren Glauben von den Aposteln Andreas und Thomas hatten, und vielleicht lag auch Toghril selbst ab und zu vor dem Herrn auf den Knien, aber ein Priesterkönig war er nicht ... ein starker Fürst war er auch nicht ... er war wankelmütig, feig und unsicher. Aber weil die Keraiten ein mächtiges Volk gewesen sind, war auch ihr Khan ein mächtiger Khan ...

Und er war Yesügeis Anda. Sein Blutsbruder.

Es verhielt sich nämlich so: Toghril erbte den Häuptlingstitel von seinem Vater. Doch er geriet bald in Streit mit seinen Brüdern und Onkeln. Einer von diesen Onkeln vertrieb den jungen Khan, jagte ihn weit hinein in das Land der Mongolen. Toghril suchte Hilfe bei Yesügei. Und Yesügei – der lange den Wunsch gehabt hatte, die westlichen Grenzen zu sichern – versprach, ihm zu helfen, unter der Bedingung, daß die beiden für allezeit Freundschaft und Frieden miteinander schlossen ... Dann sammelte Yesügei ein Heer und jagte den rebellischen Onkel so weit in die Wüste, daß nicht einmal Geister und Dämonen seine Spur fanden. Und er führte Toghril heim und schuf Ruhe und Ordnung in dessen Reich.

Hätte Toghril deshalb nicht allen Grund gehabt, sich Temudschin gegenüber dankbar zu erweisen – dem Sohn seines alten Anda?

Aber weil Temudschin stolz ist ... hat er bis jetzt darauf verzichtet, jemanden um Hilfe und Beistand zu bitten. Er hätte Dai-Setschen fragen können. Doch er wartete lieber. Und als die Taidschigut ihn besonders hartnäckig verfolgten, hätte er bei Toghril Zuflucht suchen können. Doch Temudschin wollte ihm als Ebenbürtiger gegenübertreten – als Bundesgenosse. Nicht als ein erbärmlicher Wicht, der hilfsbedürftig ist, ein Wurm, der zu schwach und zu ängstlich ist, sich selbst zu behaupten.

Jetzt ist die Zeit reif.

Und wieder ist es Ölün, die den Sohn antreibt. Sie nimmt den schwarzen Zobelpelz, wirft ihn vor Temudschin auf die Erde … und sie sagt nicht »falls«, sie sagt »wenn« … sie sagt: »Wenn du zu Toghril willst, mußt du ein Geschenk bei dir haben, das eines Khans würdig ist.« Er ist überrascht. Sucht nach Worten. Aber Ölün hebt die Hand und unterbricht ihn. Sie sagt: »Wenn du Khasar und Belgütai mitnimmst und zum Schwarzen Wald bei Tula reitest – dann wird das dein Geschenk sein, das du mitbringst.«

Damit verläßt sie die Jurte.

Und keiner sieht, daß ihr Herz blutet. Denn der schwarze Zobel … so weich, so warm … hat ihr für eine kurze Weile das Gefühl gegeben, wieder jung und mächtig zu sein … und jedesmal, wenn sie ihn trägt, träumt sie von Yesügei.

Doch sie ist Ölün. Sie hat stets zwischen Traum und Wirklichkeit zu unterscheiden gewußt. Und wenn sie Börte sieht, trägt sie den Kopf hoch. Als wollte sie sagen: Ich kenne ihn am besten. Ich weiß, was er will. Was hast *du* ihm zu bieten?

Dann begibt sich Temudschin auf den weiten Weg zur Hauptstadt der Keraiten … zu der Stadt, die einmal die seine werden sollte. Er reitet nach Karakorum.

Und er hat Khasar und Belgütai bei sich.

Toghril empfängt ihn freundlich. Und Temudschin verbeugt sich höflich. »Früher einmal warst du der Blutsbruder meines Vaters«, sagt er. »Ist es deshalb nicht recht und billig, daß ich in dir einen sehe, der seinen Platz einnimmt?« Temudschin holt den schönen Zobel hervor.

»Mein Vater ist tot. Dies ist ein Geschenk, das ich sonst ihm überreicht hätte. Statt dessen bringe ich es jetzt dir – wie es einem liebenden Sohn geziemt.«

Toghril fühlt sich geschmeichelt.

Das ist eine starke Rede. Und ein fürstliches Geschenk.

Er hat gehört, daß Temudschins Stellung schwach und unbedeutend sein soll. Aber darf man diesen Gerüchten glauben? Wie dem auch sei ... das Geschenk zeigt, daß der Junge von freigebiger Natur ist, wie es von einem Khan erwartet wird. Und ein schwacher Vasall ist besser als gar keiner ... Deshalb antwortet Toghril: »Zum Dank für dieses Geschenk – und dein Vertrauen – will ich nach einer Möglichkeit suchen, es zu vereinen ... dein Volk, das über die ganze Steppe verstreut ist. Ich will sie wieder zu dir führen. All die, die du verloren hast. Dieser Gedanke wird mir nicht mehr aus dem Sinn gehen. Ich werde ihn in meinem Herzen bewahren und am Grunde meines Bauches.«

So etwa müssen sie miteinander geredet haben.

Als Temudschin heimwärts reitet, hat er das Gefühl, als eine Art Ziehsohn anerkannt zu sein.

Toghril hat versprochen, an ihn zu denken.

Doch Temudschin wäre zufriedener gewesen, wenn der Khan der Keraiten ihm Waffen und Soldaten gegeben hätte ...

Diao Chan möchte mehr von Ölün und Börte hören. Ich sage: Geduld. Dann möchte sie, daß ich von Mirjam erzähle. Und meiner Hochzeit. Aber ich schüttle den Kopf. Ich sage: Ich möchte dir statt dessen von anderen Frauen erzählen ... von einem Stamm, auf den ich einmal stieß ... wo die Frauen so lange Hälse haben, daß man sie Giraffenfrauen nennt. (Diao Chan hat noch nie eine Giraffe gesehen. Aber ich weiß, daß die Menagerie in Jerusalem zwei angeschafft hat.) Ihre Kleidung ist einfach. Die gesamte Aufmerksamkeit soll dem Kopf gelten. Sie tragen farbige

Stirnbänder. Doch das Wichtigste ist der Hals … geschmückt von einer enormen goldenen Spirale. Auch um die Beine haben sie Spiralen – aus Gold oder Messing –, und es klirren unzählige Armbänder an ihren Handgelenken. Aber der Hals … der Hals ist das, was sie anders macht als alle anderen Frauen auf der Welt. (Ich merke, daß Diao Chan aufmerksam zuhört.) Die kleinen Mädchen bekommen ihre erste Spirale im Alter von fünf bis sechs Jahren. Man zieht die Halswirbel aus den Gelenken, damit sich die Nackenmuskeln dehnen können. Jedes Jahr werden sie ein Stück gedehnt. Und schließlich ist der Hals mehr als doppelt so lang wie bei gewöhnlichen Menschen … »Ist das nicht gefährlich?« fragt Diao Chan. »Natürlich«, sage ich und lasse die eine Hand über ihren Nacken gleiten. »Wenn ein junges Mädchen eine größere Halsspirale bekommt, muß immer jemand ihren Kopf halten, und das Ganze muß äußerst vorsichtig geschehen …« Ich streichle ihren Nacken, spiele mit den Ohren. »Wird eine solche Frau der Untreue überführt, bestraft man sie, indem man ihre Spirale entfernt«, flüstere ich. Diao Chan wiegt den Kopf von einer Seite zur andern. »In den meisten Fällen ist das ihr Tod.« Ich fasse sie sanft mit beiden Händen um den Hals. »Denn die Muskeln sind schlaff geworden und kraftlos … der Nacken vermag das Gewicht des Kopfes nicht mehr zu tragen.« Diao Chan hat die Augen geschlossen. »Aber die Spirale macht die Frauen schön?« murmelt sie. Ich verstärke den Griff um ihren Hals. »Unglaublich schön«, sage ich. »Schön und erregend …« Ich beuge mich vor. »Ursprünglich sollen die Frauen geglaubt haben, die Spirale beschütze sie vor Tigern … wenn sie draußen auf den Feldern arbeiten. Sie glauben, die Tiere hätten es immer auf den Hals des Opfers abgesehen.« Ich lecke sie unterm Kinn. Ich beiße und knurre. Und Diao Chan wirft den Kopf zurück und stößt leise, verzückte Schreie aus. Denn ich habe einen Namen wie ein Wolf, bin aber auch aus dem Land im Westen. Und jede Weltecke hat ihr eigenes

Zeichen. Vier Tiere. Das Zeichen für Osten ist ein blauer Drache. Ich puste Feuer gegen die Jadepforte. Das Zeichen für Norden ist eine schwarze Schildkröte. Ich bin eine alte Haut auf ihrem Körper. Süden – ein roter Vogel. Ich bohre den Schnabel in sie. Und Westen? Was ist das Zeichen für Westen? Das Zeichen für Westen ist ein weißer Tiger. Vor allem habe ich Krallen und ein Gewicht. Ich mache einen Buckel, und das Fell sträubt sich. Ich habe Striche unter den Augen. Und eine unruhige Schnauze. An diesem Abend ist sie lange, sehr lange meine Giraffenfrau, und ich bin ihr hungriger Tiger.

Frauen werden stets geraubt werden.

Halsbänder aus glänzendem Metall schützen nicht vor allem auf der Welt.

Und nicht die Tiger sollten wir fürchten, sondern die Menschen.

Der Überfall kam unerwartet. Und erfolgte nachts ... Qoaqchin merkte als erste, daß etwas nicht stimmte. Die alte Qoaqchin – die Ölün seit Yesügeis besten Tagen begleitet hatte, Qoaqchin, krumm und von der Gicht geplagt, die treueste von allen, diejenige Dienerin, die stets auf dem nackten Boden schlief, zu Füßen ihrer Herrin –, Qoaqchin hob den Kopf und rief in die Dunkelheit: »Ich höre die Erde erbeben! Die Taidschigut kommen!« Aber es war zu spät. Der Feind war bereits da. Eine Meute von Reitern, dreihundert Mann, alle mit brennenden Fackeln – sofort stand das ganze Lager in Flammen, und fast alle, die aus dem Flammenmeer torkelten, wurden niedergestreckt. Alles war ein einziger Schrei, ein rauchendes, sengendes Chaos – jeder dachte nur an sich selbst.

Nicht die Tiger sollten wir fürchten, sondern die Menschen.

Einige wenige entkamen. Khasar, Belgütai, Ölün – mit der Tochter Temülün in den Armen … Bo'ortschu, Dschelme … einige wenige. Entsprechend der Zahl der vorhandenen Pferde. Und Temudschin … Ich werfe ihm nichts vor. Das Ganze ging so schnell. Als er auf das Pferd sprang und davonritt … Börte blieb zurück. Noch warm vom Schlaf. Mit ungläubigen Augen. Börte … verlassen und verzweifelt stand sie da. Auf der Steppe gibt es ein Sprichwort, das sagt: »Es ist leicht, eine Frau zu bekommen. Aber es braucht viel Zeit, sich einen Mann zu formen.«

Halsbänder aus blankem Metall schützen nicht vor allem auf der Welt.

Der Starke überlebt. Der Schnelle entwischt. Nur der Schwache hilft dem Schwachen. So ist das immer gewesen. Und Qoaqchin versteckt Börte in einer kleinen schwarzen Kibitka – einem Wagen, gezogen von einer gefleckten Kuh … gemeinsam versuchen sie zu entkommen. Ziemlich lange ist der Feind nur an einem interessiert: Wo ist Temudschin? Wo ist dieser Welpe von einem beschissenen Khan? Sie kläffen sich seinen Namen zu. Sie schreien Schimpfwörter und Verwünschungen. Und noch achtet niemand auf den kleinen schwarzen Wagen …

Es sind aber keine Taidschigut. Es sind nicht Targhutais Leute. Es sind Merkiten. Sie kommen aus dem Norden. Sie leben weit weg. Unter dem Zeichen der schwarzen Schildkröte. Sie sind in der Tundra daheim – in der gefrorenen, weißen Welt -, wo man Schlitten benutzt, gezogen von Hunden und Rentieren. Sie sind ein wildes und ungestümes Volk. Aber sie haben ein Gedächtnis wie Elefanten und schwachsinnige Eunuchen, und keiner darf sie ungestraft demütigen oder ihnen Unrecht tun. Fehden … blutige Fehden … überall in der Gobi sind sie wie kleine und große Feuer. Sie flammen auf, sie brennen niedrig. Doch sie erlöschen nie. Für einen Merkiten ist die Rache etwas, was er erbt und bewahrt ... egal, wie viele Generationen lang. Und als das Gerücht über Temudschins Erfolge sogar bis zum nördlichen Orchon gelangte ...

Was hat er ihnen getan?

Er ist Yesügeis Sohn.

Und die Merkiten?

Sind verwandt mit dem Krieger, dem Ölün vor beinahe 18 Jahren geraubt wurde ... Tschiledü – der schöne Tschiledü ... Drei Klans haben sich zusammengetan, um ihn zu rächen. Angeführt werden sie von seinem ältesten Bruder, Toqto'a-bäki, Häuptling der Uduyiten. Bei sich hat er die Uasiten, unter Dajir Usun, und die Khaghaten unter Khaghatai Darmla.

Sie haben lange gewartet. Sie sind weit geritten.

Jetzt metzeln sie gründlich.

Alle Männer und Knaben.

Doch Temudschin erwischen sie nicht.

Temudschin flüchtet sich zum Burkhan-khaldun. Und der Berg umfängt ihn. Seine Feinde finden nur Geröll und glatte Wände. Dreimal meinen sie einen Pfad zu sehen. Dreimal verlieren sie ihn.

Und Börte mit Qoaqchin?

Der kleine Wagen wird entdeckt und aufgehalten – die beiden werden gefangengenommen – zusammen mit den anderen Frauen – und wie die Tiere getrieben – nach Norden, nach Norden – Erwachsene und kleine Mädchen, alle werden verteilt unter denen, die sie begehren oder Hände brauchen, die anfassen können bei der Arbeit um die Jurte – und als die Merkiten herausbekommen, wer Börte ist – vergessen sie, daß ihnen Temudschin durch die Lappen ging wie ein Aal im trüben Wasser oder eine Schlange im hohen Gras – sie lachen und jubeln – und übergeben sie Tschilger, einem jüngeren Bruder von Tschiledü – und als er sie ins

Zelt trägt – und als sie heult vor Wut und Verzweiflung – und als er tief in sie eindringt – da wissen alle, daß die Jagd vorbei ist – die Welt ist wieder im Gleichgewicht.

Frauen werden stets geraubt werden.

Währenddessen ist Temudschin auf dem Burkhan-khaldun. Er sammelt die kleine Schar von Überlebenden um sich. Und als sie ihm zuhören … und mit Bewunderung und Respekt zu ihm aufschauen … fängt er zu singen an. Laut und durchdringend. Er singt von Qoaqchin, die Ohren hat wie ein Stinktier und Augen wie ein Luchs … er singt, wie sie ihm wieder einmal half, seinen Feinden zu entwischen. Er singt alles, was er in den letzten Tagen erlebt hat. Aber besonders singt er seinen Dank an den Berg. Er habe ihn gerettet, singt er, deshalb wird er von Stund an – und für allezeit – ehrfürchtig dem großen Burkhankhaldun sein Opfer darbringen … und er gelobt, diese heilige Pflicht seinen Kindern und Kindeskindern zu vererben. Danach wendet er sich zur Sonne, löst den Gürtel und hängt ihn sich um den Hals, nimmt die Kopfbedeckung ab, wirft sich neunmal in den Staub – und nach jeder Verbeugung schlägt er sich kräftig mit der rechten Hand auf die Brust, und aus einem großen Lederschlauch verspritzt er »Tarasun« – aus Pferdemilch gemachten Schnaps – nach allen Seiten. Kreisförmig. In alle Weltecken. Denn so haben es die Schamanen vorgeschrieben, so sollen die Menschen Trankopfer darbringen und ihre Dankbarkeit ausdrücken. Temudschin hat noch keinen Schamanen in seinem Gefolge. Aber bedarf er eines Vermittlers? Ist er nicht selber ein »Bogdo« – ein Auserwählter des Himmels?

Diao Chan schaut mich mit großen Augen an.

Und ich weiß nicht, wie ich fortfahren soll.

Wäre ich auf einem Marktplatz … die Kappe mit Schellen besetzt … und den Mund zu einem breiten Grinsen geschminkt … es wäre mir leichter gefallen. Ich hätte das Ganze wie einen Spuk beenden können. Wie ich es so oft mit Leichtigkeit getan habe. Ich hätte ein Loch in das Schweigen stechen können. Ich hätte sagen können:

Alis Esel ist weg. Ali sucht ihn überall, und während er sucht, dankt er ständig Gott.

Ein Passant fragt: Ich höre, daß dein Esel verschwunden ist. Soll man dafür Gott danken?

Ali antwortet: Ich danke Gott, daß ich nicht auf dem Esel gesessen habe, als er verschwand.

Und sie hätten gelacht. Die Männer … wenigstens sie … hätten gelacht. Und hätten Münzen geworfen.

Doch jetzt sitze ich in einem kleinen Zimmer.

Allein.

Mit einer Frau.

Und ich sehe, daß sie Tränen in den Augen hat.

Ich war immer der Meinung, daß Lachen gut ist. Wenn etwas zu schwierig wird.

Für dich kann ich auch schreiben: Wer von uns hat noch niemals jemanden im Stich gelassen? Wer von uns ist noch niemals einer Frau weggelaufen? Um sich selbst zu retten?

Aber hier … was soll ich zu Diao Chan sagen?

Ich erzähle ihr von der Vergeltung. Ich erzähle rasch, wie Temudschin, Khasar und Belgütai noch einmal den weiten Weg ins Land der Keraiten auf sich nehmen. Und Toghril empfängt sie auch jetzt freundlich. Er verspricht zu helfen. Eine seiner Töchter ist zwar mit Toqto'a-bäki verheiratet – fühlen sich die Merkiten deshalb so sicher? –, aber er hat auch nie vergessen, daß er einmal als Kind von ihnen gefangengehalten wurde … ein siebenjähriger Junge … in verdreckte Ziegenfelle gehüllt und gezwungen, sich von Sonnenaufgang bis Sonnenuntergang fast zu Tode zu schuften … bis es seinem Vater Khurtschakhus endlich gelang, ihn zu befreien. Nein, Toghril war nie ein Freund dieses nördlichen Volkes gewesen. Lange Zeit hielt er es einfach für vorteilhaft, mit ihnen auf gutem Fuße zu stehen. Aber gemocht hat er sie nie … und dies hier war ein Anlaß so gut wie jeder andere. Ich verspreche dir, daß deine Ehre wiederhergestellt wird, sagt er zu Temudschin. Und Börte muß zurückgeholt werden. Auch wenn wir jeden Merkiten einzeln niedermetzeln und das Ufer des Selenga verwüsten müssen.

Toghril will zwei »Tümen« Reiter stellen. (Heute ist ein Tümen dasselbe wie 10 000 Mann. Damals waren es vielleicht 1000?) Und er verspricht, den jungen Mongolen Dschamuqa, den Anführer des Dschadschirat-Klans, dazu zu bringen, dasselbe zu tun.

Sie verabreden, daß sich das Heer an einem Ort trifft, der Botokhan heißt – am Ufer des Onon gelegen –, ein Ort, wo die besten Kamelfohlen gezüchtet und abgerichtet werden.

Ich möchte mehr über Botokhan berichten. Einen Ort, den ich gut kenne. Doch Diao Chan macht eine ungeduldige Handbewegung. Sie möchte von den Frauen hören. Ich will auch gern mehr über Dschamuqa sagen, aber Diao Chan macht ihre ungeduldige Handbewegung. Ihr geht es zu langsam. Sie möchte von der unglücklichen Börte hören … Ich werde ärgerlich. Ich packe sie an beiden Handgelenken. Fest. Unterbreche ihre Handbewegung. Ich sage: Ich erzähle, wie ich will! Aber erst jetzt bemerke ich sie … die Kälte in ihren Augen. Warum sieht sie mich so an? Warum starrt sie? Ich lasse los. Schiebe sie weg von mir. *Ist es mein Fehler?* Ich erhebe mich. Wütend. *Ich bin nicht er!* Und plötzlich weiß ich, daß … keiner von uns … er selbst ist … wie vorher. Und ich kann genausogut er sein wie irgendein anderer.

In Kiew kannte ich einen Mann, der sich mitten in der Nacht aus einem brennenden Haus rettete. Aber er vergaß seine Frau und seine zwei schlafenden Kinder. Sie lagen im selben Zimmer wie er. Als um sein Bett die Flammen loderten, dachte er nur an sich. Auch die Frau wurde gerettet. Und die zwei Kinder. Andere sind hineingegangen und haben sie geholt … Freunde, Nachbarn. Draußen im Hof wurde die Familie wieder vereint. Und der Mann fiel ihnen weinend um den Hals, hob sie hoch, drückte sie an sich. Denn sie waren das Liebste, was er hatte. Aber so lange er lebte … tat es ihm weh, ihnen in die Augen zu schauen.

Ist jemand unter uns, der ihn verurteilen darf?

Genügt es nicht, daß er sich selbst verurteilte?

Temudschin. 17, 18 Jahre alt. Maßlos stolz. Und eigensinnig. Jetzt hat er zum ersten Mal jemanden um Hilfe gebeten. Deshalb fühlt er sich schwach. Und er verachtet das Schwache. Denn so ist er erzogen. So ist die Milch, mit der er gesäugt wurde. Und eine noch größere Demütigung erwartet ihn. Denn wenn er sich bei Botokhan mit seinen Verbündeten trifft … wenn sie mit ihren Tausenden und aber Tausenden von Kriegern dastehen … wie arm, wie erbärmlich wird er aussehen … wie lächerlich … wenn er zu ihnen stößt … mit einer Handvoll Freunden und Brüdern.

So dachte Temudschin.

Doch wieder beschließt er, das Unmögliche zu versuchen.

Er will einen eigenen Tümen stellen – sein eigenes Tausend.

Und wieder einmal hat er Erfolg.

Er wirbt Leute an. Mehr als jemals zuvor. Einfache Hüterjungen und Nomaden. (Was ist ein mongolischer Soldat im Grunde? Doch nichts anderes als ein bewaffneter Viehhirt – zu Pferde.) Und er merkt schnell, daß es für die Männer inzwischen verlockender ist, ihm zu folgen, als je zuvor. Denn diesmal geht es nicht um einen kleinen Plünderungszug, er wirbt sie für einen großen Feldzug – den ersten seit vielen Jahren – und zusammen mit so mächtigen Häuptlingen wie Toghril und Dschamuqa. Wer nun zu den Waffen greift und sich ihm anschließt, wittert große Kriegsbeute – Frauen und Vieh ...

So sammelt Temudschin seinen ersten Tümen.

Und weder bei Botokhan noch auf den Schlachtfeldern entlang des Selenga lacht jemand über ihn.

Diao Chan steckt sich die Finger in die Ohren. Sie kehrt mir den Rücken zu und wackelt mit dem Kopf. Ich drehe sie um. Behutsam. Ich küsse ihre Augen, bis sie sie öffnet. Ich küsse ihre Finger, bis sie die Ohren losläßt. Ich sage: Diao Chan ... deinetwegen habe ich die Augen grün und den Mund rot geschminkt – damit ich beide sein kann. Schau: Ich habe das Holzschwert in der Hand! Aber den Feldzug überspringen wir. All die Mißverständnisse und Heldentaten. Den Hinweg bringen wir rasch hinter uns. Wir haben gerade Buura erreicht ... haben das Lager von Toqto'a-bäki dem Erdboden gleichgemacht und seine Frau gefangengenommen ... wir haben auch viele andere Gefangene gemacht – und noch mehr getötet ... Toqto'a-bäki aber ist entwischt ... jetzt flieht er den Selenga hinunter ... er und Dajir Usun ... und wir verfolgen sie ... hörst du unsere Pferde? Ich bin Temudschin. Ich bin ein Donner in der Nacht. Ich bin die Rache aus blutigen Messern. Und das alte Banner meines Vaters ... die Stange mit den neun Yak-Schwänzen ... jagt die Feinde wie aufgescheuchte Hasen. Sie winseln und schreien. Verdrehen die Augen und fühlen sich wie gelähmt. Viele haben schon aufgegeben ... wir haben sie eingeholt ... die Wagen sind umgestürzt, Menschen kriechen wie Würmer hervor ... wir reiten sie nieder. Wir reiten sie nieder! Und die ganze Zeit rufe ich ihren Namen ... Ich bin Temudschin. Ich bin das Wildschwein. Mit scharfen Hauern. Aber ich bin auch ein Rabe. Heute nacht verleiht mir das Pferd Flügel. Ich bin ein Rabe, der tief über dunkle Felder fliegt. Und schreit. Nach seinem Weibchen schreit. BÖRTE! Ich rufe ihren Namen. Wieder und immer wieder. Aber überall sind Schatten. Wir werfen sie über den Haufen. Ich fliege, ich reite, ich rufe. Um mich ein Chor von tausend wilden Stimmen. Doch ihre ist nicht dabei. Alles vermischt sich. BÖRTE!

Jetzt bin ich der Mond. Ich bin der Mond und kämpfe gegen dunkle Wolken. Ich flehe den Wind an. Jag sie beiseite! Denn ich will helfen! Ich höre ihre Rufe. Und weiß, daß sie lebt. Ich weiß, wo sie ist. Aber ich bin der Mond. Ich kann nicht hinunter zur Erde steigen und sie aus dem schwarzen Wagen heben. Ich kann nur leuchten und scheinen. Doch die Finsternis ist gewaltig. Die Wolken behindern mich. Alle Winde des Himmels ... blast sie beiseite! Tängri! Benutze dein Messer und mach eine Ritze ... gewähre mir nur einen kleinen Augenblick, um eine Brücke aufleuchten zu lassen.

Ich bin Börte. Jetzt höre ich ihn. Ich erhebe mich in dem schwarzen Wagen. Qoaqchin hört ihn ebenfalls. Denn noch sind wir zusammen. Und nicht einen Augenblick ist sie von mir gewichen. Jetzt erheben wir uns beide. Wir hören sein Rufen. Und wir sind unfähig zu denken. Wir wissen nicht, was wir tun sollen. Wir stürzen aus dem Wagen. Hinaus in die Finsternis. Hinaus in das blutige Meer aus Pferden, Männern und Hiebe austeilenden Waffen. Hier bin ich! Ich renne in die Richtung der Stimme. Stolpere. Rapple mich auf. Renne weiter. Hier bin ich! Ist es zu spät? Ist er bereits vorbeigeritten? Ich finde ihn nicht. Renne. Sehe nichts. Kann nur antworten. Hier bin ich.

Und plötzlich reißt die dunkle Wolkendecke auf.

Ich bin Temudschin. Eine Hand greift nach mir. Jemand hält das Zaumzeug meines Pferdes fest. Ich will zuschlagen. Aber der Mond läßt mich innehalten ...

Ich bin beide. Ich bin sie, die das Zaumzeug hält. Ich bin er, der sich hinunterbeugt. Ich bin beide. Und in dem klaren Mondlicht … erkennen wir einander.

Der wilde Ritt ist vorüber.

Temudschin schickt einen Boten zu Toghril und erklärt: »Ich habe gefunden, was ich suchte. Wir wollen ein Lager aufschlagen und für diese Nacht nicht weiterziehen.«

Die Wolken können sich wieder vor mein Gesicht schieben.

Es macht nichts.

Jetzt habe ich andere Flecken, auf die ich scheinen kann.

Ich bin der Mond.

Ich fand sie.

Was sonst noch?

Von den Merkiten war nur noch ein Häuflein übrig. Ihre Aufenthaltsorte wurden verwüstet. Ihr Vieh wurde ihnen genommen. Ihre Frauen – die, die noch jemanden erfreuen konnten – wurden neuen Männern gegeben. Wer sich zum Sklaven eignete, wurde Sklave. Von ihren Anführern entkamen nur zwei: Toqto'a-bäki und Dajir Usun. Die anderen wurden getötet. Alle bis auf einen. Khaghatai Darmla wurde lebend gefangen, auf seine Schultern wurde ein Kang gelegt, und er mußte den langen Weg zurückgehen … Über sein weiteres Schicksal weiß ich nichts. Auch was mit Tschilger geschah, weiß ich nicht – diesem Mann, der für kurze Zeit Börte besaß. Man erzählt, er habe Angst bekommen. Ein so großes Entsetzen, daß er in eine Maus verwandelt wurde, die sofort in ein Loch schlüpfte und in der Erde verschwand. Sicher ist, daß er sich nicht unter den Toten befand. Aber unter den Lebenden wurde er auch nicht mehr gesehen …

Was sonst noch?

Ich bin ein Narr.

Ich schwitze am ganzen Körper. Ich merke, daß mich die Stimme im Stich läßt. Ich gehe vor Diao Chan in die Hocke. Ich wispere.

Was fühlte Ölün, während all dies geschah? Sah sie sich selbst in der Gestalt Börtes? Kam es wieder hoch ... all das Alte? O ja. Sie muß an Tschiledü gedacht haben. Den Krieger mit dem schönen Haar. Den Mann, den sie zuerst heiratete. Und den ihr Yesügei so brutal entriß. O ja. Die Gedanken müssen so viele Wege gegangen sein. Denn spürte sie nicht, daß sich alles wiederholte? Sah sie nicht, daß dasselbe mit ihrer eigenen Schwiegertochter passierte? Und während sie für die Toten sang ... und die Lebenden zählte ... fühlte sie da keine Schuld? Dachte sie nicht daran, daß der Überfall ihretwegen erfolgte? Und daß es ihr gelungen war zu entkommen, während Börte ... und überlegte sie nicht, wie hart sie zu der jungen Frau gewesen war – die kurze Zeit, die sie sich gekannt hatten? O ja. Schuld. Ölün muß Schuld empfunden haben. Als sie die Scham und die Verbitterung in den Augen ihres Sohnes sah ... denn sie wußte, daß alles, was geschehen war, ihretwegen geschehen war.

Ich weiß, daß es falsch ist, so zu denken.

Du weißt, daß es falsch ist, so zu denken.

Vielleicht wußte Ölün das auch.

Aber wer vermag den Vögeln in unserem Kopf die Flügel abzuschneiden?

Ich bin ein Narr.

Während ich redete, hat mich Diao Chan auf den Rücken gelegt. Hat mich an Händen und Füßen gefesselt. Ich ließ es geschehen. Sie hat mich nackt ausgezogen und mich festgebunden. Auch das ließ ich geschehen. Jetzt setzt sie sich auf mich. Ohne ein Wort.

Es stellt sich heraus, daß Börte ein Kind erwartet.

Doch niemand kann mit Sicherheit sagen, wer der Vater ist. Temudschin? Oder Tschilger?

Man verliert nicht viele Worte darüber.

Aber seit Börte zurückgekehrt ist, geht es besser mit ihr und Ölün. Es fällt ihnen leichter, die vorgesehenen Plätze einzunehmen – und sich damit abzufinden. Beide sind sie eigenwillig und stark. Doch manchmal … herrscht zwischen ihnen fast ein friedensähnlicher Zustand.

Und als Börte gebären soll … als ihre Zeit gekommen ist … sitzt Ölün bei ihr. Ölün steckt ihr das kleine Holzstück in den Mund, damit sie daraufbeißen kann … Ölün legt die Hände auf ihren Bauch und hilft ihr zu pressen. Und Ölün holt das Kind heraus.

Es ist ein Junge.

Und Temudschin nennt ihn Dschötschi.

Das bedeutet: der Gast.

Ich bin ein Narr.

Sie hat mich gekreuzigt. Und nimmt mich mit einer Leidenschaft, die eher von Haß als von Liebe geprägt ist. Für wen muß ich büßen? Für wen bin ich der Stellvertreter? Ich bin der eine. Ich bin der andere. Ich bin alle. Auch die Soldaten auf der Festung bin ich … Denn obwohl wir nie darüber reden, weiß ich genau, welche Art von Arbeit sie dort oben verrichtet. Ich bin alle.

Wie fühlt sich Ölün? Sie fühlt sich machtlos. Denkt sie zurück … an damals, als sie ihrem Erstgeborenen das Leben schenkte? An damals, als sich Temudschin aus ihrem Bauch zwängte … mit einem Klumpen geronnenen Blutes in der Hand? Ach ja. Denkt sie an Yesügei, der sie in die Arme nahm? Denkt sie daran, daß auch damals … niemand wissen konnte … ob nicht ein anderer … ob nicht Tschiledü der Vater des Knaben war? Ach ja. Alles läuft ineinander. Alles dreht und wendet sich.

Doch welcher Mann kann jemals mit Sicherheit sagen, daß er der Vater seiner Kinder ist?

Es gereicht Yesügei zur Ehre, daß er Temudschin als seinen Sohn betrachtete.

Es gereicht auch Temudschin zur Ehre, daß er auf dieselbe Weise Dschötschi als seinen Erstgeborenen annahm. Und daß er, so lange er lebte, Börte über alle anderen Frauen stellte.

Denn wisse: Als Dschingis Khan bekam er viele Kinder – Söhne und Töchter –, aber in allen Gesängen und Geschichten sind sie ohne Gestalt und ohne Farbe … sie sind wie graue Schatten … nur die vier Söhne, die ihm Börte gebar, betrachtete er als seine wahren Nachkommen. Nur diese vier besitzen Namen. Und Dschötschi ist der älteste.

So sind sie miteinander verflochten, diese drei Lebenshalme: Ölün – Temudschin – Börte.

Gemeinsam bildeten sie einen Knoten.

Stark genug, um die ganze Welt zu umschlingen.

Diao Chan … gehört das nicht auch dazu?

Und Tschiledü … der du durch deinen mongolischen Himmel reitest … ist sie nicht süß, deine Rache (denkst du) … wenn es sich wirklich so verhält … daß du der Vater von Dschingis Khan bist … und daß dein Bruder der Vater seines ältesten Sohnes ist? Aber ändert sich dadurch irgend etwas? frage ich. O ja, antworten die Geister der Verstorbenen im Chor. Bedeutet das etwas? frage ich. Sehr viel! schreien die verblichenen Reiter. Alles! heulen sie. Und Tschiledü schüttelt drohend die wurmzerfressenen Knochenfäuste. Wer bist du, daß du es für sinnlos erachtest, über Geschlecht und die Bande des Blutes zu sprechen?

Wer bin ich?
Ich bin Diao Chans verrückter Onkel.

Und es ist keine Schande, ein Narr zu sein.
Sogar unser Herr Jesus trug einmal eine Narrenkrone.

Diao Chan … ich hatte eine Mutter, die auf dieselbe Weise lebte wie du.

# X

*Der Mönch hält inne. Er blickt auf. Und schlägt das Zeichen des Kreuzes. »Ich merke deutlich, daß er wichtiger für dich ist, als ich ahne«, sagt er. »Ich sehe nur die Hand des Teufels. Ich sehe nur Klauen und Hufe in allem, was er schreibt.«*

*Der, der zuhört, lacht. »Und nun befürchtest du, angesteckt zu werden?« Seine Augen sind schräge Schlitze. »Geh und ruh dich aus, Alter. Bete! Damit du dir deine Reinheit erhältst! Morgen können wir weiterlesen.«*

*Der Mönch erhebt sich, will die große Rolle mitnehmen.*

*Auch der, der zuhört, ist aufgestanden. »Das Aufgeschriebene bleibt hier«, sagt er bestimmt.*

*Mit der Seidenrolle unter dem Arm steht er allein vor einem offenen Fenster. Blickt westwärts. Über Mauern und braune Hausdächer. Sieht die Gobi. Die große Wüste. Hebt das Gesicht zu den Sternen.*

*Er ist der Vertraute von Güyük. Wenn der neue Khagan den Thron besteigt, wird er vielleicht einer der höchsten Beamten des Reiches.*

## XI

Die Herbststürme haben uns erreicht. Der Wind kommt in kräftigen Stößen. Reitet wie eine wilde Hexe durch die engen Gassen. Weht kalt in offene Fenster. Bläst unfreundlich in alle Ritzen.

Yang nimmt ab, Yin wächst.

Ich habe dir von der langen Mauer erzählt … diesem großen Bauwerk, das schier unbegreiflich ist und über das ich mich trotzdem immer wieder wundern muß. Sooft ich den Mut aufbringe, gehe ich zum Osttor – dem Tor, das Guanghua heißt. Ich sehe, wie sich die Mauer fortschlängelt von der Stadt. Ein breiter Wall aus festgestampfter Erde, mit Zinnen und kleinen Bastionen aus Ziegelsteinen. Ich blicke den riesigen Turm hinauf, der sich über dem Stadttor erhebt. Er besteht aus Holz und Ziegelsteinen, mit bemalten Pfosten und geschnitzten Balken. Das Dach hat nach oben gezogene Ecken.

Ich sehe. Und denke an die Menschen, die all das gebaut haben. Sie müssen von einem Wahnsinn getrieben worden sein, den wir uns nicht vorzustellen vermögen.

Aber ich sehe auch, wie sich die Mauer in die Landschaft einfügt. Sanft.

Es heißt, ein hilfsbereiter Drache habe den Weg gebahnt. Die Mauer wurde in der Spur, die der Drache hinterließ, gebaut … über Berg und Tal.

Jiayuguan.

Ich stehe dort, wo die Mauer endet.

Doch nicht nur die Mauer ruft die Vorstellung von einem Drachen hervor. Diao Chan hat mir erzählt, daß in Cathay die Landschaft überall einem versteinerten Drachennest ähnelt … Berge und Flüsse … alles erinnert an sich windende Drachen. So sehen sie es am liebsten, alle die, die hier geboren sind. Denn in ihren Augen ist der Drache ein Symbol des Frühlings und der Lebenskraft.

Ich blicke hinüber zu den gewaltigen Qilian-Bergen. Blinzle mit den Augen aus schmalen Schlitzen. Suche nach Schuppen und Rückenflossen … Dabei weiß ich: Die Gipfel sind das ganze Jahr schneebedeckt. Und bald wird auch hier unten in Jiayuguan der erste Schnee fallen.

Der Drache. Die Mauer.

Mir fällt die Geschichte von Meng Jiang ein. Ihr Mann war beim Bau der langen Mauer dabei. Er war zwangsrekrutiert – zusammen mit Tausenden anderer Männer. Als der Winter kam, machte sich Meng Jiang ernste Sorgen, ihr Mann könnte frieren. Hätte nicht genug anzuziehen … Deshalb ging sie zu Fuß … unzählige Tage und Nächte … den weiten Weg bis zur Baustelle … kämpfte sich über verschneite Berge … trotzte Hunger, Durst und wilden Tieren – um ihm warme Kleidung zu bringen. Aber sie kam zu spät. Ihr Mann war bereits tot und begraben. Eingeschlossen in der riesigen Steinmauer, an deren Bau er beteiligt war. (Auch wenn wir hier in Jiayuguan nur einen Erdwall haben, so ist der größte Teil eine richtige Mauer … Stein auf Stein und höher als Bäume.) Da weinte

Meng Jiang, heißt es in der Geschichte. Sie weinte, bis der Himmel dunkel wurde. Sie weinte, bis die Mauer barst … Steine fielen heraus. Genau an der Stelle, wo ihr Mann begraben lag. Und Meng Jiang raffte seine Überreste zusammen – und stürzte sich damit ins Meer.

So wird es erzählt.

Und die Leute werden sich immer an sie erinnern. Sie werden immer an Meng Jiang denken – die die lange Mauer überwand, denn ihre Trauer war stärker als der steinerne Drache …

Ich denke auch an einen anderen Drachen.

Sind wir ihm näher gekommen?

Ja.

Sowohl ich, der dies schreibt, wie du, der du liest. Wir sind ihm näher gekommen.

Mit den ersten tastenden Schritten … an Klauen und spitzen Zähnen vorbei. Er ist nicht mehr der große Kadaver … nicht nur Gestank und Entsetzen.

Sind wir zu weit gegangen?

Nein.

Obwohl es kaum möglich ist, weiter zu kommen.

Auch Dschingis Khan ist eine Mauer. Ein versteinerter Drache.

Wir können an dieser Mauer entlanggehen. Wir können gegen die kalten Steine treten. Wir können die Finger in die Ritzen stecken. Doch wer möchte um Temudschin weinen? Um ihn, der tief drinnen begraben ist … Wer hat so viele Tränen, damit die Mauer wirklich birst?

Das ist allerdings nicht unsere Aufgabe.

Das ist nie unsere Absicht gewesen.

Es genügt uns zu zeigen, daß der Drache nicht nur ein

Felsblock ist … sondern einen Menschen in sich birgt … einen Menschen aus Fleisch und Blut … einen wie wir.

Auch die Zeit steht nicht auf meiner Seite.

Wieder blicke ich hinüber zu den Bergen. Hirsche mit weißen Mäulern sollen dort oben leben … Hirsche mit Geweihen, die größer sind als eine Umarmung. Zermahlt man das Horn und trinkt das mit heißem Wasser gemischte Pulver, soll das ein Heilmittel gegen fast alle Leiden sein. Aber kann es mich auch unverwundbar machen? Unsterblichkeit wird es mir vermutlich nicht verleihen können.

Wisse: Ich bin so lange hier gewesen, daß es den Körper schüttelt. Jeden Morgen muß ich mir Augenklappen umbinden und die Ohren gut verschließen. Wie wäre ich sonst fähig stillzusitzen?

Muß ich daran erinnern, daß ich auf der Flucht bin?

Auch ich habe mich eingemauert. Ich bin hinter die geheimnisvolle Tür gekrochen, hinter den purpurroten Pilz, die Jadepforte … Ich habe Unterschlupf gesucht zwischen den Beinen einer Frau.

Und wenn sie mich finden?

Ich glaube, niemand würde eine Träne vergießen. Sie würden mich nur hervorzerren. Würden mich Dinge fragen, die ich nicht beantworten kann. Und mir eine Lanze in den Bauch stechen.

Seit ich hier in Jiayuguan bin, habe ich Fett angesetzt und bin wabbelig geworden. Das macht nichts. Im Gegenteil, meint Diao Chan. Hier im Osten gilt ein weicher Bauch als Zeichen für geistige Ruhe und Harmonie.

Wir werden sehen.

Aber es ist ein gutes Zeichen.

Was hältst du von Zeichen und Voraussagen?

Ich meinerseits streiche das Böse, halte aber fest am Guten.

Du erinnerst dich, daß das Symbol für das Abendland ein weißer Tiger ist? Dann wisse, daß das feuchte Dunkel einer Frau noch einen Namen hat. Eine Umschreibung, die ich nicht kannte, bis ich sie in einem Gedicht hörte … vor einigen Tagen … und die mir das Herz im Leibe lachen ließ. Mein Freund … das Geschlecht der Frau kann man die Höhle des weißen Tigers nennen! Ist das nicht ein starkes Zeichen? Eine Voraussage, daß ich nicht besser und anders hätte handeln können?

Aber wenn sie mich trotzdem finden?

Heute nacht träumte mir, daß sie uns umringten und Posaunen bliesen … wie Josua und die Israeliten vor Jerichos Mauern. Und im Traum war ich ein richtiger Tiger. Und Diao Chan war groß wie ein Berg mit einer riesigen Tropfsteinhöhle zwischen den Schenkeln. Aber die Mongolen spielten. Bliesen die Hörner und ritten um uns herum. Bis die Höhle einstürzte und ich auf allen vieren herauskroch …

Ich glaube, ich liebe sie.

»Warum sind sie hinter dir her?«

Sie hat lange mit dieser Frage gewartet. Und jetzt weiß ich nicht recht, was ich antworten soll. Ich könnte ihr mehr von Yelü Chucai erzählen. Meinem Herrn und Freund in Karakorum. Ich könnte sagen, um seinetwillen. Denn sie glauben, ich würde seine Geheimnisse bei mir tragen … Aber ich möchte nur ungern über die Zeit in der Hauptstadt der Mongolen reden. Auch das soll später kommen, auch das gehört in eine andere Rolle. Deshalb sage ich nur: »Weil sie glauben, ich wüßte mehr, als einem Menschen geziemt.«

»Mehr?« Ihre Augen blicken gespannt.

»Sie glauben, ich würde den Weg zu einem langen Leben kennen ... die Kunst, den Tod von sich wegzuhalten. Jetzt – und für immer.«

»Ist das wahr?« Ihr Gesicht ist eine Lampe.

Ich schüttle den Kopf. »Sie schmeicheln mir nur«, sage ich – und verziehe den Mund zu einem Lächeln.

Ich sehe, daß sie unsicher geworden ist.

Auch das schmeichelt mir.

Schon vor über 1 000 Jahren gab es Menschen, die nach dem Unsterblichkeitstrank suchten. Auf einer Insel weit draußen im Meer seien, so meinte man, drei übernatürliche Berge, und in diesen Bergen lebten Wesen, die weder altern noch sterben konnten. Es begann als Traum und wurde bald zum Alptraum. Einer der Kaiser von Cathay – oder vom Reich der Mitte, wie sie ihr Land gern nennen – schickte 3000 junge Frauen und Männer hinaus aufs Meer, und sie sollten erst zurückkehren dürfen, wenn sie einige Tropfen des wunderbaren Trankes hatten ... Der Wunsch nach ewigem Leben wurde zu einer Angst vor dem Sterben. Derselbe Kaiser fürchtete sich so sehr vor Anschlägen und Meuchelmördern, daß er seine 270 Paläste mit überdachten Wegen und unterirdischen Gängen verbinden ließ. So konnte er sich in aller Heimlichkeit bewegen, ohne daß seine Untertanen wußten, in welchem Palast er sich befand. Um sich noch sicherer zu fühlen, verkleidete er sich manchmal als Diener. Wer ihn trotzdem erkannte, wurde sofort hingerichtet. Bevor er starb, wurden 700 000 Mann kastriert und gezwungen, sein Mausoleum zu errichten.

Er unternahm alles Erdenkliche, damit man sich seiner erinnerte.

Heute haben ihn trotzdem die meisten vergessen.

Ich kenne seinen Namen, finde aber nicht, daß er es verdient, hier erwähnt zu werden.

Es ist nicht zu glauben. Ausgerechnet ich … mit meinem schlaffen Bauch, dem schmerzenden Rücken und den ständig in Unstimmigkeit befindlichen Körpersäften … ich, der ich so mondsüchtig werden kann, daß ich eine ganze Woche lache und die nächsten beiden heule … ich, dem sechs Zähne gezogen wurden, und vier haben das Emaille verloren, weshalb man mich unter der Zunge zur Ader ließ und mir in alle Löcher Salzkörner legte … ausgerechnet ich, mit diesem Körper, der bald zerfällt, sollte das Geheimnis ewiger Jugend kennen?

Darüber kann man nur lachen.

Aber bin ich etwa besser als all diejenigen, die nicht aufhören zu suchen? Hänge nicht auch ich am Leben? Um jeden Preis. Wenn die Erde ein Jammertal ist, wäre es da nicht besser abzutreten? Trotzdem gehe ich über Leichen. Sind wir nicht alle bis zum Rand voller Widersprüche?

Es hilft, ein Narr zu sein.

Gestern hat es den ganzen Tag geregnet.

Und ich dachte an Noah und an die Tiere in der Arche.

Ich dachte auch an die Truppe von Gauklern, die hoffentlich bald in unserer Stadt gastieren werden. Falls nicht Regen und Schnee sie aufhalten. Zweimal im Jahr besuchen sie Jiayuguan. Zur Kurzweil der Soldaten auf der Festung. Zum Vergnügen aller. Ich sehne mich danach, Masken und verrückte Aufzüge zu sehen. Mir fehlen die Schwertschlucker, Tänzer und Akrobaten! Glaub mir … ein Gaukler braucht die Gemeinschaft mit anderen Gauklern. Ich atme. Aber ich lebe nicht. Der Himmel weiß, wie oft ich an Mika denke und all die alten Freunde. Ich schwinge das kleine Holzschwert. Ich schneide Grimassen nur für mich. Was ist ein Narr, der nicht auftreten darf? Er ist eine Trommel, deren Fell verfault.

Was weißt du über Gaukler?

Wir halten zusammen. Wir sind Brüder und Schwestern. Wir haben unsere geheimen Zeichen und Händedrücke. Unsere Geschichte ist nie aufgeschrieben worden. Sie geht von Mund zu Mund. Ist aber älter als Salomos Tempel. Deshalb werfen wir den Kopf in den Nacken. Wenn wir verspottet werden. Wenn man auf uns herumtrampelt. Wenn wir aus der Stadt gejagt werden wie Lumpenpack oder Aussätzige. Wir werfen den Kopf in den Nacken. Denn es gibt nichts, dessen wir uns schämen müßten. Wir stammen von einer edlen alten Familie. Die Wurzeln unseres Stammbaums reichen bis in die Zeit der Pharaonen. Die ersten bekannten Narren lebten vor 4000 Jahren ... Sie wurden »Dangas« genannt. Jede adlige Familie, die etwas auf sich hielt, hatte einen eigenen Danga. Sie waren mit Tierfellen bekleidet. Sie tanzten und schnitten Grimassen. Sie gehörten einem Pygmäenstamm an.

Wir haben viele Zwerge in unserer Familie.

Denn nicht nur für die alten Ägypter waren kleine Menschen eine Belustigung. Oder dicke Menschen. Oder Menschen mit Klumpfuß, Buckel, Frauen mit Bart, Männer mit Brüsten.

Sie gehören alle zu unserer Familie.

Und wir haben uns ihrer nie geschämt.

Auch bei den alten Griechen haben wir Vorfahren. In dem Theater, das heute vergessen ist. In den Umzügen und Festen, an die nur wir Gaukler uns noch erinnern ... Damals trugen wir Masken, mit großen, klaffenden Mündern. Oder wir hatten Tierköpfe aufgesetzt. Oft waren wir Hähne. Wir krähten und schrien. Und stets hatten wir einen hin und her schwankenden, im Schritt befestigten Phallus umgebunden.

Du siehst … ich tue mein Bestes, um die Traditionen aufrechtzuerhalten.

Ich hätte dir auch von den Narren erzählen können, die »Parasiten« genannt werden. Und ich hätte dir die ältesten römischen Spiele schildern können – *fabula Atellana* –, in denen eine der beliebtesten Figuren »Pappus« genannt wurde … ein seniler alter Mann mit Gedanken, die in alle Richtungen laufen – ohne Ordnung und Reihenfolge. Ein armer Kerl, der von seinen jüngeren Gefährten immer wieder hereingelegt wird. Oft war Pappus wollüstig und geil, denn neben der Untreue gab es nichts, was den Römern mehr Vergnügen bereitete als Leidenschaft bei alten Männern …

Ihr anderen habt das alles natürlich vergessen. Denn die Kirche hat euch jedes Erinnern verboten. Doch wir, die wir nichts gelten … wir vergessen nicht. Denn wir haben unsere eigene Geschichte. Und die darf uns niemand nehmen.

Jedes Jahr versammeln wir uns und feiern unseren eigenen Heiligen: den ägyptischen Gaukler Philemon – unter Kaiser Diokletian gefoltert, getötet und begraben.

In Kiew hatten wir einen Mönch, der (gegen gute Bezahlung) für uns eine Messe abhielt – nachts in aller Heimlichkeit. Und wir waren zur Stelle … kamen aus ganz Rußland, sogar die Ungarn und die Bulgaren schlossen sich uns an … alle waren sie geschminkt und verkleidet … einige trugen Tierköpfe, andere hatten ihren Körper überall mit klingenden Schellen behängt … siehst du uns, mein Freund? Siehst du diese seltsame Gemeinde aus Hinkenden und Krummen, aus Stummen und Lispelnden, aus Menschen ohne Nasen oder mit Ohren, groß wie Kohlblätter … siehst du uns? In den Ruinen eines alten Klosters … alle Unverstandenen und Ausgestoßenen der Erde … um Mitternacht und mit brennenden Kerzen in den Händen … hörst du das Lied, das wir singen … als wir unseren Philemon von Antinoe preisen, der zu Lebzeiten eine ganze Stadt zum Lachen brachte und sie noch mehr zu Tränen rührte – an dem Tag, an dem er starb?

Nein.

Ich glaube nicht, daß du uns siehst.

Ich weiß nicht, ob du uns verstehst.

Und ich habe dir schon mehr erzählt, als du eigentlich wissen darfst.

Wovon träumt der Prophet Jesaia?

*Da wird der Wolf zu Gast sein bei dem Lamme und der Panther bei dem Böcklein lagern; der Löwe wird Stroh fressen wie das Rind. Nichts Böses und nichts Verderbliches wird man tun auf meinem ganzen heiligen Berge.*

Das ist zum Lachen.

Auch das ist zum Lachen.

Achte darauf, wie ich balanciere ... zuerst auf dem einen Bein, dann auf dem andern.

Trotzdem weiß ich ... wenn Yelü Chucai aus dem Grab stiege ... wenn uns noch einmal vergönnt wäre, gemeinsam unter den Sternen zu wandern, im grauen Licht der Morgenfrühe eine steinerne Schildkröte zu streicheln, dann würde er mir zuzwinkern und sagen: »Wolfgang, du Vogelscheuche eines weißgeschminkten, eitlen Narren, ich sehe, du hast jetzt mehr Geschick, dich zu verbergen. Du zwingst dich zum Stillsitzen. Und niemand hört, wie schnell dein Herz klopft. Doch was nützt es, einen Stein auf den Deckel zu legen? Der Kessel kocht weiter ... Du bist genauso ängstlich wie vorher. Und rastloser, als ich dich je erlebt habe. Das Feuer ist es, das mußt du löschen. Wolfgang ... das Feuer.« Und vielleicht hätte er mir auch ein Gleichnis wie dieses erzählt: »Ein betrunkener Mann fällt von einem Karren, verletzt sich vielleicht, stirbt aber nicht. Er hat dieselben Knochen wie andere Menschen, aber er nimmt das Unglück auf andere Weise. Seine Stimmung ist ein Zustand der Gewißheit. Er ist sich nicht bewußt, daß er auf einem Karren sitzt, und er merkt nicht, daß er herunterfällt. Gedanken wie Leben, Tod und Angst dringen nicht bis in seine Brust, und deshalb verspürt er keinen Schmerz bei der Berührung mit objektiv vorhandenen Gegenständen. Wenn eine solche Gewißheit durch den Genuß von Wein erreichbar ist, wieviel mehr könnte da nicht erreicht werden durch –« Das letzte Wort höre ich nicht. Ich beuge mich vor. Ich bitte ihn, es zu wiederholen. Und er antwortet. Ich verstehe immer noch nicht. Ich stampfe mit dem Fuß. Ich schreie vor Wut. Und während ich schreie, wiederholt er den Satz noch einmal. Leise und sanft – doch er geht in meinem Schreien unter …

Ich denke an Kiew, das die Mongolen einmal den Ort-mit-den-goldenen-Köpfen nannten, weil diese uralte byzantinische Festungsstadt einen solchen Überfluß an glänzenden, goldschimmernden Kuppeln besaß. Wenige Orte wurden so gründlich verwüstet wie mein geliebtes Kiew. Sogar Kinder wurden vergewaltigt. Und Greise zu Tode gefoltert. Als die Horde endlich abzog, hielt die Pest Einzug. Heute ist die Stadt ein Aufenthaltsort für Dämonen und irre Hunde, und kein Mongole will mehr einen Fuß dort hineinsetzen. Sie reiten alle außen herum. Denn Kiew gehört zu den Orten, die gründlich und für ewige Zeiten vernichtet wurden … es ist ein »Mou-baligh« – eine Stadt des Elends.

All das habe ich von anderen.

Denn mir gelang es, vor der letzten, großen Belagerung zu fliehen.

Und jetzt frage ich: War das schlecht von mir? Ist mein Tun tadelnswert? Hätte ich Schulter an Schulter mit den Freunden und Bekannten stehen sollen, die ich nicht zu überreden vermochte, weil sie eine Stadt, einen Ort, ein

Haus, ein Zimmer, eine Tasse, einen Löffel mehr schätzten als ihr verdammtes Leben? Welche Freude hätte der Himmel daran, wenn er auch meine Leiche in den Ruinen verfaulen sähe?

Ich gehöre zu den Kleinen. Die nichts gelten. Aber warum soll ich dem Stiefel nicht ausweichen, der mich zertreten will?

Es hilft nicht immer, nur zu lachen.

Mein Freund im fernen Westen … in dessen Obhut sich so viele schlängelnde, flatternde, stampfende, huschende, schwimmende Geschöpfe befinden … warum muß das so sein in dieser Welt? Warum ist der eine mehr wert als der andere? Selbst Aristoteles meinte, es gebe Menschen, die von Natur aus Sklaven seien und für die deshalb die Sklaverei das einzig Richtige sei. Und derselbe Grieche verkündete lautstark, jedes Tier sei ausschließlich um des Menschen willen geschaffen.

Beginnen wir deshalb am besten ganz unten.

Reden wir von Tieren.

Doch an welchen Gott sollen wir uns halten?

Es kommt auch vor, daß die Mongolen Kriegsgefangene machen und sie am Leben lassen – für eine Weile. Sie treiben die Armen vor sich her. Machen Jagd auf sie. Zwingen sie, ständig zu gehen oder zu laufen. Wie Vieh, dem man weder zum Fressen noch zum Trinken Ruhe gönnt. Denn man legt auf ihr Leben keinen Wert. Die Horde braucht sie nur bis zur nächsten Stadt. Will sie vorführen. Möglicherweise entdeckt jemand Bekannte oder liebe Angehörige unter den Unglücklichen. Vielleicht werden einige Dutzend vor dem Stadttor geköpft und ihre Köpfe über die Mauern geworfen … Zur Abschreckung und als Warnung. So ergeht es den Stadtbewohnern jener Städte, die sich nicht sofort ergeben, wird dabei gerufen … Und wenn sich die nächste Stadt trotzdem zum Kampf entschließt, muß sie zuerst ihre armen Nachbarn töten. Denn bei einem Angriff laufen stets die Gefangenen an der Spitze. Gezwungen, mit Leitern und Rammböcken vorauszuwanken.

Ich sagte: Warum sind manche mehr wert als andere?

Erzählt wird weiterhin, daß die Mongolen bei der Belagerung von Ningjiang – während des Feldzuges gegen Cathay – auf eine so heftige Verteidigung stießen, daß die Stadt lange jeder Form des Angriffs zu widerstehen schien. Der Heerführer – manche sagen, es sei Khasar gewesen, andere meinen, Dschingis Khan selbst – sandte schließlich einen Kurier mit folgender Botschaft an den Kommandierenden der Stadt: »Wenn du mir 10 000 Schwalben und 1000 Katzen als Geschenk schickst, werde ich sofort die Belagerung beenden.« Und in Ninjiang gelang es tatsächlich, dieses Geschenk zusammenzubringen. Kaum aber waren die Schwalben und Katzen im Lager der Mongolen, band man den Tieren brennende Wolle an die Schwänze. Dann wurden sie freigelassen. Die Schwalben kehrten zurück in ihre Nester, und jede Katze suchte ihr Frauchen. So kam es, daß bald die ganze Stadt in Flammen stand. Und für die Mongolen war der Weg frei …

Ich sagte: Reden wir von Tieren.

Welcher Gott?

Denn ebenso wie die irdischen Könige und Kaiser die Welt unter sich aufgeteilt haben … ebenso gibt es himmlische Grenzen. Und wie jeder der erstgenannten beansprucht, mächtiger und bedeutender als sein Nachbar zu sein, ist es das gleiche dort oben über den Wolken, unter der Erde, jenseits des Todes.

Wir können unter vielen wählen.

Nehmen wir einfach den, der uns am nächsten steht: Jahwe – der Herr der Juden und Vater der Christen. (Den die Muslime Allah nennen.)

Weichst du vor mir zurück, mein Freund? Wendest du deine Augen ab? Schüttelst du den Kopf?

Dann denk daran, ich bin ein Narr.

Es schadet deinem Glauben wohl nicht, wenn du für einen Augenblick einem verwirrten Gaukler zuhörst. Bin ich nicht jemand, über den man nur lachen kann? Und seit wann ist es Sünde, einander Träume zu erzählen?

Noch einmal habe ich ein Fell und Klauen. Laufe auf allen vieren. Ich bin im Garten des Paradieses. Sehr schön, sich dort aufzuhalten, mein Freund. Und im Traum weiß ich, daß es vor dem Sündenfall ist, denn ich sehe Adam und Eva nackt wie Tiere, und keiner tötet den andern, alle – sogar die beiden Menschen – begnügen sich mit Obst und Beeren. Der, dem der Garten gehört, hat den Menschen das Recht gegeben, darüber zu bestimmen, und noch regieren sie zum Besten aller. Und wir laufen schnurrend, brummend und muhend über grüne Fluren. Ich weiß nicht, wie lange ich so träume. Da hebe ich plötzlich die Schnauze in den Wind, wir bleiben stehen – alle Tiere lauschen, denn es ist etwas Neues und Unbekanntes in der Luft. Es ist die Angst. Noch haben wir keinen Namen dafür. Aber die Angst ist in die Welt gekommen. Der Friede ist vorbei. Und das ist die Schuld der Menschen. Auch wenn ich sie nicht sehen kann, weiß ich, daß sie die verbotene Frucht gepflückt – und davon gegessen haben. Jetzt verstecken sie sich. Sie haben Angst. Und wir hören Gott, der nach ihnen sucht. Seine Stimme ist scharf und zornig. Selbst spüre ich keine Furcht. Ich bin ein Tier. Ich habe nichts Böses getan. Die Angst der Menschen ist es, die ich rieche. Ihr Entsetzen brennt in den Nasenflügeln. Und macht mich unruhig. Denn ich weiß nicht, wie ich ihnen begegnen soll … Gott findet Adam und Eva. Er ist sehr wütend. Ich höre ihn rufen: »Alles war vergebens. Alles habt ihr zerstört.« Seine Stimme dröhnt durch den Garten. Wir anderen sind wie betäubt und verwirrt. Horchen. Schauen uns an. Er ruft, daß er die beiden Menschen bestrafen wird. Sie haben sein Gebot gebrochen, und jetzt wird er sie bestrafen. Wir wissen nicht, was Strafe ist, vermuten aber, daß es das Ende des bisher Gewesenen bedeutet und daß nichts mehr so sein wird wie vorher. Langsam nähern wir uns. Wir lieben die beiden Menschen, sie sind unsere Freunde, sie haben uns nie etwas Böses getan – denn die Schlechtigkeit hat sich noch keinen Platz auf der Welt erobert. Wir wollen uns dicht an sie schmiegen, wollen ihre Hände lecken. Wir wollen ihnen Zärtlichkeit schenken. Denn Gott sagt, daß er sie bestrafen will. Und seine Stimme verrät uns, daß Strafe etwas Fürchterliches ist. Jetzt haben wir uns versammelt. Alle, die hier leben. Wir warten. Wir sehen, wie die Menschen zittern. Wir möchten sie so gern wärmen. Aber wir erreichen sie nicht. Sie nehmen uns nicht mehr wahr. Und wir hören Gott sagen: »Das wird die Strafe sein.« Und er deutet mit seinem längsten Finger. Aber er deutet nicht auf Adam und Eva. Er deutet auf *uns*! Er deutet auf zwei Tiere. Und die zwei, auf die er deutet, fallen auf der Stelle um – tot. Und Gott beugt sich darüber, reißt ihre Brust auf, Blut quillt heraus, er zieht ihnen die Haut ab. Und macht daraus zwei Schurze. Gibt sie Adam und Eva. Als Kleidung.

Im Traum stehe ich nur da und starre. Verständnislos. Finde keinen Zusammenhang. Die beiden Menschen machten etwas, das Gott mißfiel. Deshalb tötete er zwei Tiere? Ich wollte fragen. Ich wollte eine Erklärung. Aber ich bin unfähig, etwas zu sagen. Der Mund öffnet sich. Doch ich habe keine Stimme mehr. Von jetzt an sind wir stumm. An diesem Tag verlieren alle Tiere die Sprache …

So wurde der Tod geboren.

Der Herr selbst hatte dabei seine Hände im Spiel.

Der erste, der tötete, war Jahwe persönlich …

Der Traum ist nicht zu Ende. Er geht weiter. Aber der Garten verschwindet. Eine Schar lärmender Engel vertreibt uns. Nicht nur die zwei, die den Willen Gottes mißachteten. Alle. Wer sagt, daß es Gerechtigkeit gibt?

Der Traum geht weiter. Und die Morde gehen weiter. Jetzt sind es die Menschen, die töten. Wie Gott es sie gelehrt hat. Jedesmal, wenn die Menschen etwas falsch machen, jedesmal, wenn sie seinen Zorn fürchten ... töten sie ein Tier. Ich bin dabei. Ich sehe, wie seine Söhne Altäre aus Stein bauen. Ich sehe Kälber und Lämmer, die verbrannt werden. Denn der Herr liebt den Gestank toter Tiere ... Und ich sehe, daß etwas Neues dazugekommen ist: Jetzt macht es auch den Menschen Freude, uns zu schlachten. Sie schnuppern über Därmen und Eingeweiden. Sie wollen Gott ebenbürtig werden. Sind sie nicht nach seinem Vorbild geschaffen? Deshalb schmieren sie unsere toten Körper mit Öl und wohlschmeckenden Kräutern ein. Deshalb kochen und braten sie unsere Leichen. Deshalb schneiden sie uns in Stücke – und verspeisen uns. Ist das nicht ein merkwürdiger Traum, mein Freund?

Und da ist noch mehr: Mir träumt, daß ich um mein Leben schwimme, daß ich mit dem kalten Wasser kämpfe. Nirgends ist Land zu sehen. Und der Regen strömt vom Himmel. Wieder bin ich ein Tier. Und während das Fell schwerer und schwerer wird und ich gerade noch die Schnauze über Wasser halten kann, erkenne ich, daß das die Sintflut ist ... und daß unser Herrgott beabsichtigt, uns alle ertrinken zu lassen. Denn ich bin nicht allein im Wasser. Wir sind viele. Tiere und Menschen. Ohne Hoffnung. Und mit letzter Kraft schicke ich diesen Gedanken durch den Regen, hinauf zu den dunklen Wolken: »Wenn du all dies um der Schuld der Menschen willen tust ... warum müssen dann wir dafür büßen? Abgesehen von den Fischen, Herr – die du unerklärlicherweise mehr zu lieben scheinst als alles andere, was du geschaffen hast. Abgesehen von den Krabben, den Quallen und den Kraken … den kleinen Garnelen und den großen Walen, Herr … siehst du doch, daß wir ertrinken, auch wir … all die anderen deiner lebendigen Geschöpfe! Und ich frage: Warum strafst du *uns*?« Aber Gott gibt keine Antwort. Vor solchen wie uns verschließt er seine Ohren. Sogar wenn die Frage ein Loch durch sieben Himmel brennt und seinen heiligen Thronsessel entzündet. Gott hat niemals den Tieren sein Ohr geliehen.

Aber einige wurden doch gerettet? Bin ich nicht selbst den Spuren des Jakob von Nisib gefolgt, den man den Moses von Mesopotamien nannte? Zusammen mit seinen Schülern zog er zum Berg Ararat, und am Gipfel des Berges fiel er in einen tiefen Schlaf. Da erschien ihm ein Engel Gottes und sprach: »Jakob, Jakob.« Und er antwortete: »Hier bin ich, Herr!« Der Engel sprach: »Der Herr hat dein Flehen erhört. Das, was du unter deinem Kopf findest, ist Holz von Noahs Arche …« Die Überlieferung sagt, daß die Stadt, in die er nach dieser Offenbarung kam, Echmiadzin hieß. Und bin ich nicht selbst dort im Kloster gewesen? Habe ich nicht mit eigenen Händen diese heilige Reliquie berührt? Ein kleines Stück Holz, quadratisch, von dunkler Farbe – und auf der einen Seite behauen.

Die Arche Noah.

Was geschah damals … als das Wasser endlich sank und die Auserwählten auf dem Berg Ararat an Land gingen?

Noah dankte Gott.

Er dankte ihm mit einem riesigen Brandopfer … einem richtigen Massaker an Tieren und Vögeln.

Hatte er sich deshalb soviel Mühe gemacht, sie zu sammeln und an Bord zu treiben? Lediglich, um sie opfern zu können, nachdem alles vorüber war?

Die Tiere, die dieses Blutbad überlebten ... die Arten, die wir heute noch sehen ... sind das die, denen die Flucht gelang? Die dem Messer entrannen? Und hätten sie nicht ihre Flügel und Beine benutzt ... wären die Menschen dann allein auf der Erde gewesen, gezwungen, sich nur von Heringen und Flundern zu ernähren? Wie viele Arten sind wohl ausgestorben, damals auf dem Berg Ararat ... wie viele seltsame Geschöpfe verschwanden für alle Zeiten?

Und war Gott nicht erschüttert über diesen Wahnsinn?

Im Gegenteil. Ihm gefiel, was er sah. Der Geruch bereitete ihm Wohlbehagen. Er bestätigte die absolute Herrschaft des Menschen. So steht es zu lesen: »Und Gott segnete Noah und seine Söhne und sprach: Seid fruchtbar und mehret euch und füllet die Erde. Furcht und Schrecken sei über allen Tieren der Erde, über allen Vögeln unter dem Himmel, und alle Fische im Meer seien in eure Hände gegeben. Alles, was sich regt und lebt, das sei eure Speise, wie das grüne Kraut hab ich's euch alles gegeben.«

Furcht und Schrecken.

Und diesmal vergißt er auch die Fische nicht ...

Gott begeht nie denselben Fehler zweimal.

Was macht Noah nach alldem zuerst?

Er betrinkt sich.

Furcht und Schrecken.

So verhält es sich auf dieser Welt.

Ich weiß: Auch Tiere töten ihresgleichen.

Aber können wir etwas anderes erwarten?

Danke, daß du zugehört hast.

Denk daran, daß ich ein Narr bin.

Keiner braucht mich ernst zu nehmen.

Trotzdem sehe ich, wie Diao Chan immer trauriger wird.

Denn das sind die Gedanken, mit denen ich mich herumschlage … Tag und Nacht.

Als ich ein Kind war, sah ich den Berg als Berg und das Wasser als Wasser. Als Erwachsener wird für mich alles zu Bildern, zu Gleichnissen … und ich mache mir die merkwürdigsten Gedanken. Jetzt sehne ich mich danach, wieder einmal den Berg als Berg zu sehen … und das Wasser als Wasser. Doch während ich darauf warte … kann ich mir nicht helfen und sehe die Welt so, wie ich sie sehe.

Ich brauche dringend die Gesellschaft anderer Gaukler.

Ich gehe an der Großen Mauer in Jiayuguan entlang. Ziehe den Kopf ein vor dem Wind.

Yelü Chucai – er sei gepriesen – erzählte mir einmal von einem Gaukler, der vor Tausenden von Jahren lebte. Er hieß You Zhan und war Narr bei Kaiser Shihuangdi. Das war zu der Zeit, als die Mauer an der Nordgrenze von Cathay gebaut wurde. Und als sie endlich fertig war, seufzte das Volk erleichtert, denn die Arbeit hatte viele Menschenleben gekostet, und die Steuerlast war drückend gewesen. Groß war deshalb das Entsetzen, als gemunkelt wurde, der Kaiser habe plötzlich beschlossen, daß die Große Mauer auch angemalt werden müsse … Das war natürlich ein völlig verrückter Einfall (und als solcher eines Kaisers würdig), und wäre er verwirklicht worden, hätte das neues und unsägliches Leid mit sich gebracht. Doch niemand wagte dem Kaiser zu widersprechen oder seinen Plan zu kritisieren. Deshalb wandte sich das Volk an You Zhan. Man wußte, daß er der einzige im ganzen Reich war, der den kaiserlichen Zorn nicht fürchtete. Und der Narr machte sich derart lustig über den Gedanken, die Mauer anzumalen, daß sogar Shihuangdi lachen mußte … und lachend das riesige Projekt aufgab.

Stell dir vor, so leicht ist das gegangen.

Oder stell dir vor, wir könnten alles umkehren … könnten das Große klein und das Riesige winzig machen … oder das Schwache stark und das Starke schwach … das Reiche arm und das Arme reich … den Mann vor den Karren spannen, und der Ochse hält die Zügel … nur für einen Augenblick … nur für eine Stunde oder einen Tag … kleine Hunde sitzen am Tisch, während die Menschen bettelnd um ihre Füße streichen … Schmetterlinge werden groß wie Elefanten, und der Adler wird klein wie eine Mücke. Das wäre doch ein merkwürdiger Spiegel. Und es wäre doch viel natürlicher, zur Ameise zu gehen, um weise zu werden … wenn wir selbst klein wie Erbsen sind.

Klein?

Ziemlich erstaunt würden wir vor der Festung der Termiten stehen, mein Freund … wenn uns klar würde, daß wir Menschen – die wir in Wirklichkeit um so vieles größer sind – Burgen, höher als die Alpen, bauen müßten, wollten wir etwas Vergleichbares schaffen …

So kann man das auch sehen.

## XII

Heute bin ich ihr gefolgt. Ich wollte feststellen, ob sie die Wahrheit gesagt hat. Ob sie, wie sie behauptet hat, zur Festung ging – zu *yamen* – oder ob sie zu denen gehört, die in einer »Grünen Weide« arbeiten. Alle Karawanenstädte haben solche Häuser. In Jiayuguan gibt es zwei davon. Sie liegen in derselben Straße wie die Herbergen. Weiter im Landesinneren – wo Flüsse und Kanäle sind – gibt es die »Blumenschiffe«, die von einer Stelle zur nächsten fahren und ihre Dienste anbieten. In Cathay bestehen keine Vorurteile Frauen gegenüber, die auf diese Weise arbeiten. Man betrachtet sie im Gegenteil als nützlich und notwendig. Denn wer kann sich schon Konkubinen leisten? Und jeder weiß, daß junge Frauen ihr Yin leichter und großzügiger loslassen als ihre älteren Schwestern … Wer sich seine Gesundheit erhalten will, sollte regelmäßig Beischlaf haben, heißt es. Und am besten mit mehreren. Das Symbol für die Geschlechtsorgane der Frau ist die Pflaume. Und wird nicht Shoulao – der Gott für Wohlstand und langes Leben – fast immer mit einer Pflaume in der Hand abgebildet? Deshalb ist ein Dasein ohne Geschlechtsverkehr für die Menschen von Cathay sinnlos, und jeder, der ein asketisches Leben führt oder im Zölibat lebt, ist in ihren Augen vermutlich von einem bösen Geist besessen …

Warum schleiche ich dann hinter ihr her?

Weil ich ein schlechtes Gewissen habe.

Letzte Nacht schlug ich sie. Ich habe fest zugeschlagen. Mit der flachen Hand.

Macht es einen Unterschied, ob sie zur Festung oder zu einer »Grünen Weide« geht? Ist die Arbeit, die sie erwartet, nicht dieselbe?

Wenn sie zu einer »Grünen Weide« geht, hat sie mich angelogen.

Dann ist es wieder ausgeglichen zwischen uns.

Dann haben wir einander nichts vorzuwerfen.

Ich möchte am liebsten nicht allzuviel wissen von dem, was sie außerhalb dieser vier Wände treibt. Wir haben stets vermieden, darüber zu reden.

Trotzdem bin ich ihr gefolgt.

Sie meinte es gut.

Sie hat gesehen, wie ich von Tag zu Tag ein bißchen welker wurde … hat gesehen, wie sich meine Augen mehr und mehr röteten und wäßrig wurden … hat gehört, wie ich in verbitterte, endlose Monologe verfiel.

Sie wollte nur helfen.

Nur deshalb brachte sie letzte Nacht die andere mit … die kleine Rundliche. Sie dachte, gemeinsam könnten sie vielleicht … Ich schlief, als sie kamen. Aber sie weckten mich. Die eine küßte mich oben, die andere küßte mich weiter unten. Beide waren sie sanft und behutsam, wie zwei Kinder, die spielen wollen. Sie hatten sich geschmückt. Die Gesichter waren bemalt und gepudert. Sie trugen das Haar in hohen, künstlichen Türmen und hatten Kimonos an aus roter und weißer Seide, mit Vögeln bestickt. Ich habe Diao Chan noch nie so schön erlebt. Aber ich bin noch verschlafen und fühle mich verwirrt und unsicher. Die kleine Rundliche – ich weiß nicht, wie sie heißt – legt den Finger auf den Mund und geht ein paar

Schritte zurück. Dann holt sie ein nachgemachtes männliches Geschlechtsorgan hervor ... nur größer und eindrucksvoller, als ich es bieten kann ... es besteht aus Porzellan, geschmückt mit weißen Schriftzeichen. Sie klopft darauf. Zeigt, daß es hohl ist. In der Zwischenzeit hat Diao Chan eine Tasse mit warmem Wasser gebracht. Gemeinsam gießen sie das Wasser in das blaue Porzellanglied. Das sieht aus wie ein Schauspiel. Zwar bin ich noch durcheinander und nicht ganz wach, kann mich aber dem Gebotenen nicht entziehen. Die kleine Rundliche befestigt das Porzellanglied mit einem Gürtel unter ihrem Bauch, jetzt ist sie ein Mann so gut wie jeder andere ... und sie *spielt* einen Mann, ihre Bewegungen und Grimassen ändern sich. Auch Diao Chan verändert sich. Auch ihre Bewegungen sind künstlich und übertrieben ... eine Parodie auf weibliches Verhalten. Ich muß lachen. Ich lache, als sie herumlaufen und versuchen, sich zu fangen. Ich lache, als die kleine Rundliche Diao Chan festhält und zu küssen versucht, während Diao Chan die Augen nach oben verdreht, der anderen mit den Fäusten auf die Brust schlägt und *Nein, nein* schreit. Ich lache, als sie auf den Boden kullern, als sie sich die Kimonos herunterreißen. Ich lache, als die kleine Rundliche den Jadestab aus Porzellan tief in Diao Chan eindringen läßt. Und ich lache, als sie sich winden und stöhnen. Aber auf einmal lache ich nicht mehr. Ich fange zu heulen an. Und sofort hören sie auf. Sie setzen sich neben mich, nehmen liebevoll meinen Kopf zwischen sich. Ich weiß, daß sie mich aufheitern wollten. Doch da stimmt etwas nicht. Da ist etwas entsetzlich falsch. Diao Chan streicht mir übers Haar, wie sie es immer tut. Die kleine Rundliche umfaßt mein Glied. Es ist steif geworden. Ich hätte alles darum gegeben, wenn es liegengeblieben wäre. Ich kann nichts dafür. Jetzt klopft es warm in ihrer Hand. Sie schaut mich an und lächelt. Ich werde furchtbar wütend. Ich drehe mich zu Diao Chan – und schlage zu.

Wenn sie für die Soldaten arbeitet, wie sie sagt ... Ich habe es lange vermutet, jedoch beschlossen, nichts zu wissen. Ich habe vermieden zu fragen. Und wo immer es geht, dichte ich mir etwas zusammen. Was also kann ich ihr vorwerfen? Es ist nicht ihre Schuld, daß ich versucht habe, aus ihr eine andere zu machen. Ich führe mich auf wie ein eifersüchtiger Ehemann.

Ich habe viele Frauen gekannt. Allzu viele. Was quält mich dann eigentlich? Mein Freund, du verstehst dich auf Tiere ... hört es sich komisch an, wenn ich sage, daß ich sie gern mag?

Ich sehe Dschingis Khan – nicht den jungen Temudschin, sondern den alten –, ich sehe ihn in Karakorum, dieser riesigen und verwirrenden Ansammlung von Häusern und Jurten, eine eindrucksvolle und überraschende Blume in der Wüste, ich sehe ihn gegen Ende seines Lebens, er schleicht herum wie ein alter, starrsinniger Löwe ... zählt die Schar seiner Frauen ... zählt die Jurten, in denen sie auf ihn warten, alle, die er auserwählt hat oder die ihm zum Geschenk gemacht wurden ... aus allen Ecken der Welt ... gelbe, weiße und schwarze ... viele von ihnen kennt er noch gar nicht, und er weiß, daß er es niemals schaffen wird, sie alle zu umarmen, denn es sind viele, einige hundert ... trotzdem warten sie – tabu für jeden anderen ... dabei ist er alt, ich höre den Löwen in ihm knurren, ich sehe das Wildschwein den Kopf werfen, denn er weiß, daß er nicht mehr der ist, der er war, das Ganze ist ein Spiel und ein eitler Traum ... er wagt nicht, zu ihnen zu gehen, denn er ist sich nicht mehr sicher, ob er will, ob er *kann* ... und er ist der Khagan, er ist Stellvertreter des ewigen Himmels auf Erden, er möchte sich nicht vor jungen Mädchen blamieren ... Was soll er auch mit ihnen? Hat er nicht schon genug Söhne? Warum hält er sie in einem Käfig aus Seide gefangen? Wieder höre ich den Löwen knurren. Sie gehören *ihm*! Und ich weiß, er sehnt sich trotzdem danach, sie zu umarmen. Wie jeder alte Mann davon träumt, im Schoße einer jungen Frau neue Kräfte zu schlürfen. Sie gehören *ihm*! Aber in der Regel bleibt es beim Traum. Immer öfter geht er wieder zu Börte. Sie kennen einander am längsten. Sie sind gleich alt. Und sie brauchen keine Worte, um sich zu verstehen. Mit ihr kann er dasitzen und schweigen. Nur sitzen … nur still sein. Er hat viele Frauen neben ihr gehabt. Doch sie ist stets Khatun gewesen – die erste unter den Frauen.

Noch drei andere liebt er. Gemeinsam ist ihnen, daß er sie alle ehelichte, lange bevor er Herrscher über die ganze Steppe wurde … und auch wenn man sie zur Kriegsbeute zählen muß, haben sie ihn in guten wie in schlechten Jahren treu begleitet. Es sind: die Schwestern Yesügen und Yesüi – Töchter des Tatarenhäuptlings Yeke Tscharan. Und Qulan natürlich, die Merkitenfrau, die ihn so oft begleitet hat, in einer mit Seide ausgeschlagenen Jurte, auf einer Kibitka, gezogen von zehn Paar milchweißen Ochsen … weil sie viele Jahre die war, die ihn am meisten von allen erregte … und sogar als er den siebenjährigen Feldzug in den Westen unternahm – damals, als er Buchara und Samarkand eroberte –, wollte er nicht von ihr getrennt sein. Doch nun – im hohen Alter – zieht er es vor, Yesüi bei sich zu haben. Sie wird ihn bald auf seinem letzten Zug nach Song und Xia begleiten … sie wird bei ihm sitzen, wenn er mit dem Fieber und den Krämpfen ringt.

Börte ist immer zu Hause geblieben.

Sie hat ihm Söhne geschenkt. Diese vier sollen das Reich erben: Dschötschi, Tschaghatai, Ögedei, Tolui.

So wird seine erste Begegnung mit Yesügen und Yesüi erzählt: Im Jahr des Hundes 1202 führte Temudschin seine Heerschar westwärts – gegen die Tataren. Aus der Kriegsbeute beanspruchte er Yesügen, die Tochter des Tatarenhäuptlings. Sie sei ihm schön und begehrenswert erschienen, und er habe sie anständig behandelt, heißt es. Und sie war klug genug, sich mit ihrem Schicksal abzufinden. Auf dem Heimweg – während sie noch im Land der Tataren sind – sagt sie zu ihm: »Mein Herr erweist mir große Gnade, er behandelt mich gut und gibt mir Reichtümer und Diener. Aber ich habe eine ältere Schwester, Yesüi, die dir noch besser gefallen würde … Sie ist verheiratet. Doch in Zeiten wie diesen ist schwer zu wissen, wo sie sich befindet und wie es ihr geht.«

»Wenn es so ist, daß du eine ältere Schwester hast, die noch schöner ist als du, muß sie wahrlich eine Schönheit sein«, sagt Temudschin. »Und das ist Grund genug, nach ihr zu suchen.«

Er gibt seinen Kriegern Befehl, sie aufzuspüren. Man findet sie in einem Wald, wo sie sich zusammen mit ihrem Mann versteckt hält. Ihm gelingt es zu fliehen, doch Yesüi wird gefangen – und Temudschin vorgeführt. Sie ist noch schöner, als Yesügen sie beschrieben hat.

Als Yesügen ihre ältere Schwester erblickt, verläßt sie ihren Platz an der Seite Temudschins – und bietet ihn Yesüi an. Aber Temudschin hält sie zurück. Beide sollen sie ihm nahe sein …

So teilt er seine Gunst zwischen den Schwestern. Und auch Yesüi findet sich bald zurecht.

Eines Tages, als er zwischen ihnen sitzt, hört er, daß Yesüi plötzlich den Atem anhält. Temudschin sagt nichts, doch ohne daß es die Schwestern merken, ordnet er ein Aufteilen des Heeres an. Jeder soll zu seinem Klan gehen, und wenn sich ein Mann findet, der nicht dazugehört, soll man ihn festhalten und sofort Meldung machen.

So wurde Yesüis Ehemann gefangen. Er, der zuerst floh, dann trotzdem dem Heer folgte und versuchte, sich in der Menge der fremden Krieger zu verstecken. Um ihr trotz allem nahe zu sein?

Temudschin ließ ihn sofort köpfen.

Und es wird nicht erwähnt, ob Yesüi um ihn trauerte oder nicht.

So wird seine erste Begegnung mit Qulan erzählt: Im Jahr der Ratte 1204 führte Temudschin wieder einmal einen Krieg gegen seine alten Feinde, die Merkiten. Er besiegt sie in einer großen Schlacht auf der Saari-Steppe und verfolgt die Überlebenden – die in alle Winde zerstreut werden. Dajir Usun von den Uasiten – derselbe Häuptling, der vor vielen Jahren an der Entführung Börtes beteiligt war – erkennt, daß er keine andere Wahl hat, als sich zu unterwerfen. Deshalb macht er sich auf den Weg zu Temudschins Lager. Bei sich hat er ein Zelt aus Leopardenfell – und seine Tochter Qulan. Er will sie anbieten im Austausch gegen sein eigenes Leben. Ein junger mongolischer Offizier – Naya'a – begegnet ihnen und bringt sie sicher an ihr Ziel. Als Temudschin sieht, wie liebreizend Qulan ist, wird er von einer an Wahnsinn grenzenden Geilheit erfaßt. Und statt Naya'a zu danken, weil er die Gäste eskortierte, verdächtigt er den jungen Offizier, sich selbst mit ihr vergnügt zu haben. Naya'a erwidert: »Ich habe niemals – und werde es niemals tun – mein Gesicht von dir abgewendet, mein Khan. Wenn ich schöne Mädchen und Frauen unter unseren besiegten Feinden erblickte, wenn ich kräftige und stolze Pferde sah … da war stets mein Gedanke: Sie sind für meinen Khan, sie gehören ihm – auf daß er mit ihnen mache, was ihm gefällt. Wenn ich jemals anders gedacht habe, so lasse mich töten!« Doch Temudschin ist erregt und von Sinnen. Er gibt Befehl, Naya'a zu foltern – bis er die ganze, volle Wahrheit gesagt habe. Da ergreift Qulan das Wort. Sie ist die Tochter eines Häuptlings – stolz und furchtlos. Sie verteidigt Naya'a. Und verlangt, doch lieber sie gründlich zu untersuchen. »Dann werdet ihr finden«, sagt sie, »daß es der Wille des Himmels ist, daß ich heute ebenso rein und unschuldig vor euch stehe wie am Tage meiner Geburt.« Temudschin läßt sie von den Frauen untersuchen. Sie bestätigen, daß Qulan Jungfrau ist. Naya'a wird freigelassen. »Er ist ein Mann, auf den man sich verlassen kann!« ruft Temudschin. »Ich werde ihm einen hohen und verantwortungsvollen Posten geben!« Doch die ganze Zeit, auch wenn er mit anderen spricht, folgen seine Augen Qulan, er kann sich nicht satt sehen an ihr. Denn sie ist eine Katze und eine Hindin. Und noch bevor die Diener das Zelt für sie aufgestellt haben, hat er sie umarmt, sie fest an sich gepreßt, sie mit hungrigen Küssen überhäuft. Er vergißt, daß sie nicht allein sind. Er vergißt, daß sie unter freiem Himmel sind. Und er kann nicht warten, bis es Nacht wird. Wie ein brünstiges Tier zieht er sie auf ein Tigerfell und wohnt ihr bei – vor aller Augen. Erst als er sich entleert hat, erst da … erwacht ein anderer Gedanke: Was wird geschehen, wenn Börte davon erfährt? Sie weiß, wenn er im Feld ist, kann er sich jederzeit andere Frauen nehmen. Wie es alle tun. Aber was heute geschah, ist etwas anderes … Er ruft seine Heerführer zu sich und sagt: »Meine erste Frau ist Börte. Es würde keinen guten Eindruck auf unsere neuen Untertanen machen, wenn unser Verhältnis nicht das allerbeste ist. Einer von euch muß vorausreiten und mit ihr in meinem Namen reden.« Als der Kurier zu Börte kommt, hört sie ihm aufmerksam zu – ohne etwas zu sagen. Der Bote spricht kritisch über Temudschin, räumt ein, daß er ohne Würde und Anstand gehandelt habe, versucht aber auch zu entschuldigen. »Er nahm Qulan zur Frau, um über ihr Volk herrschen zu können«, sagt er. Und schließlich: »Mein Herr hat mich geschickt, dieses zu berichten …« Börte antwortet noch nicht. Statt dessen fragt sie, wo Temudschin sich befindet, und erfährt, daß er einige Tagesmärsche entfernt sein Lager aufgeschlagen hat – und daß er jetzt auf ihre Antwort wartet. Was denkt Börte? Sie weiß, geschehen ist geschehen. Sie versteht, daß er nicht ohne weiteres die neue Frau aufgeben wird. Aber erkennt sie auch, daß ihre eigene Stellung merkwürdigerweise gestärkt werden kann? »Mein Wohl und das des Volkes liegen in der Hand unseres gnädigen Khans«, sagt die kluge Börte. »Der Khan bestimmt selbst, mit wem er eine Freundschaft oder ein Bündnis schließen will.« Dann hebt sie den Kopf, blickt dem Boten in die Augen und fügt hinzu: »Ich wünsche nur, daß der Khan auch dieses Mal eine eigene Jurte für seine neue Frau aufstellen läßt – abgesondert von unserer.«

So kommt Qulan in Temudschins Ordu.

Und so bleibt Börte weiterhin Khatun.

Börte, woher nimmst du deine Gelassenheit?

Ich weiß nicht, was ich tue.

Heute bin ich durch die Gassen von Jiayuguan geschlichen. Das Gesicht im Umhang verborgen. Bin Diao Chan gefolgt. Bis zur Festung.

Dorthin ging sie.

Wie sie gesagt hat.

Ich weiß, daß ich mich lächerlich mache.

Welche unberechenbaren Götter wachen über die Wege von Mann und Frau? Und warum bereitet es ihnen ein solches Vergnügen, uns ein Bein zu stellen?

Ich bin nicht mehr ich selbst.

Und ich habe gedacht: Die kleine Rundliche, die sie mitgebracht hat, war bei weitem nicht so schön und begehrenswert wie sie. Das ist ein gutes Zeichen! Wenn sie mit Bedacht wählte, dann ist das ein gutes Zeichen! Denn es bedeutet, daß sie mich mag und mich nicht verlieren will.

Wenn ich nicht ich selbst bin … wer bin ich dann?

Jedesmal denken wir, das ist das letzte Mal. Nie mehr. Es schmerzt zu sehr, sich hinzugeben. Es schmerzt zu sehr aufzubrechen. Es ist gefährlich, zuviel zu fühlen. Besser Abstand halten. Um wieviel leichter ist es doch, kein Eroberer zu sein! Um wieviel einfacher … wenn wir Frauen wie Pferde betrachten, einfangen, reiten – und weitergeben! Auch ich kann so sein. Bin so gewesen. Aber ist es denn so ungewöhnlich, wenn auch ein Mann plötzlich den Drang verspürt, sich hinzugeben, besessen zu werden, jemandem zu gehören?

»Weil du einsam bist«, höre ich dich sagen – aus weiter Ferne.

Na gut. Aber ist das nicht Grund genug?

Und es ist zu spät, mich zu warnen.

Börte lernte früh, ihn mit anderen zu teilen. Beim ersten Mal war es nicht einmal eine Frau.

Ich sehe das große Fest bei Hórho Nachubur, in der Nähe der Felsen, die Huldah genannt werden. Ich sehe die Männer tanzen und trinken. Ich höre Saitenspiel. Ich sehe blutige Fleischstücke, auf Spießen gedreht oder in großen Kesseln brutzelnd. Ich sehe Temudschin und Dschamuqa Seite an Seite gehen …

Börte wurde zurückgeholt. Die Merkiten sind vernichtet. Toghril hat sich mit seinem Volk wieder in die dunklen Wälder bei Tula zurückgezogen. Doch Temudschin und Dschamuqa haben sich noch nicht getrennt … sie haben ihre Herden zusammengelegt. Jetzt feiern sie ihren Sieg über die Stämme im Norden.

Börte weiß, daß sie schwanger ist. Dschötschi bewegt sich in ihrem Bauch. Der Erstgeborene. Aber sie beschließt, noch zu schweigen. Denn nach dem ersten Wiedersehen … seit den ersten paar Tagen und Nächten … hat

Temudschin für keinen anderen als Dschamuqa Augen gehabt – den jungen Häuptling des Dschadschirat-Klans.

Ihre Wege kreuzen sich nicht zum ersten Mal. Als Kinder spielten sie zusammen, im Jurtenlager an den Ufern des Onon, als Yesügei noch lebte. Und schon damals schlossen sie Blutsbrüderschaft – wurden Andas – und tauschten Geschenke und feierliche Versprechungen aus, im Beisein erwachsener Zeugen. Später ging dann doch jeder seinen Weg … Temudschin wurde geächtet. Dschamuqa wurde Häuptling der Dschadschirat. Er hatte ein Bündnis mit Toghril. Und auch mit den Taidschigut war er verbündet. Doch er war nie gezwungen, sich Targhutai zu unterwerfen. Dschamuqa ist stark genug, sein eigenes Ordu zu führen. Es ist kein Geheimnis, daß unter denen, die auf eine künftige Einheit aller Mongolen unter einem Khan hoffen, Dschamuqa ein oft genannter Name ist. Aber er ist ein merkwürdiger, zurückhaltender Mann, dieser junge Mongolenhäuptling. Man hat den Eindruck, daß ihm noch niemand wirklich nahegestanden hat. Niemand außer Temudschin. Und auch ihre Freundschaft sollte nur von kurzer Dauer sein …

Ich sehe. Mit Börtes Augen. Wir sehen, wie Temudschin und Dschamuqa ihr Versprechen aus der Kindheit erneuern. Wir sehen, wie sie kostbare Geschenke austauschen. Jeder weiß, daß Dschamuqa weitaus mächtiger ist. Aber wir kennen Temudschin und seinen Stolz. Zu Toghril benimmt er sich wie ein Sohn, Dschamuqa gegenüber will er ein Ebenbürtiger sein …

Wir sehen die beiden.

Tagsüber weichen sie nicht voneinander. Nachts schlafen sie unter derselben Filzdecke.

Während ich darauf warte, daß Diao Chan nach Hause kommt, male ich ihr Gesicht auf den einen Daumen … mit Tusche … Augen, Nase, Mund. Eine Fingerpuppe. Die ich zum Mund führe und küsse. Und ich sage: »Eineinhalb

Jahre dauerte das. Eineinhalb Jahre hatten sie ein gemeinsames Ordu und trieben ihre Herden auf dieselben Weiden.« Die kleine Fingerpuppe wiegt sich fragend hin und her. »Ist das so verwunderlich?« frage ich sie. »War Dschamuqa nicht ein mächtiger Häuptling? Und brauchte Temudschin nicht Zeit – und Ruhe –, sich zu entwickeln? Jetzt konnte er sich gefahrlos bewegen, wo er wollte … sogar vor der Nase seines alten Erzfeindes Targhutai … denn Dschamuqas Freundschaft schützte ihn.« Die Fingerpuppe beugt sich und nickt. »Und wie nutzte er diese Zeit?« fragt sie. »Er lernte«, sage ich. »Er hielt die Augen offen – und erweiterte sein Wissen. Er beobachtete Dschamuqa. Eignete sich an, was gut war, und bemühte sich, die Fehler zu vermeiden … Jeder Mann hat eine Veranlagung zur Grausamkeit. Doch bei Dschamuqa konnte daraus eine plötzliche blinde Zerstörungswut werden. Viele fürchteten ihn deshalb. Temudschin lernte, sich zu beherrschen. Er zeigte stets ein großzügiges und freigebiges Verhalten. Sogar dann, wenn er mit Vasallen Targhutais zusammentraf. Oder vielleicht besonders dann … Denn Temudschin bot Freundschaft an. Mit seinem ganzen Wesen. Das tat Dschamuqa nie. Und Dschamuqa behandelte alle gleich – ohne Unterschied. Während Temudschin gezielt bei den alten Adelsfamilien Unterstützung suchte … Als Heerführer konnte er viel von Dschamuqa lernen. Manche sind sogar der Meinung, daß er auf diesem Gebiet niemals die Fähigkeit seines Anda erlangte. Fest steht jedenfalls, daß die beiden Male, als sich Dschamuqa und Temudschin direkt gegenüberstanden – bei Dalan Baljut und Khalakhaljit Elet –, für Temudschin mit einer Niederlage endeten.« Hier lasse ich die Fingerpuppe überrascht nach hinten kippen – fast bis auf den Boden. »Aber wenn es darum ging, Freunde zu gewinnen – mächtige Freunde«, rufe ich ihr nach, »war Temudschin eindeutig überlegen. Und wer vermag die Welt allein zu erringen?«

Der Traum, noch einmal alle Steppenvölker unter einem Khan vereint zu sehen, wurde überall genährt, wo die beiden jungen Mongolen auf ihren Pferden auftauchten. An den Lagerfeuern bekamen die Gesänge von alten Helden wieder Inhalt und Sinn. Lange hatte man gedacht, daß Dschamuqa der Richtige sei. Aber je öfter man Temudschin sah ... und je öfter man sie zusammen sah ... Boten und Unterhändler wurden zu Temudschin geschickt. Heimlich. Denn obwohl die Schar seiner Anhänger allmählich zunahm, wagte kein Häuptling, sich ihm offen anzuschließen ... nicht unter diesen Umständen, nicht, solange Temudschin und Dschamuqa ein gemeinsames Ordu hatten.

Es mußte zum Bruch kommen.

Ich küsse die Fingerpuppe. Küsse meinen eigenen Daumen. Und ich sage: »Es geschah im Frühling. Am sechzehnten Tag des ersten Sommermondes. Im Morgengrauen ritten sie los, brachen auf zur Sommerweide. Temudschin und Dschamuqa – Seite an Seite. An der Spitze einer langen Wagenkolonne. Die zwei Häuptlinge haben lange intensiv miteinander gesprochen, ohne daß jemand etwas dabei aufgefallen wäre. Aber jetzt sehen alle, daß Temudschin plötzlich anhält, sein Pferd zum Stehen bringt – während Dschamuqa ruhig weiterreitet. Und sie sehen Temudschin umkehren, sehen, wie er in Gedanken versunken zu dem Wagen reitet, auf dem seine Familie sitzt ... Viele Lieder sind darüber gedichtet worden. Was wirklich geschah, weiß niemand. Niemand weiß, was gesprochen wurde oder welche Worte zwischen ihnen fielen. Wir wissen nur, daß Temudschin darauf bestand, ohne Schuld zu sein. Für ihn lag die Verantwortung bei Dschamuqa.«

Die Fingerpuppe schaut mich an. »Verhalten wir uns nicht alle so?« sagt sie. »Wenn wir etwas abbrechen ... oder mit jemandem brechen wollen?«

»Ich glaube, Temudschin wollte das Mißverständnis«,

sage ich. »Er brauchte einen Vorwand … und vielleicht hat Dschamuqa eine beliebige Bemerkung über die Landschaft gemacht, darüber, wie saftig das Gras ist. Doch Temudschin verdrehte alles. Er war zu dem Punkt gekommen, wo er es für das Beste hielt, allein zu stehen.«

Wie gewöhnlich sucht Temudschin seine Mutter auf, Ölün. Doch was er ihr erzählt, gibt keinen Sinn. Er sagt, Dschamuqa habe vorgeschlagen, so bald als möglich das Lager aufzustellen – und für den Sommer dazubleiben. Er habe sich dazu nicht äußern wollen, ehe er den Rat seiner Mutter eingeholt hätte.

Dschamuqa kann unmöglich einen solchen Vorschlag gemacht haben. Vor allem deshalb, weil es der erste Tag ist … und sie das Winterquartier kaum hinter sich haben. Und auch, weil sie sich einem großen Lager der Basuten nähern. Und zwei große Ordu, so dicht nebeneinander, das kann nur zu Mißverständnissen, Streit und bösem Blut führen. Besonders weil die Basuten mit den Taidschigut verbündet sind und Targhutai als Khan über ihrem eigenen Anführer anerkennen …

All das weiß Ölün.

Was denkt sie, als sie das unbewegliche Gesicht ihres Sohnes sieht? Sie weiß, welche Antwort er möchte. Sie kennt und versteht seine Träume. Aber noch ist er erst 20 Jahre alt. Ist er stark genug?

Börte antwortet. 18 Monate hat sie allein geschlafen. »Dein Anda Dschamuqa war nie ein Mann, dem man trauen kann«, sagt sie. »Und jetzt hat er genug von uns. Was er vorschlägt, ist nicht zu unserem Vorteil. Wir sollten nicht hier lagern. Am besten halten wir gar nicht an, sondern setzen unseren Zug fort … heute abend und die ganze Nacht.«

Temudschin hört zu.

Er sieht Ölün an.

Sie nickt.

Der Abend kommt. Dschamuqa und seine Leute schlagen für die Nacht die Zelte auf. Doch Temudschin reitet ruhig weiter. Ohne sich zu verabschieden. Ohne sich umzublicken. Ohne zu wissen, wie viele ihm folgen ... Das ist ein seltsamer Augenblick. Wenn sich eine so große Ansammlung von Menschen und Tieren plötzlich teilt. Die so lange zusammen waren. Viele Bande sind es, die zerrissen werden. Ohne Vorwarnung.

Aber sie folgen ihm.

Mehr, als er zu hoffen gewagt hat.

Und Dschamuqa unternimmt nichts, sie aufzuhalten. Temudschin ist stumm. Er spricht mit niemandem. Das Gesicht ist verschlossen. Er reitet stur geradeaus.

Die Basuten sehen, wie sich das große Gefolge nähert. Sie sehen, daß es sich auf ihr Lager zubewegt.

Temudschin hat keinen Kampf im Sinn. Doch er schickt auch keine Boten aus, läßt nichts verlauten von seinen friedlichen Absichten.

Die Basuten fliehen. Sie suchen Zuflucht bei Dschamuqa.

Und Temudschin reitet quer durch das verlassene Jurtenlager. Blickt weder nach links noch nach rechts. Wirkt völlig geistesabwesend.

Hinter ihm raffen seine Männer alles an sich, was ihnen in die Finger kommt. Sie plündern die Zelte. Treiben die Tiere, die sie finden, mit sich. Doch auch das scheint er nicht wahrzunehmen.

Und Börte lächelt. Sie weiß, daß der Bruch endgültig ist. Die Basuten sind Verbündete von Dschamuqa. Dieser Schlag richtet sich auch gegen ihn.

Sie hat den kleinen Dschötschi auf dem Schoß. Er schläft in ihren Armen.

Auch Ölün hat einen kleinen Jungen bei sich. Streichelt seinen Kopf. Liebkost ihm die Wangen. Man hat ihn in einem der von den Basuten verlassenen Zelte entdeckt, und er sagt, er heiße Kökötschü. Die Männer brachten ihn zu Temudschin, der ihn sofort weitergab an Ölün. Er kennt die Schwäche seiner Mutter für kleine Jungen. Auch nach dem Feldzug gegen die Merkiten brachte er ihr als Geschenk einen kleinen Jungen mit, Kutschü. Und im Lauf der Jahre wird es für ihn zur Gewohnheit, jedesmal den schönsten und lebhaftesten Knaben für sie auszusuchen …

Schon am nächsten Morgen schickt Temudschin seine Reiter hinaus auf die Steppe. Für all die, die ihm so lange ihre mögliche Unterstützung in Aussicht gestellt haben, ist jetzt der Augenblick gekommen, da sie zeigen müssen, auf welcher Seite sie stehen! Benötigt jemand Bedenkzeit, wird er sie ihm gewähren. Wer aber zu seinen wahren Freunden zählen möchte, muß sich *jetzt* entscheiden!

Denn noch ist Dschamuqa der weitaus mächtigere.

Und Temudschin fühlt sich verwundbar.

So endet die Blutsbrüderschaft zwischen Temudschin und Dschamuqa.

Von nun an werden sie lange wie zwei Klapperschlangen zueinander sein. Zischend und mit den Hornringen am Schwanz klappernd. Doch beide zögern sie, anzugreifen … Viele Menschen verstehen das nicht, sage ich zu der Fingerpuppe – sie glauben, Schlangen seien immun gegen das Gift von Artgenossen. Doch das trifft nicht zu! Ein einziger Ritz in der Haut ist bereits tödlich. Deshalb vermeidet jeder so lange wie möglich den tödlichen Hieb. Statt dessen beginnt ein langes und schwieriges Ringen …

Die Fingerpuppe bewegt sich hin und her.

Und viele Jahre später – sage ich – ließ Temudschin in seiner Yassaq schreiben: Nicht nur verwerflich, sondern bei Todesstrafe verboten ist es, wenn sich ein Mann mit einem anderen Mann vergnügt statt mit einer Frau.

»Und was ist mit uns beiden?« sagt die Fingerpuppe. »Werden wir auch eines Tages voneinander Abschied nehmen?«

Ich gebe keine Antwort. Ich stecke ihren Kopf in den Mund. Sauge die Augen weg, lecke das Gesicht sauber. Ich beiße in meinen eigenen Daumen.

Es ist die Stunde des Hundes. Ich warte auf Diao Chan.

Sie kamen.

Allein oder zwei und zwei.

Von allen Klans.

In kleinen und größeren Gruppen.

Anfangs waren es vor allem die Jungen. Knaben, die nicht mehr besaßen als das Pferd, auf dem sie ritten, aber sich in einem Augenblick der Begeisterung losgesagt hatten von der Familie und den Stammesverwandten, um Krieger zu werden bei einem großen Khan … unter den ersten war Ogolei – ein Verwandter von Bo'ortschu. Und Sübedei – Dschelmes jüngerer Bruder.

Mein Freund im Westen, noch im Schutze von Jerusalems Mauern … für dich sind diese Namen fern und unwirklich … Sübedei ist der, der alle Stämme im Nordosten zum Gehorsam zwang, der Sultan Muhammad aus Samarkand vertrieb – der aus dem reichsten Mann der Welt einen Bettler machte, ihn jahrelang verfolgte und ihn auf einer öden Insel im Kaspischen Meer in einen schmählichen Tod trieb. Es ist der Sübedei, der jetzt sämtliche Heere Rußlands, Polens, Ungarns, Serbiens und Bulgariens besiegt hat. Und der, so fürchte ich, eines Tages euch allen die Kehle durchschneiden wird … Nur einmal habe ich ihn gesehen. Im Alter ist er unglaublich dick geworden, und es gibt kaum Pferde, die ihn tragen können. Doch der Kopf ist derselbe geblieben. Und auch das Messer ist nicht stumpf geworden. Merk dir, wie er heißt, mein Freund.

*Sübedei.* Damit du am Tag der Vergeltung Worte findest für deine Angst. Und dein Entsetzen nicht namenlos bleiben muß.

Von der Art waren die jungen Krieger, die Temudschin jetzt um sich versammelte.

Allmählich kamen auch größere Gruppen, Familien mit Wagen und Tieren. Ein ganzes Ordu des Barin-Klans schloß sich ihm an. Temudschin verhieß ihnen allen reichen Lohn … und Khortschi, dem Häuptling der Barin, gestattete er, sich dreißig neue Frauen auszusuchen.

Temudschin schlug am Ufer des Kimurkha sein Lager auf. Die Zahl der Jurten hatte sich inzwischen auf einige Tausend erhöht. Jetzt fanden endlich auch die vornehmeren Mongolenfamilien den Weg zu ihm. Untereinander würden sie niemals einen gemeinsamen Anführer finden, denn keiner war bereit, einem der anderen zu dienen … Außerdem war den meisten klar, daß die Zersplitterung der Mongolen lange genug gedauert hatte. Überall bestand eine Sehnsucht nach Zusammenhalt und Einheit. Und Temudschin benahm sich so, als wäre er die Antwort.

Unter denen, die jetzt kamen, war Daritai, Temudschins Onkel – einer der Brüder, die vor langer Zeit Yesügei behilflich gewesen waren, Ölün ihrem Gatten Tschiledü zu rauben … Aber noch wichtiger: Prinz Altan – dritter Sohn von Khutula Khan, dem letzten Groß-Khan der Mongolen – schlug sich auf seine Seite. Lange hatte er Dschamuqa unterstützt. Jetzt schloß auch er sich Temudschin an.

Als das große Lager später im Sommer höher hinauf in die Berge verlegt wurde, zum Blauen See am Sanggur, bestand kein Zweifel mehr, daß Temudschin mehr gewonnen hatte, als er je hoffen konnte. Noch vor ein paar Jahren war er nur ein frecher Grünschnabel und geächteter Räuber gewesen … jetzt saß er als selbstverständlicher Anführer in einem Ordu, das bald genauso groß war wie das, über das sein Vater einst geherrscht hatte. Und er war umgeben von jungen Kriegern. Jung und ungeduldig. Nach Ehre dürstend. Gierig auf Abenteuer. Die meisten waren noch unerfahren im richtigen Kampf. Aber bald würde er aus ihnen Soldaten machen.

Ich sehe Diao Chan auf der Festung.

Und ich will nicht hinschauen.

Wie vermag eine Frau so vielen die Pforte zu öffnen … ohne dessen überdrüssig zu werden … wie vermag sie jedesmal – wenn sie zu einem andern geht – ihr Yin wach, feucht und aufreizend zu halten?

Ich will es nicht wissen.

Und trotzdem weiß ich zuviel.

Hat sie da drinnen eine Silberkapsel versteckt … und in der Kapsel ein kleines, aber schweres Metallkügelchen … das hin und her kullert, wenn sie sich bewegt, und sie ständig erregt?

Oder verwendet sie zwei kleine Beutel aus Schweinedarm, gefüllt mit flüssigem Quecksilber und verbunden durch einen engen »Hals«? Der eine Beutel steckt in der Jadepforte, der andere hängt ein bißchen heraus. Wenn sie geht oder die Schenkel zusammenpreßt, wird das Quecksilber aus dem äußeren Beutel gedrückt und weitet den inneren …

Ist das so?

Und trotzdem will ich ihr Begleiter sein.

Ich sehe, wie Temudschin gewählt wird. Feierlich. Und mit großen Worten. Ich sehe vier der vornehmsten Häuptlinge auf ihn zugehen: Daritai, Khutschar, Prinz Altan, Sätschä-bäki – Sohn von Khabul Khans Enkel. Sie können ihm nicht den Titel verleihen, den Khabul und Khutula einst trugen: Khan der Mongolen. Denn noch ist er nicht Häuptling für alle Mongolen, nicht einmal für die Mehrzahl. Doch die Versammelten wollen zeigen, daß sie ihn zu ihrem gemeinsamen und rechtmäßigen Führer wählen. Deshalb nennen sie ihn »Dschingis«. Ein Wort aus Cathay, den Jin entliehen. »Sching« bedeutet wahr, recht, richtig. Schingis oder Dschingis Khan ist also der wahre, der rechte Herrscher … Ich höre die Versprechen, die sie ihm geben. Gehorsam und Unterwerfung. »Wenn wir am Tag des Kampfes gegen deinen Willen handeln,/ dann nimm unser Vieh,/ kümmere dich um Frauen und Kinder/ – und werfe unsere leeren Schädel hinaus auf die Steppe«, rufen die vier im Chor. »Und brechen wir in Friedenszeiten dein Gebot,/ so trenne uns von unseren Männern und dem Gesinde,/ von unseren Frauen und unseren Söhnen,/ weise uns von dir, jage uns fort/ – an einen Ort ohne Trost und Hoffnung.«

So singen und psalmodieren sie.

Trotzdem werden sie ihn verraten.

Alle vier.

Es ist das Jahr der Ziege 1187. Temudschin ist zwanzig. Es wird noch lange dauern, bis sein Titel wirklich eine Bedeutung bekommt … fast zwanzig weitere Jahre, bis er sich Herrscher über die ganze Steppe nennen kann.

Und von allen, die sich an diesem Tag hier versammelt haben, sind es nur seine jungen Krieger – und seine Jugendfreunde –, die ihn bis dorthin begleiten.

Ich muß eingeschlafen sein. Ohne es zu wollen. Denn mir träumte, ich sei ein Hermaphrodit … ein zweigeschlechtliches Wesen. Mann und Frau. Wie es Adam gewesen sein muß, als er noch allein war. Als Eva lediglich eine Möglichkeit unter einer seiner Rippen war. Denn heißt es nicht, sie sei Fleisch von seinem Fleische? Und mir wurde klar, daß die Zweigeschlechtlichkeit das Erste, das Ursprüngliche gewesen sein muß … Ich lachte und fühlte mich glücklich.

Soweit ich weiß, bedeutet das Wort »Sexus« Trennung, Teilung. Wir sind also Hälften … die sich gegenseitig suchen. Die Anziehung zwischen den Geschlechtern ist die Sehnsucht, wieder ganz und vollkommen zu werden.

Aber das ist ein Wissen, das ich *jetzt* habe. Während ich schreibe. Im Traum hatte ich davon keine Ahnung …

Es ist spät. Diao Chan hat mich lange nicht mehr geweckt. Lange habe ich nicht mehr in ihren Armen geweint. Und wir haben schon lange nicht mehr So-munter-wie-Schmetterlinge gespielt. Wieder einmal bin ich eingeschlafen. Mit der Hand auf ihrem Bauch. Und ich hatte einen neuen Traum: Mir träumte, daß ich tief in der Gobi bin, um mich nichts als graue, steinige Wüste, sogar der Himmel ist schieferfarben. Von weitem sehe ich eine Gestalt auf mich zukommen. Zuerst erkenne ich sie nicht. Aber es ist Mirjam! Ich rufe ihren Namen. Sie lächelt. Winkt. Ich laufe ihr entgegen. In dem Moment fängt die Wüste zu blühen an. Große Pflanzen und Halme schießen um mich aus der Erde. Lassen mich stolpern. Wachsen mir über den Kopf. Ich rufe ihren Namen: *Mirjam!* Doch jetzt kann ich sie nicht mehr sehen. Ich verliere die Orientierung. Verlaufe mich. In einem Gras, das den Himmel streift und die ganze Welt grün färbt.

Ich weiß: Sie ist schon fast fünf Jahre tot. Und hinter mir atmet Diao Chan – leicht wie ein Kind.

Ich schreibe.

Es ist die Stunde der Ratte.

## XIII

Wird sie mich verraten?

Die kleine Rundliche.

Wird sie uns verraten?

Diao Chan schüttelt den Kopf. Weshalb ist sie sich da so sicher?

Ich schwinge das Holzschwert. Ich drehe am Griff. Zeige ihr, daß sich darin ein Dolch verbirgt.

Die kleine Rundliche.

Wo kann ich sie finden?

Doch Diao Chan lacht mich nur aus. Sie sagt, wir seien sicher. Sie sagt, es sei noch zu früh, um aufzustehen. Sie wischt mir den Schweiß von der Stirn. Sie gibt mir eine Tasse Mohnsaft. Möchte, daß ich weiterschlafe.

Aber ich will weg. Will weiter. Und sie soll mit mir kommen. Warum können wir uns nicht gemeinsam auf den Weg machen? Was hält sie zurück in diesem staubigen, zugigen Vorposten von einer Stadt? Langsam und deutlich, wie einem senilen Alten, erklärt sie mir, daß uns niemand ein Leid antun kann, solange wir uns hier ruhig verhalten. Sie ist in Jiayuguan zu Hause. Gehen wir weg, werden wir beide Flüchtlinge sein. Wer wird uns helfen, wer uns verstecken? Wir würden wie zwei kleine Nagetiere auf weiter, harter Erde sein, eine leichte Beute für mongolische Jagdfalken. Und bald kommt der Winter …

Die kleine Rundliche wird uns verraten.

Wir könnten versuchen, das Meer zu erreichen. Hangzhou. Die Stadt mit den tausend Kanälen und kleinen Brücken. Mit den Kirschblüten. Das südliche Song. Noch frei. Noch nicht zerstört. Es soll Tänzer und Gaukler dort geben. Auf allen Märkten und Plätzen. Ich könnte Arbeit bekommen. Ich könnte mir die Zeit nehmen, eine Vorstellung zu erarbeiten, wie sie noch keiner gesehen hat. Ich höre den Gesang. Ich kann die Augen schließen und sehe, welche Schritte und Bewegungen ich machen würde. Und alle müßten weiß gekleidet sein. Schneeweiß – und ohne Masken.

Warum deutet sie immer auf diese Rolle? Warum ist es ihr so wichtig, daß ich schreibe?

Yelü Chucai … ich werde nie wie eine Katze. Tiere können stillsitzen, hast du einmal zu mir gesagt. Das fällt den Menschen schwer, die an nichts anderes als an die Zukunft denken können und sich in ständiger Unruhe befinden, weil sie planen, wie man dieser sogenannten Zukunft am besten begegnet … Du sagtest: Die Vergangenheit existiert nur in der Erinnerung des Körpers, und die Zukunft ist dessen Erwartung – und all das ist *jetzt.* Jede Zeit ist hier … in meinem Körper. Die Vergangenheit ist der obere Teil des Herzens, die Gegenwart ist der obere Teil der Faust und die Zukunft der hintere Teil des Gehirns.

Ich lachte. Ich erinnere mich, daß ich vor deinen Füßen einen Purzelbaum schlug. Und ich sagte: Herr … sind das nicht seltsame Worte im Munde eines Kanzlers? Für den obersten Ratgeber des Reiches?

Doch du hast geantwortet: Wer nicht fähig ist, zu sitzen

und zu beobachten – den Geist in völliger Ruhe –, der ist auch nicht fähig, die Welt, in der er lebt, ganz und gar zu erleben.

Glaub mir! Ich habe es versucht! Wie oft habe ich mit gekreuzten Beinen dagesessen, die Füße auf den Schenkeln – die Fußsohlen nach oben! Die Hände lagen in meinem Schoß, die linke über der rechten, die Handflächen nach oben und die Daumen gegeneinander. Ich habe mit dem Bauch geatmet. Ich habe meine Atemzüge gezählt, von eins bis zehn – immer und immer wieder. Aber das hat mich zu keinem anderen gemacht als zu dem, der ich bin.

Das gelingt mir nur, wenn ich mir Farbe ins Gesicht schmiere, fremde Kleidung anziehe und unbekannte Grimassen schneide ... dann kann ich mich für eine Weile vergessen.

Nur wenn ich zurückblicke, wenn ich über die Schulter schaue ... erlebe ich manchmal, daß sich die Zeiten mischen.

So kann ich Dschingis Khan sein. Nicht spielen. Sein. So kann ich die irdene Tasse mit Mohnsaft austrinken ... und sie als goldenen Becher wegstellen. So kann ich – allein und während sie schläft – mit den Händen übers Gesicht tasten und spüren, wie die Haut alt und runzlig wird, merken, wie fransige Strähnen eines grauweißen Bartes aus dem Kinn sprießen ... sehen, wie sich die Wände in Filzdecken verwandeln, sehen, wie das Zimmer sich verändert und zu einer weißen Jurte wird mit niedrigen weißen Bänken ... an der Tür steht ein silbernes Tischchen, die Decke ist mit Perlen bestickt ... kleine Schalen mit Datteln und süßen Kuchen ... die bloßen Füße in weichen Fellen mit langen, dichten Haaren vergraben, sitze ich da. Ich bin Dschingis Khan. Ich blicke zurück. Und die Zeiten mischen sich ... Ich sehe 13 000 Krieger – alle zu Pferd und aufgeteilt in dreizehn johlende, schreiende, lärmende Gruppen. Ich sehe, was als ein übermütiges Spiel beginnt. Jede Abteilung soll lernen anzugreifen, zu kämpfen – und zurückzukehren wie eine geschlossene Einheit. Die Flanke des Gegners umgehen, durchbrechen. Aber stets zurückkehren. Gesammelt. Sich niemals zersplittern. Eine Faust. Die zuschlägt. Die fünf kräftige Finger spreizt. Und sich wieder schließt. So fing es an. Ein Spiel ... Und ich lächle. Kratze mir den langen Bart. Denn wie oft wurde daraus blutiger Ernst! Sogar für Brüder und Freunde. Wie oft mußte ich eingreifen, dazwischengehen ... rufen, daß es nun genug ist. Sie waren jung und eifrig. Und ich war selber jung. Ich weiß noch, wie ich die Reiter aussandte – stolz wie Hähne – zu Toghril und Dschamuqa. Ich weiß noch die Antworten, mit denen sie zurückkamen. Ich spreche laut mit mir selbst. Ahme Toghrils Stimme nach, scharf und pfeifend. »Das ist schön und gut, daß ihr Temudschin zum Khan gewählt habt. Wie konnten die Mongolen nur so lange ohne richtigen Anführer sein?« Und Dschamuqa? Kühl. Ohne sich zu verraten. Eine Antwort und eine Botschaft, die nichts anderes enthielt, als ich erwartete. Sei's drum. Es ist lange her. Und der Himmel wollte, daß ich sie beide besiege ... Ich trete aus dem Zelt. Auf dem offenen Platz brennen zwei große Feuer. Tag und Nacht. Jeder, der zu mir kommt, jeder, den wir nicht kennen, muß sich zuerst zwischen diese Feuer stellen. Hat er Böses im Sinn, schlagen die Flammen sofort über ihm zusammen, versengen und brennen ihn. Auf diese Weise hat Tängri versprochen, über mich zu wachen. Aber gibt es überhaupt noch Feinde? Sind nicht bald alle tot? Und wer würde es wagen, den Khagan in seiner eigenen Stadt anzugreifen? Ich denke an Dschamuqa. An den ersten Zusammenstoß. Viel zu früh. Ich wollte das nicht. Wir waren überhaupt noch nicht für diese Begegnung mit ihm vorbereitet. Ein Streit um Pferde und Weideplätze. Zwischen Dschamuqas Bruder Taitschar und einem meiner Diener, Juqi Darmla. Und

Darmla – der Hitzkopf – schoß Taitschar einen Pfeil in den Nacken, tötete ihn. So fing es an. Und ich gebe Dschamuqa recht. Was einer meiner Untergebenen tut, dafür muß ich geradestehen. Es ist ein berechtigter Grund für eine Blutrache. Und Dschamuqa versammelte Männer und Krieger. Er stieß bei Dalan Baljut auf uns. Wir waren auf beiden Seiten gleich viel. Trotzdem besiegte er uns … schlug uns in die Flucht. Er war ein mächtiger Heerführer, dieser Dschamuqa. Einer der besten. Heute macht es mir nichts aus, so zu denken. Ich habe mich mit sehr vielem versöhnt. Und meine Zeit hatte kaum begonnen … Ich erinnere mich, daß wir in der Jerena-Schlucht am Onon Zuflucht suchten. Er hätte uns verfolgen können, unterließ es aber. Wir verschanzten uns, so gut wir konnten. Doch wenn er gekommen wäre … er hätte uns vollständig vernichtet. Schreckte ihn der Preis, den es ihn gekostet hätte? Dachte er an die eigenen Verluste? Nein. Dschamuqa kümmerte sich nie darum, wieviel Mann er verlor. Es muß an den anderen Häuptlingen gelegen haben, die ihn überredeten oder die Gefolgschaft verweigerten. Denn Dschamuqa sei äußerst wütend gewesen, wird erzählt. Auf dem Heimweg hielt er bei den Tschinos an – einem Klan, der sich aus allem heraushalten wollte und sich bislang geweigert hatte, sich einem von uns anzuschließen. Jetzt plünderte und verwüstete er ihr Lager. Und er ließ 70 große Kessel aufstellen, mit Wasser füllen und darunter ein Feuer entzünden. Dann zwang er 70 der vornehmsten Tschinos, in diese Kessel zu steigen … und kochte sie bei lebendigem Leibe. So ergeht es denen, die sich gegen mich auflehnen! soll Dschamuqa ausgerufen haben – und ich kann mir vorstellen, wie ihm der Schaum vor dem Mund stand … Später und in anderen Ländern – weit entfernten Ländern – soll man diese Tat mir zugeschrieben haben. Das geht mich nichts an. Und ich habe nichts dagegen, daß man mich fürchtet. Doch wenn ich will, daß ein Mann sterben soll, dann lasse ich ihn töten. Es hat mich nie interessiert, mir derartige sinnlose Auftritte auszudenken oder sie zu billigen. Und es war auch nie eine gute Methode, um Anhänger zu gewinnen ... Ich lächle. Denn wer von uns beiden hat damals eigentlich verloren, Dschamuqa? Wie viele waren es eigentlich, die dich nachher verlassen haben ... entsetzt über einen solchen Anfall von Wahnsinn? Denn für jeden Mann, den ich bei Dalan Baljut einbüßte, hast du mir fünf neue beschert! Und schließlich: Du hast uns geschlagen, aber besiegt hast du uns nie. Wir hätten weitergekämpft. Bis zum letzten Atemzug. Denn vergiß nicht: Keiner von unseren Kriegern hat sich gedrückt. Kein einziger ist davongelaufen. Wir wurden geschlagen. Haben uns aber wieder gesammelt. Alle Abteilungen kehrten zurück. Wie wir es beharrlich eingeübt hatten. Und als wir so vom Pech verfolgt wurden, begriff ich auf einmal, daß ... ich einen festen Kern hatte, die Basis für ein richtiges Heer ... nicht nur eine Bande von Kriegern, sondern ein Heer, das einmal so stark und zuverlässig sein würde, daß niemand ... weder du noch ein anderer ... imstande wäre, uns aufzuhalten. Uns einmal zu schlagen? Ja. Aber uns zu besiegen? Niemals! Und ich lobte sie. Während wir unsere Wunden in der kargen, steinigen Jerena-Schlucht leckten ... ich lobte sie für ihren Mut und ihre Zuverlässigkeit. Ich erinnere mich noch an ihre mißtrauischen Augen. Als ich ihnen dankte. Aber langsam ging ihnen auf, daß ich jedes Wort, das ich sagte, ernst meinte. Und wir verstanden uns! Bald fingen wir zu lachen an. Mitten in unserem Elend! Nie war eine stolzere Schar von geschlagenen Kriegern beisammen. Wärest du uns gefolgt ... du hättest uns von weitem gehört. Denn wir sangen, Dschamuqa. Wir sangen! Sogar jetzt summe ich. Für mich. Während ich meinen Blick schweifen lasse über das, was einmal Toghrils Stadt war und jetzt das größte Ordu der Welt ist ... die alten Mauern sind an vielen Stellen eingestürzt, doch wer hat es noch nötig, sich hinter Stein und Fels zu verstecken? Das gewaltige Jurtenlager breitet sich nach allen Richtungen aus, wie eine wildwachsende Pflanze – bildet ständig neue Triebe. Jedesmal, wenn ich fort war, hat sich das Aussehen verändert … und es dauert manchmal Tage, ehe ich mich daheim fühle. Neue Menschen sind auch gekommen. Kaufleute mit Turbanen und weißen Gewändern, Lamas, ernst und mit hohen tibetischen Hüten, wandernde Mönche aus Cathay mit kahlgeschorenen Köpfen und leuchtendgelben Käppchen. Tänzer und Tierbändiger. Alle zieht es nach Karakorum … Ich sehe Frauen mit langen, lackierten Nägeln. Frauen, die ihre Brüste unnatürlich nach oben gedrückt haben, damit es aussieht, als hätten sie mehr Milch als in Wirklichkeit. Ich weiß, daß auch welche von unseren Frauen darunter waren. Anderes Essen und ausländischer Wein. Ich schüttle den Kopf. Neue Sitten und fremde Bräuche schleichen sich ein. Es ist lange her, daß der Schamane Hunden, die im Schlaf kläfften, das Herz herausdrückte, um ihr Geheimnis zu lüften … Trotzdem summe ich. Denn es ist ein schöner Tag, mit klarem blauem Himmel. Ich brumme ein altes Lied. Eines von denen, die Arghun für mich zu singen pflegte. Von allen, die jetzt längst tot und begraben sind, gehört Arghun zu denen, die mir am meisten fehlen … Eine besondere Stimme hatte er nicht, aber wenn man ihm ein Instrument gab – irgendeinen Gegenstand mit Saiten … seine Finger wurden zu lebendigen Wesen, schlanke Füße, die liefen und tanzten. Niemand hat mir reinere und tiefere Töne geschenkt als Arghun. Deshalb soll ihm alles verziehen sein. Daß er das goldene Saitenspiel aus Cathay zerbrach … heute sei ihm auch das verziehen. Dreimal habe ich diesem Instrument zugehört. Dreimal – nicht öfter. Es stand in meiner Jurte. Arghun kam zu mir und spielte. Aber ich erlaubte ihm nicht, es mitzunehmen. Es gehörte mir. Es war das schönste Instrument, das die Welt je gesehen hatte. Doch Arghun … du schwärmerisches und tolpatschiges Gemüt … eines Abends, du hast mich in den Schlaf gespielt, nahmst du es mit, leihweise, und wie im Rausch bist du die ganze Nacht herumgelaufen und hast für den Mond und die Sterne gespielt. Du stolpertest in der Dunkelheit. Und das Saitenspiel, in Gold gefaßt wie ein Bauer für vierzehn Nachtigallen, zerbrach an spitzen Steinen, und alle Vögel starben … kein Ton, nur schurrende, schlaffe Saiten … nicht mehr zu reparieren. Und ich erinnere mich an meine Wut, wie rollender Donner. Und dein verzweifeltes Gesicht. Arghun – was ist die Strafe für Diebstahl? Welchen Lohn verdient ein Dieb? Aber du hast um dein Leben gefleht. Und ich bin ein verständiger Mensch – sogar in der Wut bin ich vernünftiger als viele andere –, und ich rief: Dann hackt ihm die Hände ab! Doch erneut bat er für sich. Was wäre Arghun ohne Hände? Dann wollte er lieber sterben. Und er beugte den Nacken – reckte ihn vor. Die Hände aber … die langen, schlanken Finger … preßte er an seine Brust. Und ich bin ein verständiger Mensch. Ich ließ ihm statt dessen die Füße abhacken. Direkt über dem Gelenk … Und er dankte mir. Er weinte. Denn wer braucht Füße, um zu spielen? Seitdem fuhr er immer mit einem Wagen. Und wenn ich ihn zu mir rief, schickte ich stets Frauen, ihn zu tragen. Denn ich bin ein verständiger Mensch. Wir verstanden uns. Und ich hätte es niemals ertragen, ihn zwischen den Zelten herumkriechen zu sehen … So ist das, Dschamuqa! Ich habe stets Wert gelegt auf Musik und Gesang. Und nie mehr habe ich so gesungen wie damals in der Jerena-Schlucht … Danach setzten wir die Übungen fort. Intensiver als je zuvor. Und wir lernten, vorsichtig zu sein. Denn unser Lager wurde immer größer. War schwierig zu verlegen. Wenn wir zu neuen Weideplätzen zogen, rückten wir vor wie im Krieg. Zuerst kam ein Fächer von Spähern. Ihre Aufgabe bestand darin, geeignete Stellen zur Übernachtung zu finden, die Bedingungen für Wasser und Weidemöglichkeiten zu erkunden – und davon Meldung zu machen. Die Späher sollten auch nach Spionen Ausschau halten, sollten vor Feinden warnen. Nach diesem Fächer kam die Vorhut, stark genug, auf eigene Faust zu operieren, einzelnen Angriffen zu begegnen. Die Aufgabe der Vorhut war die Vorbereitung des Lagerplatzes. Dessen Befestigung. Im Schutz der Vorhut kam dann der große Wagentroß mit Jurten, Frauen und Kindern und dem Vieh. Und schließlich ... eine Nachhut – auch aus handverlesenen Kriegern –, die sich um die Nachzügler kümmerte, entlaufene Tiere einfing und vor allem: verhinderte, daß uns jemand in den Rücken fiel. Alles wurde ordentlich nach Plan abgewickelt. Wir lernten, uns gegenseitig zu vertrauen. Wir lernten, daß jeder einzelne von der Gemeinschaft abhängig war. Wir lernten, die Verantwortung zu teilen. So wurden wir von Tag zu Tag stärker. Und die anderen Steppenvölker wurden aufmerksam auf uns. Selbst du, Dschamuqa, solltest lange warten, bevor du uns wieder an die Kehle sprangst ... So gehe ich und träume. Mit offenen Augen. Hier am Ufer des Orchon, am Fuße des Khangai – in der Nähe des Berges, der Schildkrötenberg genannt wird. Denn die Zeiten mischen sich. Alles fließt ineinander. Und nirgends merke ich den Wind der Vergangenheit so wie hier in Karakorum. Ist nicht bereits die Landschaft voller Omen und Zeichen? Wo gibt es so viele seltsame Steinfiguren wie hier? Alte, verwitterte Recken, erstarrt vor hoch aufragenden Felsblöcken mit unverständlichen Schriftzeichen ... nicht einmal Schigi Khutukhu oder Tatatunga können sie entziffern ... Manche meinen, die Zeichen stammten von einem Volk der blauen Türken. Aber wer vermag so weit zurückzugehen? Und wenn ich weiter hinausreite in die Steppe ... wie oft stoße ich da auf noch ältere Spuren: Felswände, in die Menschen, die längst zu Staub zerfallen sind, Bilder von Tieren und Jägern geritzt haben. Die Zeiten mischen sich. Und ich frage den Wind und das Gras ... ich frage Tängri, den blauen Himmel ... Was wird bleiben, wenn ich einmal nicht mehr bin? Wie lange wird man sich meiner erinnern? Und ich gebe mir selbst die Antwort, ich rufe: Immer! Ich reite das Pferd, bis es fast zusammenbricht. Ich balle die Fäuste und schreie: Immer! Immer … Doch wenn ich mich wieder beruhigt habe, laufen die Gedanken nicht mehr so weit nach vorn, sie bewegen sich eher rückwärts. Mit den Jahren ist alles schwierig geworden. In der ersten Zeit dagegen … selbst wenn nicht alles einfach war … ich erinnere mich, daß wir ständig mit dem Jurkin-Klan und dessen Führern, Sätschä-bäki und Taitschü, Schwierigkeiten hatten. Ich erinnere mich an ein Fest, bei dem alle betrunken waren. Wo einer den andern beleidigte. Ein Trinkgelage, das damit endete, daß wir Äste von den Bäumen rissen, nach Besen und Kochlöffeln griffen – und aufeinander losgingen. Danach wurde das Verhältnis zwischen uns nie mehr gut. Ich hatte damals das Hauptquartier – Auruq – an einem See namens Hariltu Nor. Denn wir waren so zahlreich geworden, daß wir nicht mehr alle gemeinsam als ein Haufen herumziehen konnten. Wir hatten mehrere Lager. Ich war auf einem Kriegszug im Osten. Ich weiß nicht mehr, gegen wen. Als ich zurückkehrte, erfuhr ich, daß es mit den Leuten des Jurkin-Klans wieder Streit gegeben hatte. Sie hatten alle Freundschaft und Gehorsam geschworen. Sie hatten mich zum Khan über ihre eigenen Anführer gewählt. Trotzdem hatten sie jetzt 50 von meinen Männern nackt ausgezogen – und zehn davon erschlagen. Mich interessierte nicht, wie und warum es zu dem Streit kam. Ich erinnere mich an meine Worte: »Die Jurkin benehmen sich wie unsere Feinde. Dann wollen wir sie wie unsere Feinde behandeln!« Ich rief das Heer zusammen. Ich ritt gegen die Jurkin. Sie lagerten bei den sieben Hügeln beim Kerulen-Fluß, in der Nähe der Insel Kode'e. Ich ging rücksichtslos gegen sie vor. Und Sätschä-bäki und Taitschü durften auf keine Gnade hoffen. Ich erinnerte sie an ihr Versprechen, das sie mir einst gaben. Und gehörte Sätschä-bäki nicht zu den vieren, die mich zum Dschingis Khan ausriefen? Aber sie antworteten: Wir erinnern uns nicht mehr, was wir sagten. Doch ich erinnerte mich. Und ich ließ sie köpfen, und ihre Köpfe wurden hinausgeworfen in die Steppe – wie sie es selbst einmal verlangt hatten, an dem Tag, an dem sie mir Treue schworen. Und ich wußte, daß sich die Jurkin nie mehr erheben durften. Deshalb tötete ich viele. Und die, die ich am Leben ließ, wurden Diener und Konkubinen ... wir teilten sie unter uns. Ich wußte nur nicht, was ich mit Buribökö machen sollte. Er war ein Vetter meines Vaters – und ein Enkel von Khabul Khan. Stark wie ein Bär war er, und er prahlte, es gebe keinen zwischen Onon und Kerulen, der ihn zu Boden werfen oder auf den Rücken legen könne. Außerdem war er ein Streithammel und Aufwiegler. Ich mochte ihn nicht um mich haben – nicht einmal als Pferdewache –, aber er war ein Verwandter ... und welchen Grund sollte ich angeben, um ihn hinzurichten? Da beschloß ich, Belgütai als Werkzeug zu benutzen ... meinen treu ergebenen Halbbruder ... den großen, sanften und gutmütigen Belgütai, der nie jemanden beleidigte, wenn es sich vermeiden ließ, mir aber auch nie etwas abschlug. Als Kind war er immer der Stärkste von uns. Er war ein guter Ringer. Bei weitem nicht so geübt wie Buribökö. Trotzdem gab ich eines Tages den Befehl, ich wolle sie kämpfen sehen ... Beide waren sie überrascht. Beide wußten sie, wer gewinnen würde. Nur ich – als einziger – tat so, als sei ich über den Ausgang des Kampfes im ungewissen. Und Belgütai war mein Halbbruder ... Ich merkte, was Buribökö dachte, er fürchtete, es würde mir nicht gefallen, Belgütai vor aller Augen gedemütigt zu sehen. Deshalb beschloß er, den Sieg schwerer zu machen, als er wirklich war. Genau damit hatte ich gerechnet ... Die beiden gehen aufeinander los. Versuchen, sich zu packen. Ich sehe, daß Buribökö sich fallen läßt. Auf den Bauch. Mit dem Gesicht nach unten. Und Belgütai setzt sich auf ihn. Schafft es aber nicht, ihn umzudrehen. Ich fange Belgütais Blick auf. Gebe ihm ein Zeichen. Ich beiße mir in die Lippe. Belgütai versteht nicht. Da beiße ich noch einmal. Ich nicke mit dem Kopf und beiße so kräftig, daß die Lippe blutet. Und jetzt versteht er. Ich sehe, wie seine Augen ausdruckslos werden. Aber er tut, wozu ich ihn auffordere. Ich sehe, wie Belgütai das Knie in Buribökös Rücken stemmt, mit beiden Händen den Hals umfaßt – und schnell nach hinten reißt. Alle heulen auf. Buribökö keucht. Sagt laut, daß viele es hören: »Belgütai hätte mich nie besiegt. Aber aus Furcht vor dem Khan ließ ich mich absichtlich fallen und hielt mich zurück – und deshalb habe ich jetzt mein Leben verspielt!« Dann stirbt er. Und Belgütai steht auf und geht weg. Einige Tage will er nicht mit mir sprechen … Hatte ich keine Angst, Buribökös Freunde würden ihn rächen? Ich lache. Menschen wie Buribökö haben keine Freunde. Sie haben Leute, die ihnen nach dem Munde reden. Sie haben Würmer, die kriechen. Freundschaft ist etwas anderes. Buribökö – und solche wie er … sind vergleichbar mit einem Sack voll Wind. Niemand vergießt eine Träne, wenn er ausgeleert wird … Belgütai schon. Der Treueste von allen. Er, der mir blind folgte – von Kindheit an. Nur ein einziges Mal hatte ich Grund, ihn zurechtzuweisen. Und wäre es ein anderer gewesen – egal wer … ich hätte, ohne zu zögern, zum Schwert gegriffen. Beim Feldzug gegen die Tataren. Wir hatten Gefangene gemacht. Viele Gefangene. Und wir überlegten, was wir mit ihnen machen sollten. Wir berieten. Die Vertrautesten. Der innerste Kreis. Und ich überraschte sie. Denn es war meine Absicht, alle sterben zu lassen. Ich habe die Tataren stets gehaßt und verachtet. Sie töteten meinen Vater. Sie sind ein Volk, dem ich nie vertrauen würde. Ein Tatarenkrieger … selbst als Sklave wird er nichts anderes im Kopf haben, als wieder zur Waffe zu greifen. Um dir in den Rücken zu fallen. Ich sagte: Wir wollen die Gefangenen in einer langen Reihe an einem der Wagen vorbeigehen lassen. Wer größer ist als die Radnabe, wird geköpft. Die Kinder nehmen wir mit und erziehen sie zu Mongolenkriegern … Es war das erste Mal, daß ich den Rat aufforderte, mir in dieser Sache nachzugeben. Es war bisher nicht üblich gewesen, sich einer so großen Zahl von Gefangenen zu entledigen. Aber sie nickten. Und stimmten zu. Ich war Dschingis Khan … Doch Belgütai verriet uns. Nicht böswillig. Nicht absichtlich. In seinem Herzen war kein Platz für eine Treulosigkeit. Mit seiner freundlichen Art kam er jedoch rasch in ein freundschaftliches Gespräch mit einigen Gefangenen. Einer davon war Yeke Tscharan, der Anführer der Tataren. Und Yeke Tscharan fragte, welchen Beschluß der Rat gefaßt habe. Als Belgütai antwortete – und so lange er lebte, fiel ihm nicht ein, die Unwahrheit zu sagen -, sah Yeke Tscharan keinen Grund mehr, still sitzenzubleiben. Sollte er an der Radnabe gemessen und ohnehin getötet werden, konnte er ebensogut im Kampf sterben. Kein Krieger mag wie Vieh zur Schlachtbank geführt werden. So hatte er die Gefangenen sofort hinter sich. Sie rebellierten gegen die Wachen. Und da sie nichts zu verlieren hatten, kämpften sie wie die Berserker. Wir schlugen den Aufstand nieder. Aber viele der Unseren verloren ihr Leben … viel zu viele … und das war Belgütais Schuld. Sein gutmütiges Herz und die gedankenlose Zunge. Ich hätte ihn umbringen können. Aber ich sagte: »Von jetzt an wird Belgütai von Ratsversammlungen ausgeschlossen. Während wir beraten, hat er draußen zu sitzen – er soll Ordnung halten im Lager, Diebe und Räuber nach dem Gesetz verurteilen und alle die besänftigen, die zanken oder sich ungerecht behandelt fühlen. Erst wenn der Rat einen Entschluß gefaßt hat – und der Wein getrunken ist –, soll Belgütai wieder hereindürfen zu uns.« Und so wurde es gemacht. Ich bin immer ein verständiger Mensch gewesen … Ich spaziere durch Karakorum. Ich denke an Yeke Tscharan, den Tatarenhäuptling, der den Aufruhr der Gefangenen anführte. Ich gehe am Viertel der Frauen vorbei. Zwei seiner Töchter leben dort. Die beiden, die meine Geliebten wurden. Yesügen und Yesüi … Auch sie sind verständig gewesen.

So kann sich alles mischen.

Und fast alles ist so geworden, wie ich es wollte. Nur diese Stadt macht mir Kummer … Ich würde sie am liebsten los sein. Von Städten kommt nie etwas Gutes. Aber sie sagen, die Stadt sei unentbehrlich. Das Reich habe sich so sehr ausgedehnt, daß es nicht mehr vom Pferderücken aus regierbar sei. Und in den letzten Jahren habe auch ich versucht, mich hier zurechtzufinden. Aber nie sehr lange. Am wohlsten fühle ich mich ganz am Rande. In der Nähe der Tiere … Denn ich weiß, was Städte mit den Menschen machen. Sie binden uns an den Boden … an Dinge und Gegenstände. Ich mag das nicht. Ich sehe aus allen Himmelsrichtungen die Karawanen kommen. Dinge … Waren … unnötiger Luxus. Ich sehe, wie sich meine Leute mehr und mehr wie Fremde kleiden. Sich putzen … und nicht nur die Frauen. Diese Schwäche für Reichtum und Flitter. Stolzieren herum mit Affen auf der Schulter. Alle möglichen krankhaften Gewohnheiten. Lachen über Sachen, die nicht im geringsten lustig sind. Bald beherrschen nur noch die Alten ein ordentliches Handwerk. Denn es gibt alles. Leicht kann man sich alles besorgen. Obwohl ich gegen dieses Kaufen und Verkaufen war. Ich habe gesagt: Nur Tauschhandel ist erlaubt! Aber ich weiß, das ist nicht aufzuhalten. Bald haben wir Basare … wie bei den Muslimen. Bald leben wir in einem Krämerladen. Und ich kann daran einfach nichts Gutes sehen. Meine Ratgeber reden mir ein, das sei die Zukunft … trotzdem weigere ich mich, daran teilzuhaben! Ich muß lachen. Dabei weiß ich, daß es da nichts zu lachen gibt. Ich habe die ganze Welt errungen. Aber ich kann nicht mehr leben, wie ich will! Was sagst du dazu, Yelü Chucai … du hast doch auf alles eine Antwort? Soll sich der Khagan in seiner eigenen Stadt wie ein Gefangener fühlen? So oft wie möglich reite ich hinaus … reite allein und ohne die Abzeichen des Herrschers. Einst war das Toghrils Platz. Ich hätte ihm den niemals wegnehmen sollen. Oft denke ich an Toghril. War ich nicht sein »Sohn«? Nannte ich ihn nicht »Vater«? Und damals, als ihm das Ganze aus der Hand glitt … als sein Bruder Erke-qara ihn stürzte und ihn vertrieb, habe ich ihm nicht wieder zur Macht verholfen? Ich war damals 30 Jahre alt. Und Toghril kam zu mir … nachdem er zuerst die westliche Gobi durchquert hatte, fast allein und nur mit einigen Kamelen, fünf struppigen Ziegen und einem einzigen Pferd – das überdies blind war … seine Feinde versperrten alle anderen Wege … und es war so weit zwischen den Wasserlöchern in der Wüste, daß er während seines Marsches gezwungen war, den Kamelen die Gurgel durchzuschneiden und ihr Blut zu trinken. Als ich ihn am See Gusa'ur Nor traf … und er mir auf dem blinden braunen Pferd mit dem schwarzen Maul entgegenritt … wie ein Bettler … habe ich ihn nicht in die Arme genommen, habe ich ihn nicht auf beide Wangen geküßt? Ich gab ihm neue Diener und Krieger. Ich begleitete ihn heim. Ich verjagte seinen Bruder vom Thron. Ich verschaffte ihm wieder Macht. Damals haben wir geschworen … daß »Sohn« und »Vater« stets mehr als nur Worte für uns sein sollten. Seitdem ritten wir gemeinsam. Auf vielen Kriegszügen. Wir hatten beide unsere Freude daran. Und wir vergrößerten unsere Macht und unseren Einfluß. Trotzdem sollte er sich eines Tages gegen mich stellen. Mir in den Rücken fallen. Denn so sind die Menschen. Ihre Treue kann groß sein. Aber ihr Verrat ist grenzenlos … Ich reite durch Karakorum. Ich reite an grauen Holzkirchen mit Spitze und Kreuz vorbei, ich reite vorbei an Moscheen, dunkelblauen Kuppeln und schlanken Minaretten, ich sehe Buddhatempel mit großen Goldfiguren … tibetische Klöster, auf denen Papierräder schnurren und die Glocken im Wind bimmeln. Ich lasse jedermann glauben, was er will. Es gibt mehr und mehr Priester, Mönche und heilige Gestalten hier. Mit hohler Brust und lallender Stimme. Ich lasse sie gewähren. Sie können sich bewegen, wie sie wollen. Solange sie untereinander Frieden halten, sollen sie ihren Frieden haben. Mein Gott ist Tängri. Ich habe keinen anderen. Doch alle, die Treue und Gerechtigkeit verkünden, sind willkommen. Denn Wege gibt es viele. Nicht alle können derselben Spur folgen. Aber was ich nicht dulde, ist *Verrat*! Ich reite durch Karakorum. Das Herz der Welt. Ich spüre, wie es pocht und schlägt. Und ich habe Tängri. Den blauen Himmel …

Wie lange bin ich ein anderer gewesen? Wie lange hat die Hand geschrieben? Die Berge erheben sich zur Senkrechten und werden zu Wänden aus Erde und gebranntem Lehm. Der Himmel fällt auf mich.

Ich habe den Mohnsaft getrunken.

Jetzt bin ich Wolfgang.

Sie schläft noch.

Bin ich ein Werwolf? Gehöre ich zu den Unglücklichen, die auf einmal mit oder gegen ihren Willen als dreibeiniger Hund den Mond anheulen? Wie könnte ich sonst wie er denken und fühlen? Wie könnte ich ihn immer wieder verstehen und verteidigen? Ich habe einen Wolf in meinem Namen. Ich habe zusammengewachsene Brauen. Bin ich ein Wolfsrüde? Als meine arme Mutter spürte, daß ich in ihrem Bauch strample … ist sie da durch die Haut eines geköpften Fohlens gekrochen, um sich die Geburt zu erleichtern? Ich weiß, daß ich Dschingis Khan sein kann. Und das erschreckt mich. Es erschreckt mich, daß ich auf diese Weise fähig bin, die Welt mit grünen Augen zu sehen. Daß ich jederzeit alle Eigenschaften des Wolfes annehmen kann … Doch wer von uns – mein Freund im fernen Westen –, wer von uns kennt nicht den Geschmack von Blut? Und wie oft haben wir geschluckt, haben die Zähne lächelnd zusammengebissen … um uns nicht zu verraten … damit niemand glauben sollte … Mein Freund, wenn ich ein Werwolf bin – wie viele erkennen wir dann, wie viele von denen, die wir täglich sehen, müßten heimlich auf allen vieren herumlaufen?

Es gibt keinen Schutz gegen diese Kräfte. Habe ich dir erzählt, daß man mir Allahs Namen auf der linken Schulter eingebrannt hat? Ich war neun Jahre alt. Es passierte in Alexandrien. Ich hatte gelogen. Ich hatte behauptet, lesen zu können. Deshalb hatte man mich gekauft und für mich bezahlt. Aber mein Herr war gnädig. Und er fand, mein Hintern würde so manches entschuldigen. Doch damit ich für alle Zeit Gott fürchten und lieben sollte, brannte er mir den heiligen Namen in die Haut. Und er erklärte mir, daß man Gottes Namen weder mit der Zunge noch mit den Augen oder der Hand zerstören noch seines wahren Sinnes berauben könne. Entfernt man den Buchstaben A, bleibt *lillah* – das bedeutet: Alles gehört Allah. Nimmt man auch den nächsten Buchstaben weg, lesen wir *lahu*: Alles gehört ihm. Und entfernt man noch einen Buchstaben, steht *hu* da, das bedeutet: Er oder die Wirklichkeit. Mein Herr war leidenschaftlich und verrückt. Und manchmal konnte ich ein paar Tage nicht sitzen ... An einem Abend, an dem ich blutete und heulte wie ein Schwein, erzählte er mir, daß im Koran 2701mal der Name Allahs vorkomme. Er kannte meine Vorliebe für Zahlen. Und vielleicht wollte er mich trösten. Denn er nahm mich auf den Schoß. Gab mir Saft. Und gemeinsam rechneten wir aus, daß die Quersumme von 2701 eins ist – 1. Er lachte. Und er wollte, daß auch ich lache. Er sagte: Wieviel ist 37 mal 73? 2701. Und die Quersumme von 37 wie von 73 ist 1! Und beides sind Zahlen, die nur durch sich selbst teilbar sind oder durch eins – 1. Und weil ich blutete ... und zum Dank dafür, daß er mir wieder einmal bewiesen hatte, Gott ist eins und nicht drei, wie die irregeleiteten Christen meinen, mußte ich ihn saugen, bis mir übel wurde. Ich war neun Jahre alt. Und ich weiß, daß das eigentlich nicht in dieses Buch gehört, obwohl es einmal erzählt werden sollte. Ich sage nur: Was half oder nützte mir all dieses Wissen? Und was half und nützte es ihm?

Ich brauche Reiswein. Und ich weiß, wir haben einen Krug davon. Wie spät in der Nacht ist es? Die Wasseruhr tropft. Es ist die Stunde des Ochsen. Der Mohnsaft hat mich schläfrig gemacht. Was sind das für Medizinen, die sie mir gibt? Warum meint sie, ich sei kränker, als ich selber wisse? Ich brauche einfach Reiswein. Oder Mumie ... Mumie wäre das Beste! In Kairo half ich einige Zeit bei der Herstellung von Arzneien. Das schwarze Mineral, das es am Toten Meer gibt und das manche Asphalt nennen, hat auch die Bezeichnung *mum* oder *mumiya*. Als die Araber Ägypten eroberten und die alten Grabkammern öffneten, fanden sie heraus, daß dieser Stoff zur Einbalsamierung benutzt wurde. Und für die Heilkundigen war sofort klar: Wenn die Mumien – so entstand der Name – auf diese Weise Tausende von Jahren vor Verwesung geschützt waren, mußten auch die Lebenden an diesem seltsamen schwarzen Mineral ihre Freude haben. Anfangs nahm man einfach echte Mumien und pulverisierte sie oder verabreichte sie in größeren oder kleineren Portionen – gegen Pest, Vergiftungen und Brustkrankheiten. Das war vor meiner Zeit. Als ich damit arbeitete – als Gehilfe in einer von Kairos kleinsten Quacksalbereien, aber offensichtlich der verdrecktesten –, waren die echten Leichen längst aufgebraucht. Wir stahlen oder kauften gewöhnliche Leichen. Balsamierten sie mit Asphalt und verschiedenen Kräutern ein. Wir trockneten sie in großen Öfen. Bevor wir sie mit großen Mörsern zerstießen ... Oder wir begnügten uns damit, Asphalt und Myrrhe mit beliebigen alten Knochenresten zu mischen. Und alles wurde verkauft. Vorwiegend nach Europa. Die Erwachsenen lachten und neckten mich. Christen sind ja ohnehin Kannibalen, riefen sie. Verspeisen sie nicht sogar ihren eigenen Gott? Trinken und essen sie etwa nicht von seinem Leib? Ist es dann so merkwürdig, daß sie Leichenreste lieben?

Ich torkle herum. Und ich denke: Gesetzt den Fall, es

wirkt? Ich habe nie Mumie Ægyptiacą probiert. Damals ekelte ich mich davor. Aber falls es wirklich hilft?

Wenn ich etwas brauche … dann ist es ein Mittel gegen Verwesung.

Damit ich mich nicht auch noch ihm anschließe. Wie so viele.

Von seinem zwanzigsten Lebensjahr. Bis zu seinem dreißigsten.

In dieser Zeit kam Boroqul zu ihm. Einer der vier Großen. Und Muqali. Ihm wurde später so viel Ehre und Anerkennung zuteil, daß Dschingis Khan ihn nach dem Sieg über Cathay und der Flucht des Kaisers südlich des Gelben Flusses den Kriegszug zu Ende führen ließ, in seinem Namen – und selber in die Gobi zurückkehrte.

Und jetzt taucht auch Munglik wieder auf. Munglik … dem sich Yesügei einst anvertraut hatte … der den Knaben Temudschin aus Dai-Setschens Ordu holte, als Yesügei im Sterben lag – vergiftet von verräterischen Tataren. Viele Jahre hatte Munglik zusammen mit Targhutai und den Taidschigut gelebt. Dann war er mit Dschamuqa gezogen. Jetzt kehrte er endlich zurück zu Temudschin. Sieben Söhne hatte er bei sich. Einer davon war Täb-tängri, der Schamane … Und Temudschin verzieh Munglik. Er verzieh ihnen allen. Denn er freute sich, wieder ein Gesicht aus seiner Kindheit zu sehen.

Auch seine Mutter war glücklich. Es heißt, Ölüns Wiedersehensfreude sei so groß gewesen, daß sie Munglik sofort zum Manne nahm. Er war zu dieser Zeit Witwer.

Ich habe Yelü Chucai nach diesen Gerüchten gefragt. Aber er schenkte ihnen keinen Glauben. Und das tue ich auch nicht. Ich glaube gern, daß Ölün Munglik mitnahm unter ihr Fell. Kleine Knaben konnten ihr nicht alles geben. Aber daß sie sich ausgerechnet Munglik als Mann aussuchte?

So mischt sich fast alles. Gerüchte und Reiswein. Die Gedanken purzeln dahin. Und draußen fängt der Tag schon an zu grauen.

Wir wollen lieber über Tiere sprechen. Warum lehrt uns die Kirche, daß nur der Mensch für ein Leben nach dem Tod des Leibes geschaffen ist? Warum sollen nur wir eine Seele haben? Und warum müssen wir die Geschichte von Jesus lesen, der 2000 Schweine zwingt, sich ins Wasser zu stürzen, grunzend und quietschend vor Angst? Ich bin ein Narr. Und ich habe getrunken. Mein Freund – ich mache gern das Kreuzzeichen, meinetwegen mit Händen und Füßen, und unser Herrgott bewahre meinen Mund – aber ist das nicht eine sinnlose und ziemlich dumme Handlung? Er trieb Teufel und Dämonen aus. Mußte er sie auch wieder *hineintreiben* … in andere lebendige Wesen? Ich fragte einmal einen Mönch danach. Ich fragte auch, warum in aller Welt Gottes Sohn plötzlich darauf kam, den Feigenbaum zu verfluchen. Und der Mönch antwortete: Damit will uns Christus zeigen, daß es heidnischer Aberglaube ist, wenn man es ablehnt, Tiere zu töten oder Pflanzen zu vernichten.

Er aß, während er redete. Einen großen Lammbraten.

Jesus wollte uns sagen – sagte der Mönch –, daß wir in bezug auf Tiere unser Verhalten nicht nach denselben moralischen Regeln ausrichten müssen, die unseren Umgang gegenüber Menschen bestimmen. Deshalb habe er Teufel in die Schweine versetzt, statt sie nur zu verfolgen oder zu töten. Was er leicht hätte tun können.

Ich weiß noch, wie ihm das Fett übers Kinn lief.

Er zitierte Paulus. Kümmert sich Gott etwa um Ochsen? fragt Paulus. Nein … das Gesetz ist allein für den Menschen gemacht. Und er zitierte unseren alten Vater Augustinus: Das Unvollkommene ist um des Vollkommenen willen da. Deshalb können wir Pflanzen zum Besten der Tiere benutzen und Tiere zum Besten der Menschen.

Damals wußte ich nicht, was ich ihm antworten sollte. Aber er war Franziskaner. Und ich fragte ihn vorsichtig nach dem heiligen Franz … doch er unterbrach mich mit einem dröhnenden Lachen. Nicht nur Tiere und Vögel hat Franz als seine Geschwister bezeichnet, rief er. Auch die Sonne, den Mond, den Wind und das Feuer – alles und alle waren ihm Brüder und Schwestern. Aber wenn wir Steine, Pflanzen und Tiere gleich hoch schätzen, geht uns jeder entscheidende Unterschied zwischen ihnen verloren! Und der heilige Franz hat auch gesagt: »Alle Geschöpfe rufen laut: Gott hat mich um deinetwillen geschaffen, o Mensch!« – Sogar die Sonne scheint für den Menschen!

Der Mönch wischte sich den Mund ab und reichte mir eine halb abgenagte Keule. Glaub mir, sagte er lächelnd. Franz von Assisi aß Fleisch. Und als er seine segensreiche Ordensregel für uns machte, verbot er den Brüdern nicht, sich den Bauch mit kleinen, frisch gebratenen Lämmern zu füllen …

Ich lächelte auch. Denn ich war hungrig.

Ich nahm die Lammkeule, die er mir gab.

Ich aß und rülpste.

Warum rede ich soviel über solche Dinge? Warum quälen sie mich? Weil ich glaube, daß alles zusammenhängt.

Hier im Osten bin ich Menschen begegnet, denen jedes Leben heilig war. Nicht einmal das kleinste Insekt können sie töten. Lieber würden sie sterben, als einen Mistkäfer zu zertreten. Sie haben sich hauchdünne weiße Binden vor Mund und Nase gebunden … damit sie nicht aus Versehen eines dieser kleinen Lebewesen einatmen, die es ihrer Meinung nach in der Luft gibt, die aber vielleicht so winzig sind, daß wir sie nicht zu sehen vermögen …

Und ich weiß: Auch das ist kein gangbarer Weg.

Aber wohin sollen wir uns wenden?

Ich beuge mich über Diao Chan. Versuche, sie wach zu rütteln. Will es wissen. Bin ich derjenige, den sie allen anderen vorzieht?

Dschingis Khan riskierte nie etwas. Kaltblütig konnte er ganze Städte in Schutt und Asche verwandeln und reiche Provinzen in trostlose Wüsten. Für ihn besaß ein Menschenleben keinen Wert. Er war nicht grausam, weil er Freude daran hatte. Und er war durchaus fähig, einem Gegner zu verzeihen. Aber wenn er der Meinung war, es sei unvorteilhaft … wenn er sich bedroht fühlte … vernichtete er Menschen, als wären es Ratten.

Die kleine Rundliche wird uns verraten.

Was habe ich gegen Ratten? Warum benutze ich solche Vergleiche?

Ich bin müde.

Bald werde ich den Pinsel ins Wasser stellen.

Aber vorher lese ich noch alles, was ich diese Nacht geschrieben habe.

In dem Gespräch über Tiere steht: *Damals wußte ich nicht, was ich ihm antworten sollte.*

Der Satz überrascht mich. Ich kann mich nicht daran erinnern.

Denn ich war immer sehr schlagfertig … hätte ich also gewollt, mir wäre sicher etwas anderes eingefallen … etwas, worüber wir beide hätten lachen können. Das hat mit meinem Beruf zu tun. Wir Gaukler üben jeden Tag. Verdrehen und verändern alles, was wir hören und sagen.

Ich habe immer gewußt, was ich anderen antworten soll.

Das ist leicht.

Aber weiß ich auch, was ich *mir selbst* antworten soll?

Ich hätte mich ihm angeschlossen. Wäre er noch am Leben. Und hätte er die Hand nach mir ausgestreckt. Denn wenn die Macht lächelt und uns den Kopf streichelt, bleiben wir da nicht still stehen und lassen uns streicheln? Es ist nicht immer leicht, den Kopf in den Nacken zu werfen. Ich brauche mich nicht besser zu machen als andere.

Und ich denke an eine Geschichte, die ich in Ägypten hörte. Über Khidr – von dem die Muslime sagen, er sei der Lehrer von Moses gewesen. Einmal habe Khidr die ganze Menschheit gewarnt, wird erzählt. Er stieg auf einen Berg und rief so laut, daß alle ihn hören konnten. In zehn Tagen wird alles Wasser auf der Erde verschwunden sein, rief Khidr. Alles, was nicht vorher in Eimer und Krüge geschöpft und an einem sicheren Ort aufbewahrt wurde. Und Khidr sagte: Wenn die Erde ganz ausgetrocknet ist, wird wieder Wasser kommen. Aber das neue Wasser ist anders ... und jeder, der davon trinkt, wird den Verstand verlieren! So redete er. Doch von allen, die ihm zuhörten, gab es nur einen einzigen, der die Worte in seinem Herzen bewahrte. Dieser eine beeilte sich, soviel Wasser zu schöpfen, wie er vermochte, und er hob es an einem sicheren Ort auf. Dort wartete er auf das Geschehnis. Und an dem Tag, den Khidr vorausgesagt hatte, hörten alle Flüsse und Bäche zu fließen auf, Seen und Brunnen vertrockneten. Der Mann wartete. Er sah alles, was geschah. Aber er hatte genug zu trinken. Erst als die Trockenheit endete und die Wasser wieder sprudelten, kroch er aus seinem Versteck. Er sehnte sich nach anderen Menschen. Aber bald stellte er fest, daß sie sich ganz anders benahmen als vorher. Und niemand erinnerte sich daran, was geschehen war. Niemand erinnerte sich an die Trockenheit. Niemand erinnerte sich daran, daß jemand versucht hatte, sie zu warnen. Und wenn er sich mit ihnen unterhielt, merkte er, daß sie ihn für verrückt hielten. Einige verhielten sich feindlich ihm gegenüber. Andere zeigten Mitleid. Doch keiner verstand ihn. Anfangs wollte der Mann das neue Wasser nicht anrühren. War er durstig, ging er immer zu seinem Versteck und trank aus dem heimlichen Vorrat. So verging eine lange Zeit. Aber schließlich beschloß er, nun auch das neue Wasser zu probieren. Denn er fühlte sich unendlich einsam. Und er hatte keine Lust mehr, der einzige zu sein, der anders dachte und sich anders benahm. Deshalb trank er von dem neuen Wasser. Und wurde wie alle anderen … Sofort vergaß er seine Eimer und Krüge, die er mühsam gesammelt und versteckt hatte. Und die Menschen um ihn freuten sich. Für sie war er ein Irrer gewesen und hatte nun auf unerklärliche Weise plötzlich seinen Verstand wiedergefunden.

Ist das so?
Muß das so sein?

Ich öffne die Tür.
Es hat angefangen zu schneien.
Trotzdem denke ich an Ägypten.

# XIV

Nach westlicher Zeitrechnung muß es das Jahr 1198 gewesen sein. Der Jin-Kaiser hatte Streit mit den Tataren. Man sagte, daß sie den Abgesandten des Kaisers keinen Respekt mehr erwiesen und die Karawanen beraubten, denen eigentlich freies Geleit zugesichert worden war. Der Anführer bei diesen widerspenstigen Aktionen hieß Megudschin. Viele Jahre lang hatte er die Klans um sich geschart, die sich im Gebiet um die beiden Seen Dalai Nor und Buir Nor aufhielten. Jetzt war er so mächtig geworden, daß sogar der Goldene Khan in Cathay merkte, daß es ihn gab … Der Ratsherr, der verantwortlich dafür war, daß die verschiedenen Nomadenstämme kuschten, sich in Kleinkriegen befehdeten und in entsprechender Entfernung blieben, hieß Wanyan Xiang. Xiang stellte sofort ein Heer auf und zog gegen die Tataren. Aber obwohl die Krieger aus Cathay zahlenmäßig überlegen waren und mehrere kleine Scharmützel gewannen, kam es nie zu einer entscheidenden Schlacht. Denn die Tataren wichen aus … nur wenn sie eine Chance witterten, machten sie rasche Ausfälle, wie Hunde, die kläffen, beißen und dann wieder weg sind … und die Krieger aus Cathay wurden immer weiter nach Norden und Westen gelockt. Wanyan Xiang machte sich allmählich Sorgen, wie er den nötigen Nachschub und

Proviant heranschaffen sollte. Denn es war ein großes Heer. Und keiner war darauf vorbereitet gewesen, daß der Feldzug so viele Monate dauern würde … In dieser Situation bat er die anderen Nomadenstämme um Hilfe. Reiter wurden zu Toghril gesandt, dem Häuptling, der in Xiangs Augen lange der mächtigste war – und auch der freundlichste und am ehesten zur Kooperation bereit. Auf ihrem Weg kamen die Abgesandten an Temudschins Lager vorbei. Und Temudschin erkannte sofort, welche Möglichkeit ihm da in den Schoß fiel … mit Hilfe von Cathay konnte er jetzt die stärksten Häuptlinge der verhaßten Tataren vernichten, konnte einen Feind erledigen, an dessen Herausforderung er sonst noch lange nicht zu denken gewagt hätte. Er verspricht Wanyan Xiang seine Unterstützung. Stellt ein Heer auf. Und zieht, ohne zu zögern, gegen den Feind. Gleichzeitig schickt er seine Abgesandten mit den Kriegern von Cathay zu Toghril. Sie sollen ihm Temudschins Entschluß mitteilen und seinen »Vater« bitten, so rasch wie möglich zu folgen … Vor einer solchen Übermacht – und von mehreren Seiten angegriffen –, haben Megudschin und seine Tataren keine Chance. Sie werden geschlagen. Vernichtend … Nach der letzten Schlacht ruft Wanyan Xiang seine beiden Helfer zu sich. Es ist nicht das erste Mal, daß Toghril und die Keraiten ihm Beistand geleistet haben. Zum Dank verleiht er deshalb Toghril den Titel *wang*, das bedeutet Prinz oder Fürst. Er lobt auch Temudschin, von dem er bis jetzt noch nie etwas gehört hat, den er aber für einen Vasallen von Toghril hält. Xiang sucht auch für ihn nach einem passenden Titel. Für einen Augenblick ist er geneigt, ihn *zhaotaoshi* zu nennen, das bedeutet Der-Verantwortliche-für-Ruhe-und-Ordnung-in-den-Grenzgebieten. Aber er überlegt es sich anders. Dazu ist es zu früh … Doch er verspricht, die Sache mit dem Jin-Kaiser zu verhandeln, persönlich – und in dem Bericht, den er zu schreiben habe, werde er die beiden Nomadenhäuptlinge wegen ihrer Treue und ihres Mutes hervorheben und ausführlich darauf hinweisen, welch unschätzbaren Dienst sie Cathay erwiesen hätten …

So wird Temudschin zum ersten Mal in den kaiserlichen Annalen erwähnt. Wie ein Barbar, den man für Glasperlen kaufen kann, ein Hund, der mit dem Schwanz wedelt, wenn man ihn streichelt, oder ein Esel, der hinter einer Mohrrübe an einer Stange herläuft.

Er ist 32 Jahre alt.

Ich lächle. Verantwortlich für Ruhe und Ordnung in den Grenzgebieten … Ich lache laut. Die Rolle fällt mir auf den Boden, der Pinsel fliegt gegen die Wand.

Fünfzehn Jahre später wird er alle Mauern Cathays über den Haufen rennen, wird wie ein Sturmwind durch das Reich der Mitte fegen.

Was noch? Wanyan Xiang läßt die beiden ihm wohlgesinnten Barbaren die Kriegsbeute unter sich aufteilen. Unter den Gegenständen wählt Temudschin eine goldene Wiege mit perlenbestickter Decke. Und für seine Mutter Ölün wie üblich einen kleinen Jungen … mit einem Goldring in der Nase und einer mit Zobelfell und goldenen Quasten eingefaßten Jacke. Der Knabe ist noch nicht groß genug, um sagen zu können, wer er ist oder wie er heißt. Doch Ölün nimmt ihn sofort in die Arme und nennt ihn Schigikhan Khutukhu. Das sollte später verkürzt werden zu Schigi Khutukhu. Ein großer Krieger wurde er nie. Aber er lernte früh lesen und schreiben. Dschingis Khan nannte ihn seinen jüngsten Bruder. Und schon als junger Mann war er der gelehrteste aller Gefolgsmänner des Khans. Schigi Khutukhu hat auch die Yassaq aufgeschrieben – die Gesetze, nach denen später sämtliche von den Mongolen beherrschten Gebiete regiert wurden. Dschingis Khan selbst lernte nie die Buchstaben. Schigi Khutukhu war es, der alles in ein System brachte, die Gesetze so formte, daß jeder sie verstehen und ihnen gehorchen konnte. Und viel später … als Dschingis Khan nicht mehr unter den Lebenden weilte … war es Schigi Khutukhu, der sich auf Befehl Ögedeis auf die Insel Kode'e im Kerulen zurückzog – und *Die geheime Geschichte der Mongolen* verfaßte, damit die Nachkommen des Khagans, die Prinzen und Fürsten, ihn nie vergessen würden.

Dasselbe habe ich mir vorgenommen.

Um zu verstehen.

Und damit du nicht nur mit Lügen und Mißverständnissen gefüttert wirst.

Im Westen, sage ich zu Diao Chan – im Westen nannten wir sie gar nicht Mongolen. Wir sagten »Tartaren« … Denn als sie uns zum ersten Mal begegneten, war es, als hätte man die Legionen des Teufels auf die Erde losgelassen. Und einer der Stammesnamen – Tatar – erinnert an *tartaros,* die alte griechische Bezeichnung für »Hölle«. Deshalb nannten wir sie »Tartaren« … denn waren sie etwa nicht ein Gezücht des Teufels?

Da gibt es nichts zu lachen.

Von allen Völkern und Stämmen fühlte er sich mit keinem weniger verwandt als mit den Tataren.

Aber ich lache nicht.

Ich denke an Kiew. Ich erinnere mich an all die schauerlichen Geschichten. An unsere durchwachten Nächte. Noch kann ich Mirjam spüren … kann mich eng an sie schmiegen. Und ich sehe die Wiege, die sie mit dem einen Fuß bewegt. Es ist keine goldene. Hat keine perlenbestickte Decke. Und dann … als die Horde näher rückte. Nein. Da gibt es überhaupt nichts zu lachen. Aber nichts davon erzähle ich Diao Chan. Ich bleibe stumm. Und sie schaut mich verwundert an. Warum sollte ich ihr erzählen, wer ich wirklich bin? Dir kann ich es sagen. Wir kennen uns nicht. Werden uns nie persönlich begegnen. Und du weißt, was Europa von den Juden hält … Als die Brut des

Satans auf Kiew zuritt, waren die Stadtbewohner davon überzeugt, daß ihre einzige Rettung darin bestand, Gott um Verzeihung zu bitten, weil sie so viele Jahre die Kinder Abrahams ungestört bei sich hatten wohnen lassen. Wenn sie auf uns spuckten, dann um Gott zu gefallen. Und die Steine, die sie warfen, waren gottesfürchtige Steine. Ich bin kein Jude. Meine Frau war Jüdin. Unser Kind war halb jüdisch. Viele unserer Freunde waren Juden. Es wurde schwierig, das Haus zu verlassen. Sogar in unserer Gasse. Wo wir die Menschen zu kennen glaubten. Denn Kiew war eine fromme Stadt. Und die Mongolen rückten immer näher. Mika sagte: Laß uns verschwinden. Laß uns aufbrechen, solange es noch möglich ist. Auch Mika war kein Jude. Aber wir waren seit unserer Jugend zusammen. Ich wußte, daß er nicht ohne mich gehen würde. Doch ich hatte Familie. Meine und ihre. Mirjams Vater wohnte bei uns. Er sagte, er sei zu alt. Er habe so viele Verfolgungen miterlebt, und eine mehr oder weniger mache ihm nichts aus. Und die Menschen in Kiew seien immer freundlich zu uns gewesen. Es würde vorübergehen. Und wo gäbe es so dicke Mauern wie hier? Er war ein Esel, ein sturer Kopf. Und Mirjam liebte ihn. Ich mochte ihn auch. Aber zählt hier nur die blinde Liebe? Darf man keine Augen und Ohren mehr haben? Ich werde die Juden nie begreifen. Sie sitzen ruhig da. Sagen: Warte. Es wird vorübergehen. Sie lächeln. Zucken mit den Schultern. Sie sagen: *So schlimm* wird es nicht werden. Dabei hörten wir von Juden – am anderen Ende der Stadt –, die man überfallen, niedergeschlagen und mit Messern abgestochen hatte, denen man Kopf und Brust mit Stockschlägen zerschmettert hatte. Und die ganze Zeit kamen die Mongolen näher. Mika sagte: Wenn du nicht willst, muß ich allein gehen. Mirjam sagte: Wir können Vater nicht verlassen. Mein Schwiegervater sagte: Wolfgang, hier ist unsere Heimat. Hier allein. Den größten Teil meines Lebens bin ich auf Wanderschaft gewesen. Denn auch die Juden sind daran gewöhnt, von einem Ort zum andern getrieben zu werden. Hier in Kiew hatte ich zum ersten Mal so etwas wie eine Heimat. Wir hatten endlich das Gefühl, an einen Ort zu gehören. Trotzdem konnte ich nicht für mich behalten, was ich sagte. Ich sagte: Gestern hat man drei Juden nackt durch die Stadt geschleift und auf dem Scheiterhaufen verbrannt. Er antwortete: Dann haben sie wahrscheinlich ein schreckliches Verbrechen begangen. Es geschah sicher nicht, weil sie Juden waren. Und Diebe und Mörder gibt es auch unter *uns* ... Mirjam hörte auf ihn. Wollte auf ihn hören. Denn das Kind war noch kein Jahr alt. Eine Tochter. Wir nannten sie Judith. Und als die Mongolen noch näher gekommen waren ... als wir die schwarzen Rauchschwaden im Osten am Himmel sahen und Mika rief, daß es bald zu spät sein würde ... hieß es: Wir sind hier sicherer als außerhalb der Mauern ... Obwohl jetzt in der ganzen Stadt Juden getötet und vergewaltigt wurden. Obwohl es in jeder Straße nach Angst und Schrecken stank. Obwohl wir die Tür versperrt hatten und seit über einer Woche nicht mehr draußen waren. Obwohl Mika und Baratow – ein anderer Gauklerkollege – sagten, sie könnten uns nicht länger mit Essen und Wasser versorgen. Denn wenn sie uns noch einen Tag helfen würden, müßten sie das mit ihrem Leben bezahlen. So stark war die Frömmigkeit in Kiew, so groß die Gottesfürchtigkeit in der Gasse, in der wir über fünf Jahre gelebt hatten. Ich weiß nicht, wie ich es ausdrücken soll. Aber muß ich noch mehr sagen? Ich lebe. Sie sind tot. Alle sind sie tot. Ich bin wie ein Korken. Tauche unter. Halte mich unter Wasser. Und komme wieder nach oben. Ich überlebe. Früher einmal – als ich jung war – pflegte ich auf diese Eigenschaft stolz zu sein.

Nichts davon sage ich Diao Chan. Statt dessen lächle ich – einfältig und dumm. Ich versuche, sie an mich zu ziehen. Aber sie macht sich steif und eckig. Sie weiß, daß ich ihr etwas vorenthalte. Sie weiß, daß meine Gedanken wandern. Da fange ich zu singen an. Ich tanze in die Mitte des Zimmers. Zeige ihr die offenen Handflächen, drücke damit gegen eine unsichtbare Mauer. Male große Kreise in die Luft.

Ich singe von Dschamuqa.

Ich singe von Temudschins Feinden.

Ich leiere sie herunter, zähle sie auf. Denn es sind viele. Aber weit verstreut. Ich spreize die Finger der einen Hand. Ich deute auf die andere. Ich nenne sie Temudschin. Sie war lange geballt. Und die gespreizten Finger zittern. Ich mache drohende Bewegungen mit der Faust. Die gespreizten Finger weichen aus, wandern zur Stirn ... die Angst vereinigt sie zu einer Hand, die sich spähend umblickt. Die Hand sucht nach einem, der fähig ist, sie zu führen und zu regieren. Denn es eilt. Temudschin wird von Tag zu Tag stärker, und bald kann ihn nur noch der Himmel aufhalten. Die gespreizten Finger biegen sich zur Klaue. Alle, die ihn fürchten, hassen ihn. Und spähen nach allen Seiten. Ich lasse Buyurug von den Naiman vorbeitanzen. Ein mächtiger Häuptling. Aber die Finger winken ihn weiter. Ich mache auf dem Absatz kehrt. Ich lasse Targhutai kommen. Temudschins Erzfeind. Den Khan der Taidschigut. Die Finger zögern. Einige recken sich ihm entgegen. Doch Targhutai fängt an, alt zu werden. Der Daumen dreht sich nach unten. Die Hand wandert zurück zur Stirn. Späht. Ich gehe in die Hocke. Stelle mich auf die Zehen. Plötzlich steht der Zeigefinger senkrecht in der Luft. Die Finger greifen zu. Halten ihn fest. Sie haben den Richtigen gefunden. Dschamuqa. Und langsam schließt sich die Hand. Die Sehnen straffen sich. Die Nägel bohren sich in die Handfläche. Die Knöchel werden weiß. Ein Weilchen hängt die neue Faust unbeweglich da – am ausgestreckten Arm. Dann beginnt sie sich zu wiegen, von einer Seite zur andern. Der Ellbogen winkelt sich an. Die beiden Fäuste mustern einander.

Dschamuqa wurde am Arguna zum Khan gewählt – der Verlängerung des Kerulen, nördlich des Qulun Nor, kurz bevor der Fluß in den Amur mündet. Sie nannten ihn »Gur Khan«, das bedeutet: der einzige Herrscher. Viele hatten sich versammelt. Klans, die sonst nie etwas miteinander zu tun hatten. Drei Jahre lang war dieses Treffen vorbereitet worden. Schamanen waren über die Steppe geritten. Hatten getanzt und getrommelt. Hatten die Augen verdreht und die Geister sprechen lassen. So wurde ein Netz gesponnen ... stark und unsichtbar. In allen Ordus wurde genickt und zugestimmt. Temudschin spottet über Geister und Götter. Hat er etwa nicht behauptet, der Auserwählte zu sein? Maßt er sich etwa nicht an, den Willen des Himmels ohne Mittelsmänner deuten zu können? Hat er sich etwa nicht vom Glauben der Väter abgewandt? So redeten die Schamanen. Und ihre Macht war groß. Sie bildeten eine Bruderschaft über alle Grenzen. Für sie war sogar Dschamuqa nur ein Werkzeug ... Und sie sorgten dafür, daß die bei seiner Wahl gemachten Versprechungen die stärksten waren, die jemals Menschen miteinander verbanden. Sie schlachteten einen Hengst, einen Ochsen, einen Widder und einen Hund. Zerteilten die Tiere mit dem Schwert in kleine Stücke und riefen: »Der Himmel und die Erde mögen uns erhören! Wir schwören beim Blute dieser Opfer. Möge es uns ergehen wie diesen Tieren, wenn wir jemals diesen heiligen Bund brechen!« Dann gingen sie zur Flußböschung, fällten die Bäume, die dort standen, wälzten sie den Abhang hinunter, warfen Erde in den Fluß und sagten: »Wenn einer von uns einen anderen verrät, soll es ihm ergehen wie dieser Erde und diesen Bäumen!« Das riefen die Schamanen. Und alle antworteten. Häuptlinge und Krieger. Wiederholten Wort für Wort. Wie aus einem Munde.

Solche Feinde sollten Temudschin jetzt gegenübertreten.

Es war das Jahr 1201. Das Jahr des Hahnes – im Kalender der zwölf Tiere.

Temudschin schickte Boten zu Toghril. Der jetzt Wang Khan hieß – oder wie ihn die Mongolen nennen: Ong Khan. Beide rufen sie ihre Heere zusammen. Dann reiten sie gegen Dschamuqa.

Ich betrachte die Fäuste. Welche Hand ist die stärkere? Ich schüttle sie über dem Kopf. Ich schlage sie gegen die Brust.

Hätte Mika noch gelebt, wir hätten die Schlacht bei Koyitan spielen können.

Mein Freund im Westen, was weißt du über die Schamanen? Die man auch »Kam« nennen kann … Diese seltsamen Gestalten, die in ihren Ziegenfellmänteln herumlaufen oder ein Federkleid tragen wie große Vögel – auf daß es leichterfalle, in andere Welten zu fliegen. Sie reden mit den Sternen, der Sonne, dem Mond und den Geistern der Toten. Sie kennen die Zukunft und wissen Mittel gegen Krankheit und böse Träume … Das Feuer kann sie weder brennen noch versengen. Denn sie sind Kinder des Feuers. Und wenn sie sich erregen, schlagen Flammen aus ihren Nasen. Sie können nackt durch tiefen Schnee marschieren. Man findet sie überall im nördlichen Asien. Männer und Frauen. Du würdest sie als Hexen und Zauberer bezeichnen. Und es *sind* Hexen und Zauberer. Du würdest sie als Medizinmänner und kluge Frauen bezeichnen. Und ich habe selbst erlebt, wie sie Kranke auf der Schwelle zum Tode zurückgeholt haben. Du würdest sie als Seher bezeichnen. Und es ist wahr, sie haben Augen, mit denen sie durch Berge und hinter Wolken blicken können, und Ohren, die auffangen, was sonst niemand zu hören vermag.

Aber sie sind noch mehr.

Sie sind die lebendige Verbindung zwischen drei Welten: Himmel – Erde – und das Schattenreich tief unten.

Sie sind Schamanen.

Ich kenne niemanden, mit dem man sie vergleichen könnte.

Für die Mongolen ist der Himmel ein großes Zelt. Die Milchstraße ist die Naht. Manchmal öffnen die Götter die Zeltöffnung einen Spaltbreit und werfen einen Blick hinunter auf die Erde … da können Steine fallen, von außerhalb und ins Zelt hinein. Auch am Ende der Welt – wo sich Himmel und Erde treffen – können Ritzen sein … und gewaltige Winde blasen unter die Zeltbahn.

Ein Stern ist anders als alle anderen. Es ist der Polarstern. Man nennt ihn »Nabel des Himmels« oder »Die goldene Säule«. Er leuchtet mitten in der Welt und hält das himmlische Zelt … manche vergleichen ihn mit einer Zeltstange – die, die in Jurten wohnen, eher mit dem Rauchabzug –, für alle aber ist er eine Achse, eine Art Weltenbaum, der unsere Welt mit der über uns und der unter uns verbindet. An dieser Achse steigen die Götter auf die Erde und die Toten hinunter zu den Unterirdischen. Und weil der Rauchabzug die Öffnung zwischen den drei Welten symbolisiert, ist ein Hinaufsteigen oder Hinuntersteigen von jeder beliebigen Jurte in der Gobi möglich …

Hört sich das nicht merkwürdig an? Da ist noch etwas, mein Freund … denn oft vermischt sich der Gedanke an den Baum mit der Vorstellung von einem gewaltigen Berg … einer vierseitigen Pyramide mit drei oder vier Absätzen. Ein Berg aus Eisen, aber trotzdem golden. Die Spitze endet im Polarstern. Oder der Polarstern ist an der Spitze *befestigt.* Und mitten im Berg – ein Baum, an dem die Götter ihre Pferde anbinden. Und so versuchte mir jemand das zu erklären: »Der Baum heißt Zambu«, sagte er. »Und die Wurzeln reichen bis zum Boden und weit unter den Berg Sumer. Die Krone wölbt sich über den Gipfel des Berges. Die Götter leben von den Früchten des Baumes, und die Dämonen – Asuras – hocken versteckt in den Spalten und Klüften des Berges und schauen ihnen neidisch zu.« Er wußte auch, daß die Seelen der Kinder vor der Geburt wie kleine Vögel in diesem Baum sitzen, und dorthin begeben sich die Schamanen, um sie zu holen …

Einmal vor langer Zeit konnten alle auf diesen Baum und diesen Berg klettern. Götter und Menschen lebten gemeinsam – Seite an Seite. Doch eines Tages nahm der paradiesische Zustand ein Ende. Es gibt viele Geschichten darüber und viele unterschiedliche Erklärungen. Ich werde dich nicht belästigen damit. Es genügt zu wissen: Heute sind es nur die Schamanen, die die Fähigkeit besitzen, hinauf- und hinunterzusteigen. Sie sind die Auserwählten, die noch zum Himmel fliegen und mit Bai Ülgän, dem Luftgott, sprechen können. Nur die Schamanen kennen den Weg hinunter durch die sieben Hindernisse … zu Erlik Khan und seinem Schloß aus Stein und schwarzem Lehm.

Ich erwähne das alles, damit du dir vorstellen kannst, welch mächtige Feinde Dschingis Khan herausforderte.

Und wenn du den Baum und den Berg merkwürdig findest … lebst du nicht selbst im Heiligen Land? Wird nicht auch der Berg Tabor als »Nabel« bezeichnet? Und heißt es nicht in einer rabbinischen Schrift, daß Israel höher liegt als alle anderen Länder auf der Welt – weil es dem himmlischen Berg am nächsten ist – und daß deshalb das Land nicht von der großen Sintflut überschwemmt wurde? Und waren nicht die ersten Christen der Meinung, daß Golgatha der »Mittelpunkt der Welt« sei … der höchste Punkt des kosmischen Berges … wo Adam erschaffen und begraben wurde? Und können wir nicht immer noch Menschen erzählen hören, daß das Blut Jesu von der Erde aufgesaugt wurde … zu Adams Schädel drang, der genau am Fuße des Kreuzes begraben war … und daß ihn das Blut des Heilands erlöste? Deshalb spreche man von der »Schädelstätte«, sagen diese Menschen. Ihre Augen leuchten, denn sie meinen alles durchschaut und für fast alles eine Erklärung zu haben. Rund um das Schwarze Meer gibt es eine ganze Menge solcher Leute. Und in Kiew begegneten sie mir scharenweise.

Die Schlacht bei Koyitan wurde keine wirkliche Schlacht. Die beiden Heere stießen aufeinander. Abgesandte von jeder Seite vereinbarten, daß man, weil es bereits dunkel wurde, erst am nächsten Tag kämpfen wolle.

Ich sagte: Wenn Mika noch leben würde, könnten wir alles spielen. Und Baratow könnte uns helfen. Er und Mika könnten die beiden Heere sein. Wir könnten die Sonne aufgehen lassen. Ich selbst würde die Schamanen Dschamuqas spielen … finster, drohend. Ich würde geheimnisvolle Gesänge leiern und wie ein Besessener die Trommel schlagen. Und ich würde dem Publikum erklären, daß Schwert und Streitaxt gefährliche Waffen sind, die Beschwörung eines Schamanen aber zehnmal stärker ist … Denn ich bin Buyurug Khan, und ich bin Khudukhabäki – in einer Person –, und niemand auf den weiten Steppen und in der ganzen Gobi kann Wind und Wetter so verhexen wie wir. Während sich Dschamuqas Truppen sammeln, während der Gaukler Baratow – stark wie ein Bär – mit den Augen rollt und die Muskeln spielen läßt, rufe ich Sturm und Regen herbei. Ich flehe alle Dämonen der Lüfte an, mir zu helfen. Ich deute auf Mika – er ist Temudschin, auch er hat sich aufgestellt, macht Kniebeugen und schlägt sich auf die Brust. Ich bin die Schamanen, die trommeln und rufen. Ich lache. Ich bringe das Publikum dazu, mit mir zu lachen. Ich zeige ihnen, daß sich bald der Himmel öffnen und Temudschin in eine ersoffene Katze verwandeln wird. Die beiden Heere – Mika und Baratow – bewegen sich drohend aufeinander zu. »Jetzt!« rufe ich und hebe die Arme zu den dunklen Wolken. »Jetzt! Bei allen verdammten Seelen!« Und sofort rollt der Donner über den Kampfplatz. Es regnet in Strömen. Blitze zucken wie die Dreizacke der Teufel über uns. Und zwischen jedem Aufleuchten liegt die Welt in völliger Dunkelheit. Sollte ich nicht jubeln? Sollte ich nicht springen und tanzen? Aber das Publikum lacht mich aus. Sie lachen, daß sie sich den Bauch halten müssen, und fallen sich gegenseitig um den Hals. Denn wen verschlingt das Wasser? Ich selbst ersaufe beinahe! Dschamuqas Heer steckt fest in Schlamm und Morast. Während Temudschin ruhig dasteht ... und uns mit verschränkten Armen beobachtet. Kein einziger Regentropfen fällt auf ihn.

So hätten wir es spielen können. Denn so geschah es. Und bei Dschamuqas Leuten brach Panik aus. Hatten sie nicht die Schamanen um ein Gewitter beten sehen? Und wie war die Antwort der Geister? Der Zorn fiel auf die eigenen Reihen. Dann war Temudschin vielleicht doch ein Bogdo – ein Auserwählter? Und wer will schon gegen einen kämpfen, den der Himmel beschützt? Dschamuqas Heer löste sich völlig auf.

So siegten Temudschin und sein »Vater«, Ong Khan. Ohne das Schwert zu ziehen oder einen Pfeil schnellen zu lassen.

Trotzdem: Sollte der Feind wirklich einen Denkzettel bekommen, mußte es jetzt sein.

Die Klans, die weiter weg daheim waren, durften ungehindert entkommen. Doch Ong Khan verfolgte Dschamuqa. Und Temudschin jagte seine alten Feinde, die Taidschigut ...

Besänftigte Jesus nicht den Sturm auf dem See Genezareth? Und Mohammed ... in der Schlacht bei Badr, warf er auf seine Feinde nicht eine Handvoll Sand, und sofort erhob sich ein Sandsturm, der den Angreifern direkt ins Gesicht blies?

Bei den Mongolen heißt das »Jada«. Das ist ein Zauber, der auf besonderen Steinen beruht.

Ich habe mir lange so einen Stein gewünscht. Und daß sie wirklich existieren, wurde mir vielerorts bestätigt – von verschiedenen Volksgruppen. Die Türken verweisen immer auf das alte *Buch von Kalila und Dimna,* in dem erzählt wird, daß Noah – nach der Sintflut – die Welt unter seinen drei Söhnen aufteilte. Japhet gab er das Land der Türken, das Land der Slawen Gog und Magog … bis zum östlichen Ende der Welt. Und Noah lehrte Japhet eine Beschwörungsformel, um Regen zu erzeugen. Aber Japhet befürchtete, all die schwierigen Worte zu vergessen, deshalb schrieb er sie auf einen kleinen Stein – den er seitdem immer um den Hals trug. Der Stein wurde vererbt, geriet auf Irrwege. Viele Menschen haben darum gekämpft, und viele haben dabei ihr Leben verloren.

Einen solchen Stein brauche ich.

Und eine andere Geschichte, mehr als vierhundert Jahre alt – manche sagen, sie stamme sogar aus Abul-Abbas Zeit –, erzählt von einem Prinzen, der so lange ostwärts reiste, daß er zu einem Land kam, wo ein gewaltiges Gebirge den Weg versperrte und die Einheimischen sagten, man könne unmöglich weiterkommen, denn hinter diesen Bergen wohne die Sonne, und sie liege so nahe auf der Erde, daß alles zu feinster Asche verbrannt werde. Trotzdem lebten Menschen und Tiere dort, kam dann heraus. Wie ist das möglich? wunderte sich der Prinz. Und sie antworteten: Die Menschen haben Höhlen und Gänge im Berg. Dort verstecken sie sich – kriechen herum wie Würmer –, bis die Sonne hoch am Himmel steht. Erst dann wagen sie sich heraus. Aber die Tiere? fragte der Prinz. Und sie antworteten: Die Tiere kennen besondere Steine, nach denen sie suchen. Jedes Tier nimmt einen solchen Stein ins Maul und hebt den Kopf zum Himmel. Sofort wird ein Schatten über das Tier geworfen. Eine Wolke entsteht und bildet eine schützende Schicht zwischen dem Tier und der Sonne … Der Prinz hörte aufmerksam zu, was die Einheimischen erzählten. Und trotz aller Warnungen kletterte er über die Berge. Er fand alles genau so, wie es gesagt worden war. Der Prinz jagte die Tiere, tötete, so viele er konnte, nahm ihnen die Steine weg – und kehrte zurück in sein Land. Hier wurde er später ein mächtiger König. Und die Steine wurden dazu verwendet, Regen und Schnee zu erzeugen.

Das ist eine merkwürdige Geschichte.
Eine von vielen.
Ich erzähle sie gern.
Sogar hier.

Was hätte ich nicht darum gegeben, einen solchen Stein zu haben, damals, als wir aus Kiew flohen. Wir hätten die Pferde in Schnee und Regenschauer verstecken können ... hätten Mond und Sternenschein aussperren können. Davonreiten wie drei seltsame Wesen – Mika, Baratow und ich –, eingehüllt in Nebel und Reif.

Doch Baratow wurde bereits in der ersten Nacht getötet. Von einem Pfeil in den Rücken getroffen. Wir wagten nicht anzuhalten. Wir drehten uns nicht um. Das rettete uns das Leben.

Mika und ich wurden erst eine Woche später gefangengenommen.

Wieder merkt sie, daß meine Gedanken wandern. Und ihre Augen werden hart.

Verrat! sage ich zu ihr. Ich denke an *Verrat*! Denn Ong Khan – den wir vorher Toghril nannten –, hat er nicht versprochen, daß er Dschamuqa verfolgen wollte? Aber kaum ist er außer Sichtweite von Temudschin, ändert er seinen Entschluß, macht einen Schwenk und zieht zurück ins Land der Keraiten. Was denkt er? Ong Khan denkt: Sowohl Temudschin wie Dschamuqa sind meine Vasallen. Es ist nicht gut, daß ich mich in allem dem einen füge und nach dem andern schnappe. Solange sie sich gegenseitig bekriegen, bin ich – Ong Khan – immer noch der Mächtigste ...

Deshalb tritt er den Heimweg an.

Wartet.

Und versucht unauffällig, sein Verhältnis zu Dschamuqa zu verbessern.

Verrat! rufe ich. Denn was geschieht beim nächsten Mal, als Temudschin und Ong Khan gemeinsam Krieg führen … gegen die südlichen Naiman? Ich ritze eine Karte auf den Boden. Zeige Diao Chan, über welch riesiges Gebiet »die acht Klans« herrschen. Zwei Brüder teilen sich die Macht. Einer im Norden. Einer im Süden. Temudschin und Ong Khan wenden sich nach Süden – gegen Buyurug Khan. Ich lache. Ich erinnere sie an das Unwetter, das Buyurug Khan bei Koyitan herbeigehext hat. Jetzt sind Temudschin und Ong Khan wie ein Gewitter … Sie treiben die Naiman wie aufgeschreckte Hasen vor sich her. Verfolgen sie über das Altai-Gebirge und bis ins Grenzland der Uighuren hinein. Um sie dort vernichtend zu schlagen. Bei einem See, der Kyzyl-bach heißt. Doch jetzt kommen auch die nördlichen Naiman. Ihr Häuptling ist Taibuqa. In Cathay hat man ihm den Namen Tajang Khan – oberster Führer – verliehen, zum Zeichen, daß sie ihn für den Stärksten in der nördlichen Gobi halten. Nicht Taibuqa selbst führt die angreifenden Truppen, sondern Köksegü Sabraq – ein gefährlicher Krieger und als Feldherr erfahrener als die beiden Häuptlingsbrüder. Die Heere begegnen sich. Sie nehmen Aufstellung. Belauern sich gegenseitig. Warten auf das Tageslicht. Doch Ong Khan ist kriegsmüde. Und in seinem Kopf surren die Gedanken wie ein Bienenschwarm. Er hat mit Dschamuqa gesprochen. Und glaubt nun fest, daß Temudschin nur auf eine Gelegenheit wartet, ihm in den Rücken zu fallen. Er ist davon überzeugt, daß sich *jeder* – früher oder später – als Verräter und Betrüger herausstellt. Und er ist weit weg von zu Hause … Er läßt viele Feuer anzünden, die gesamte Flanke entlang. Damit das Feuer die Augen all derer blendet, die in seine Richtung schauen. Und in der Dunkelheit hinter den Feuern sammelt er in aller Stille seine Mannen – und zieht ab. Als Temudschin am nächsten Morgen erwacht, sieht er sich allein gelassen – vor einer gewaltigen Übermacht. Ohne zu zögern, erteilt er seinen Truppen den Befehl zum Rückzug. Und Köksegü Sabraq ... was denkt *er*? Er stellt fest, daß einer der Gegner bereits geflüchtet ist und der andere jetzt wie ein Wind und eine Staubwolke verschwindet. Köksegü Sabraq und seine nördlichen Naiman nehmen die Verfolgung auf. Aber wieder muß ich lachen. Ich streichle Diao Chans Knie. Und ich deute an die Decke und zum Himmel. Denn wen verfolgen die Naiman? Sie verfolgen Ong Khan! Temudschin und seine Mongolen reiten unbehelligt davon! Dann gibt es vielleicht doch eine Gerechtigkeit ... irgendwo in der großen Abrechnung? Und Ong Khans Heer flüchtet. Wie ein durchgegangenes Pferd. Dem die Wölfe nach den Hinterbeinen schnappen. Die Keraiten erleiden große Verluste. So groß, daß Ong Khan wiederum Reiter zu Temudschin senden muß, seinen »Sohn« um Hilfe zu bitten – denn jetzt fürchtet er um sein eigenes Leben. Und Temudschin leiht ihm Krieger. Er weiß zwar genau, daß er verraten wurde, fühlt sich aber trotzdem an sein Versprechen gebunden. Er ist ein »Sohn«. Ong Khan ist sein »Vater«. Das zählt mehr als alles andere ... Und danach fällt ihm Ong Khan weinend um den Hals. Schwört wieder einmal, ihm ewig dankbar sein zu wollen. Beteuert, daß er von nun an Temudschin höher achten wird als Senggüm – seinen leiblichen Sohn. Schwört. Beteuert. Aber wir wissen – und jetzt blicke ich Diao Chan direkt an –, wir wissen, wie wenig all diese Versprechen wert waren. Noch ehe das Jahr des Hundes vergangen war, sollten all die schönen Worte in seinem Mund verwelken. So war Ong Khan.

Verrat! Ich zische es zwischen zusammengebissenen Zähnen. Verrat! All die Großen und Mächtigen. Alle Prinzen und Adligen. Keiner von ihnen verdient Vertrauen. Einer nach dem andern wurde abtrünnig. Brach sein Gelöbnis und vergaß sein Versprechen. Sogar Prinz Altan und Khutschar stellten sich gegen ihn. Zogen sich aus dem Bündnis zurück. Und was lernte Temudschin daraus? Ich fasse Diao Chan bei den Schultern. Was lernte er? Er, der sich einmal so sehr um die Unterstützung all derer mit Rang und Namen bemüht hatte ... der ihnen stets mit nach oben gewandten Handflächen entgegengetreten ist ... Freundschaft gesucht hatte um jeden Preis ... sogar seine Schwester Temülün hat er als Pfand an die Tschurulat verheiratet. Temudschin lernte, daß weder Reichtum noch Herkunft etwas aussagen darüber, wer ein Mensch wirklich ist. Er lernte, daß Treue eine seltene Tugend ist. Und keine Belohnung ist groß genug. Er lernte, daß Verrat mit dem Tode bestraft werden muß.

Ich schüttle Diao Chan.

Sie schaut mich mit erschreckten Augen an.

Aber was hätten wir damals tun sollen ... als weiterreiten? Oder hätte es Baratow etwas geholfen, wenn auch wir uns von Pfeilen hätten spicken lassen? So redeten wir immer – Mika und ich –, jedesmal, wenn wir an den großen Bären von Kiew dachten.

Und mit der Zeit glaubten wir daran.

Nicht so schnell!

Ich lasse sie los.

Sollten wir nicht auch einige seiner Freunde erwähnen?

Sie nickt.

Und sollten wir nicht auch berichten, wie er die Taidschigut vernichtete?

Sie will mir Mohnsaft geben. Aber ich schiebe den Becher weg.

Ich sage: Laß uns noch einmal Koyitan besuchen ... als das Gewitter und die Regenschauer vorüber waren. Temudschin verfolgt die Taidschigut. Da halten sie am anderen Ufer des Onon an, errichten mächtige Wagenburgen – und erwarten ihn. Stellen eine lebende Mauer aus Kriegern auf, bis zu den Knien im Fluß und geschützt von starken Schilden. Kannst du sie sehen?

Plötzlich verbeuge ich mich vor ihr. Ich werfe ihr eine

Kußhand zu. Denn ich merke, daß sie noch unsicher ist. Sie weiß nicht genau, was sie von mir halten soll. Gut! Heute abend braucht sie das auch gar nicht zu wissen! Aus irgendeinem Grund gefällt mir dieser Gedanke. Ich sage: Ich rühme mich eines ungewöhnlich guten Gedächtnisses. Wenige Menschen erinnern sich so gut wie ich. Denn beachte, alles, was ich von Dschingis Khan erzähle, habe ich *gehört*. Nichts davon habe ich selbst erlebt. Ich spinne Fäden. Hattest du das vergessen? Ich bin ein Weber. Ich sehe, daß du es vergessen hattest.

Und du, mein Freund im Westen ... hattest auch du es vergessen?

Darauf weise ich deshalb hin, weil ich mich bei euch beiden entschuldigen möchte. Denn ich habe zwar ein gutes Gedächtnis, doch was die Schilderung von Kämpfen und Schlachten betrifft ... ich kann es ohne weiteres zugeben ... da vermischt sich für mich alles und wird zu einem Brei. Und wenn ich sie darstellen soll, bin ich nicht imstande, die eine Schlacht nach Farbe und Geruch von der anderen zu unterscheiden. Ich erinnere mich an Namen. An Orte. Sogar Zeitpunkte habe ich im Gedächtnis. Aber die Beschreibung des Kampfes selbst – daß er echt und erlebt wirkt – wäre ein sinnloses Unterfangen. Bisher ist es mir gelungen, das zu vertuschen. Doch allmählich werden es so viele Schlachten, so viele Feldzüge und entsprechend viele Krieger ... Meine einzige Entschuldigung ist, daß ich nie Soldat gewesen bin. Nie einer sein wollte. Und den Himmel anflehe, er möge mich verschonen, jemals einer sein zu müssen.

Aber wenn ich mich nicht an die Truppenbewegungen erinnere, nicht die Befehle höre, die gerufen werden, weder etwas von Plänen noch von Taktik verstehe, keine Ahnung habe von Rauchsignalen und flatternden Wimpeln ... was sehe ich dann?

Wenn die Mongolen singen oder erzählen, legen sie immer großen Wert darauf, die Pferde zu schildern. Sie werden in allen Einzelheiten beschrieben. Und jedes Tier hat seine Eigenart, seine Persönlichkeit. Der Reiter dagegen … ist oft eine Nebenfigur. Wir erfahren selten, wie er aussieht. In der Regel ist er nur ein Name.

Ein General sieht jede einzelne Schlacht. Zug um Zug. Auf dem großen Brett.

Ein Mongole sieht Pferde.

Ich bin ein Narr. Ich versuche, Menschen zu sehen.

Deshalb bitte ich Diao Chan, Temudschin zu sein. Selbst möchte ich Dschelme sein. Der Jugendfreund. Sohn eines Schmiedes. Nur Bo'ortschu war länger an seiner Seite. Diao Chan zögert. Aber sie tut, was ich sage. Wir halten uns an den Händen. Gemeinsam versuchen wir, den Onon zu überqueren. Die Pferde ertrinken unter uns. Wir sind unter den wenigen, die das andere Ufer erreichen. Es wird ein furchtbarer Kampf. Ich lasse sie tanzen. Wir tanzen, während Schwerter und Streitäxte um uns blitzen. Ich greife nach dem kleinen Beutel mit Schminke. Schmiere Rot auf den Zeigefinger. Mein Arm ist ein Pfeil. Den ich von einem unsichtbaren Bogen schnellen lasse. Diao Chan duckt sich … rennt … aber der Arm folgt ihr. Sie kann nicht entkommen. Kann sich nicht verstecken. Denn sie ist Temudschin, und der Himmel hat bestimmt, daß ihn der Pfeil treffen soll – ein Streifschuß am Kopf, das Geschoß gräbt eine tiefe Furche. Ich drücke mit dem Zeigefinger auf ihren Nacken. Mache einen dicken roten Strich. Nehme sie in die Arme … als sie langsam zu Boden sinkt. Es ist jetzt Nacht. Um uns schlafen die Soldaten. In voller Rüstung. Und mit der Waffe in der Hand. Temudschin hat viel Blut verloren. Er ist schwach. Ist völlig benommen. Ich bin Dschelme – ich wache über ihn. Und ich sauge an seiner Wunde. Denn die Mongolen meinen – mit Recht! –, daß es lebensgefährlich ist, wenn eine Wunde dieser Art zu rasch verkrustet. Ich sauge. Und spucke – wenn der Mund voll ist. Diao Chan gefällt es, daß ich sie auf Hals und Nacken küsse. Sie schnurrt leise. Aber ich bitte sie, ruhig liegenzubleiben. Ich sage: Mitten in der Nacht erwacht er. Ich bitte sie, die Augen zu öffnen. Ich bitte sie zu sagen, daß sie Durst hat. Denn sie ist Temudschin. Er hat eine Kehle, so trocken und wund, daß er Dschelme anfleht, ihm in den Mund zu spucken. Und ich blicke mich verzweifelt um. Wo kann ich etwas zu trinken für ihn finden? Keiner der Unseren hat Wasser. Aus dem Fluß mag niemand trinken. Eine blutige, trübe Brühe. Voller Toter – Männer und Pferde. Da ziehe ich mich aus. Diao Chan sperrt die Augen auf, aber ich bedeute ihr, leise zu sein. Bitte sie, die Augen wieder zu schließen. Sie ist Temudschin – und der schläft. Nackt schleiche ich durchs Zimmer. Stehle mich vorbei an den eigenen Wachtposten – und an den feindlichen. Ich bin Dschelme, und ich bin wie eine Katze in der Dunkelheit. Ich klettere in einen der im Kreis stehenden Wagen. Die Taidschigut schlafen. Ich suche nach etwas zu trinken. Ich entdecke einen großen Lederschlauch mit Pferdemilch. Nehme ihn mit. Ich finde Wasser. Ich husche zurück. Keiner hört mich. Keiner sieht mich. Ich mische das Wasser und die Milch. Hebe seinen Kopf. Gebe ihm zu trinken. Dreimal holt er Luft, dreimal schluckt er. Und im Osten geht die Sonne auf … Temudschin fühlt sich besser. Wir wissen beide, daß er überleben wird. Aber das, was ich Diao Chan gegeben habe, war weder Wasser noch Pferdemilch. Ich habe ihr Reiswein eingeflößt, in großen Schlucken. Jetzt rümpft sie die Nase und preßt die Lippen zusammen. Aber ich halte sie fest. Habe ihren Kopf in meinem Schoß. Und ich bitte sie, noch für kurze Zeit Temudschin zu sein. Ich bitte sie, sich umzublicken, die Blutflecken überall zu entdecken und zu fragen, warum ich nicht woanders ausgespuckt hätte. »Warum *hier*?« sagt Diao Chan. Und mit dem Ekel in ihrer Stimme und der Art, wie sie mit dem Finger über den Boden streicht und daran riecht, bekommt man beinahe den Eindruck, als säßen wir in einer Lache aus Blut und Erbrochenem. »Du hast dich in großer Gefahr befunden«, erwidere ich. »Ich hatte Angst, dich zu verlassen. Außerdem ist alles so schnell gegangen. Was ich schluckte, das schluckte ich. Und was ich ausspucken konnte, spuckte ich aus.« Ich sah mich ebenfalls um. »Soweit ich feststelle, ist das meiste in meinem Bauch gelandet …« Diao Chan legt den Kopf in den Nacken, schaut auf zu mir und kichert. Aber ich bleibe ernst. »Ich schwöre es«, sage ich. »Das waren ihre Worte. Und jetzt frage mich, warum ich nackt bin.« Diao Chan greift hinter sich, schüttelt mich zwischen den Beinen. »Aber warum –«, hebt sie an, dann bricht ihre Stimme. Sie muß lachen. Und ich bin gezwungen, die Replik an ihrer Stelle zu vollenden. »Aber warum rennst du mitten in der Nacht nackt herum – zwischen den Feinden –, wenn du doch weißt, daß ich hilflos hier liege?« grunze ich gereizt. »Stell dir vor, du wärst ihnen in die Hände gefallen? Hätten sie dich dann nicht gezwungen zu sagen, wo ich bin – und wie leicht hätte das mein Ende sein können?« Ich wische mir mit der Hand über das Gesicht, streiche Temudschin aus. »Mein Herr«, erwidere ich mir selbst mit Dschelmes sanfter und freundlicher Stimme. »Genau deshalb bin ich ja nackt! Wäre ich den Taidschigut in die Hände gefallen, hätte ich gesagt: Ich war entschlossen, mich zu ergeben, aber die Mongolen entdeckten meine Absicht. Sie zogen mich nackt aus. Sie wollten mich zu Tode foltern. Aber mir gelang es zu fliehen. Seht – hier bin ich! Und die Taidschigut hätten mir geglaubt. Denn sie hätten gedacht: Kein Mensch ist so verrückt, freiwillig nachts seinen Feinden einen Besuch abzustatten, allein, waffenlos und ohne Hosen! Dann hätten sie mich aufgenommen. Hätten mir Kleider gegeben. Und zu essen und zu trinken. Doch bei der ersten Gelegenheit hätte ich ein Pferd gestohlen und wäre zurückgeritten, Herr. So hatte ich mir das ausgedacht. Denn ich wollte so gern etwas für dich zu trinken besorgen. Ich ertrug es nicht länger, dich dürsten zu sehen, mein Khan – du Labsal meiner Augen, du Stolz meines Herzens.«

So war Dschelme.

Ich erhebe mich. Gehe um sie herum. Ziehe ihr das Kleid übers Gesicht, daß sie nichts mehr sieht. Ich bitte sie, »Ein-Ball-aus-Wolle« zu sein. Sie faßt mich mit beiden Händen um den Nacken, umschlingt mich mit den Beinen. Ich schiebe den Jadestab in sie hinein. Verrat! schreie ich. Treue! Ich bin wie ein Besessener. Verrat! schreie ich – jedesmal, wenn ich herausziehe. Und: Treue! – jedesmal, wenn ich tief in sie hineinstoße. Sie klammert sich an mich. Sie stöhnt und jammert. Sie ist Ein-Ball-aus-Wolle. Aber nichts hilft. Unablässig muß ich an Kiew denken. Unablässig sehe ich ein Kind vor mir, niedergetrampelt auf der Straße. Ich sehe, wie sich mein Schwiegervater darüberbeugt. Ich sehe sein Gesicht – grau vor Entsetzen. Ich sehe, wie ihm das Blut über die Wange läuft. Ich höre den Mob heulen und kreischen. Ich sehe Mirjam eine Treppe hinunterlaufen. Ich versuche, sie zurückzuhalten. Aber sie reißt sich los. Sie wirft sich in den Kreis der Wilden und Verrückten. Ich sehe, wie man sie packt. Höre Gelächter. Ja. Gelächter höre ich. Und ich hätte hinter ihnen herlaufen können. Ich hätte versuchen können, sie zu beschwichtigen. Ich hätte mich zusammen mit ihr in Stücke reißen lassen können. Denn es war auch *mein* Kind. Aber ich schließe die Tür. Will nichts sehen. Halte mir die Ohren zu. Ich zittere. Treue! schreie ich und stoße tief hinein in das feuchte Dunkel. Doch es ist zwecklos. Ich kriege ihn nicht steif genug. Verrat! keuche ich – und ziehe heraus. Stehe auf. Packe mein verdammtes Glied. Es ist schlaff und ringelt sich in meiner Hand. Und ich heule. Denn in dieser Nacht habe ich nicht einmal die Kraft, mich in einer anderen Frau zu verstecken.

Diao Chan hat Angst, ich würde meinen, es sei ihre Schuld. Sie will mir einen Jadering geben. Versucht, ihn mir überzustreifen. Damit er auf die Wurzel drückt. Blut sammelt. Den Stab hochdrückt. Ob er will oder nicht. Ich reiße ihr den Jadering aus der Hand. Fauche sie an. Ich bin ein Wolf. Und das einzige, was ich möchte, ist Reiswein.

Ruhig!

Da ist noch mehr.

Ich schiebe sie weg von mir. Unsanft.

Hör zu!

Ich brauche nicht zu erzählen, wer gesiegt hat. Ich brauche nicht zu schildern, wie die Taidschigut flohen. Doch Targhutai … ich schwinge das kleine Holzschwert und piekse ihr in die Brüste … du erinnerst dich an Targhutai – den Häuptling, der ihn einmal in ein Kang gelegt hatte, ihn Tag und Nacht mit einem Joch auf den Schultern leben ließ? Sie nickt. Ich erschrecke sie. Und es gefällt mir, daß sie sich fürchtet. Viel zu selten hat jemand vor mir Angst gehabt. Die Leber schüttelt meinen Körper. Die Galle dreht und windet sich.

Ruhig!

Ich erzähle ihr, wie Targhutai von seinen eigenen Leuten verraten wurde. Wie er sich im Wald versteckte, aber von drei Männern des Barin-Klans gefunden wurde. Sie fesselten ihn an einen Wagen und steuerten das Lager der Mongolen an. Sie hatten vor, sich Temudschin zu ergeben, und sie hofften, er würde sie belohnen – wenn sie ihm Targhutai auslieferten. Doch unterwegs befielen sie Zweifel. Und einer von ihnen sagte: »Was wir über Temudschin gehört haben, sollte uns angst machen. Es heißt, daß er seine Männer mit Bedacht aussucht. Die, die ihm etwas wert zu sein scheinen, belohnt er. Denen aber, die er für unbrauchbar hält, läßt er den Kopf abschlagen. Und wenn wir ihm Targhutai bringen … wird er uns da nicht ansehen und denken: Diese Männer haben die Hand gegen ihren rechtmäßigen Herrn erhoben. Wie soll ich ihnen vertrauen? Eines Tages werden sie sich vielleicht gegen mich stellen. Am sichersten ist, sie sofort zu töten.« Und nachdem sie die Sache hin und her überlegt hatten, schenkten sie Targhutai die Freiheit. Sie lösten seine Fesseln. Und ließen ihn laufen. Selbst aber setzten sie ihren Weg zum Lager der Mongolen fort. Hier ergaben sie sich. Und sie erzählten Temudschin alles, was sie getan hatten. Und Temudschin hörte ihnen zu und nickte. Sosehr er sich auch an seinem alten Feind rächen wollte ... die größte Sünde, die ein Mensch begehen konnte, war, seinen Häuptling zu verraten. Deshalb verzieh er ihnen. Und er wies ihnen einen Platz unter seinen Männern an.

Einer der drei war Naya'a. Der ihm später die Merkitenfrau Qulan bringen sollte ...

Unter vielen anderen, die ebenfalls an diesem Tag Gnade vor seinen Augen fanden, waren Sorqan-schira und seine Familie. Sie waren es, die ihm einst aus der schmachvollen Gefangenschaft bei den Taidschigut zur Flucht verholfen hatten. Bis zu diesem Zeitpunkt waren sie Targhutai gefolgt.

Man sagt, daß es Tschila'un, Sorqan-schiras Sohn, war, der dann Targhutai aufspürte, ihm den Kopf abschlug und zu Temudschin brachte.

Und es heißt, daß Temudschin – der sonst nie rachsüchtig war, der stets nach vorn blickte und das Gewesene aus seinem Herzen verbannte ... es heißt, daß er eigenhändig das Fleisch von Targhutais Gesicht kratzte ... es heißt, daß er den Schädel versilbern ließ ... und ihn seitdem als Trinkbecher benutzte.

Ich lache. Ich steche ihr mit dem Holzschwert in die Seite. Ich zwinge sie, Reiswein zu trinken. Ich schlage mir selbst auf den Hals. Ich deute auf meinen Nacken. Ich sage: Doch der, der den Pfeil abschoß und mich verletzte ... ich habe ihm verziehen. Noch während ich Schmerzen hatte, daß ich kaum reden konnte ... fragte ich die, die man gefangen hatte ... ob sie den kennen würden, der geschossen hatte ... und sogleich trat ein junger Mann vor. Er sagte:

»Ich war das, Herr. Und wenn mich der Khan jetzt tötet, werde ich zu einem unbedeutenden Klümpchen Erde. Wenn er mich jedoch am Leben läßt, werde ich ihm voranreiten – gegen alle Feinde, und meine Pfeile werden den härtesten Stein durchschlagen.« Ich schaute ihn an. Lange. Und ich spürte, wie die Wunde pochte. Aber ich sagte: »Dieser Mann versucht nichts zu verbergen. Er lügt nicht. Er ist ein Mann, der meiner Freundschaft würdig ist.« Ich fragte, wie er heiße. Er sagte: »Dschirkho'adai.« Und ich lachte. Trotz der Schmerzen lachte ich. Und ich sagte: »Von nun an sollst du Dschebe – der Pfeil – heißen. Zum Andenken daran, daß du mich beinahe totgeschossen hättest. Und du wirst immer gemeinsam mit mir reiten!«

Ich lache. Ich bin Temudschin. Ich ziehe mit den Fingern die Augen schräg. Und ich merke, daß sich mein Glied hebt. Wie ein Tier. Warm und riesig. Ein Pferd. Und während ich sie mit dem Holzschwert schlage – schlage, bis sie heult –, spüre ich, daß das Pferd zwischen meinen Beinen schnauft und prustet. Und es ist nicht mehr Diao Chan, die ich schlage. Denn ihr Gesicht ist geschmolzen. Andere Züge treten hervor. Jetzt trägt sie mein Gesicht. Ich schlage mich selbst. Und während es zähflüssig über meine Schenkel läuft … rufe ich nach Mirjam.

Mein Freund im Westen, verstehst du mich? Oder bist du Stein und Stock – ein Geschöpf ohne Leber und Galle?

Dies wurde später geschrieben.

Und für dich füge ich hinzu: So war Temudschin. Und Dschebe enttäuschte ihn nie. Er sollte nicht nur als der Pfeil berühmt werden, sondern als der Pfeilprinz. Er eroberte Karakitai. Und er ritt zusammen mit Sübedei von den Uriyangqai, dem gewaltigen Riesen des Rentiervolkes, um das Kaspische Meer.

Aber Wolfgang? Wie ist Wolfgang?

Wir wollen lieber über Tiere reden.

In Jerusalem erlebte ich einmal eine Gerichtsverhandlung gegen ein Schwein. Ich erinnere mich, wie ich Yelü Chucai einmal davon erzählte – und er mir zuerst einfach nicht glauben wollte. Man konnte ihm nur schwer klarmachen, daß für uns in der westlichen Welt die Bestrafung von Tieren ebenso natürlich ist wie die von Menschen. Wir stecken sie in Gefängnisse. Mit normalen Gefängniswärtern. Es ist vorgekommen, daß Tiere monatelang eingesperrt wurden. Und wir foltern sie, spannen sie auf Streckbänke und stecken ihnen brennende Späne zwischen die Klauen. Grunzen und Brüllen wird als Eingeständnis von verbrecherischen Handlungen angesehen. Und als Regel gilt Auge um Auge. Einem Tier, das beißt, werden die Zähne gebrochen. Einem Tier, das stiehlt, wird die Pfote, das Bein oder die Schnauze abgehackt. Und so weiter. Die Gerichtsverhandlung, der ich in Jerusalem beiwohnte, wurde gegen ein Schwein abgehalten, das angeklagt war, einen Säugling totgebissen zu haben. Und das Urteil fiel einstimmig aus. Das Schwein wurde für schuldig befunden. Es sollte am nächsten Tag auf das Schafott kommen. Yelü Chucai schüttelte verwundert den Kopf. Ich war dabei, erzählte ich ihm. Habe es mit eigenen Augen gesehen. Man hatte dem Schwein Kleider angezogen ... und so stand es auf einem Wagen, der durch die Stadt gezogen wurde. Es heulte und quietschte, als es die Wächter die Treppen zum Schafott hinauf schoben und zogen. Und die Menge jubelte. Wie es die Menge immer tut. Es hatte sich eine große Menschenmenge eingefunden ... Und das ist normal? fragte Yelü Chucai immer noch ungläubig. Das passiert überall, versicherte ich. Hunde, Katzen, Kühe, Pferde. Aber vor allem Schweine ... frage mich nicht, warum. Und die Hinrichtung selbst? Der Henker kam – mit schwarzer Haube und riesigem Beil. Und da stand das Schwein, grunzend in den zu engen Kleidern. Doch ehe das Beil fiel, geschah noch etwas … mit einem scharfen Schwert trennte der Henker dem verurteilten Tier die Schnauze ab und streifte dem Schwein eine *Menschenmaske* über. Und erst jetzt, nachdem wir – lachend und johlend – dieses Monstrum eine Weile betrachtet hatten … durfte der Henker endlich zum Hinrichtungsbeil greifen. Yelü Chucai rümpfte die Nase. Und ich nickte. Auch mich ekelte es, gab ich zu. Aber wenn ich heute daran denke … ich habe seitdem nie mehr erlebt, daß ein Tier wie ein Mensch behandelt wurde.

Warum fließen mir solche Worte aus dem Pinsel? Warum denke ich ausgerechnet jetzt daran? Ich weiß es nicht. Es muß an Diao Chan liegen. Sie nimmt alle Schuld auf sich. Bevor sie einschlief, bat sie mich um Verzeihung. Sie sagte: Ich weiß, warum deine Gedanken wandern. Ich weiß, warum du so unruhig bist. Du willst fortgehen. Und ich kann nicht mitkommen. Es ist meine Schuld, daß du böse bist.

Sie hat nicht das geringste begriffen.

Und ich gerate nur noch mehr außer mich, wenn sie so redet. Denn sie fügt sich und gibt nach. Sie ist wie Wachs. Bald werde ich mit ihr machen können, was ich will.

Sie ist so, wie ich immer gewesen bin.

Nur in einem Punkt ist sie unnachgiebig: Sie will niemals Jiayuguan verlassen.

Eines Nachts träumte ich, daß ihr Vater der Grund sei. Mir träumte, sie habe mir erzählt, daß er auf der Festung gefangengehalten werde und die Mongolen sie gezwungen hätten, dort zu arbeiten. Wenn sie fünf Jahre diene, komme er frei. Und ich träumte, sie habe erzählt, es fehle nur noch ein Jahr … Im Traum verstanden wir uns. Ich hielt sie mit meinen Armen umschlungen. Und ich versprach zu warten. Doch plötzlich hatte ich das Gefühl, daß sie log. Nicht ihr Vater wurde dort oben hinter den grauen Mauern gefangengehalten. Sondern ihr Mann. Und ich wurde wild vor Zorn. Denn es sah aus, als wüchsen Reißzähne in ihren Mundwinkeln. Und jedesmal, wenn sie mich küßte, blutete ich. Ich küßte ihr die Hände und hielt sie weg von mir. Aber sie schlug meine Hände zur Seite. Und küßte mich erneut. Verspeiste große Stücke meines Mundes. Und sagte: Ein Jahr. Ein Jahr kannst du mir schenken. Und ich gelobte … versprach ihr zu warten.

So kehrt alles zurück. So vermischt sich alles und wird auf den Kopf gestellt.

Ich habe die Tür geöffnet.

Der Schnee beginnt bereits wieder zu schmelzen.

Der erste Schnee bleibt nie lange liegen …

Ich bin immer noch nackt. Und ich habe einen Krug Reiswein in der Hand.

Für alle, die in dieser Stadt schlafen, bin ich Diao Chans verrückter Onkel. Ich bin der Kranke und Irre. Der nie andere grüßt oder mit ihnen redet.

Ich denke an die kleine Rundliche, die uns bald verraten wird.

Ich denke an Kiew.

Und ohne es zu wollen, sage ich drei Worte. Wiederhole sie ständig. Leise und für mich. Ich benutze die erste Sprache, die ich lernte. Eine Sprache, die ich fast vergessen hatte. Ich bin Jude, flüstere ich hinaus in die verlassene Gasse und den feuchten Morgennebel.

Ich bin Jude. *Ich bin Jude!*

# XV

*»Er hat den Tod verdient«, sagt der alte Mönch.*

*»Ein jeder hat den Tod verdient. Hast du noch nie jemanden verraten?«*

*Der Mönch blickt zu Boden. Er hält die Hände vor das von Narben übersäte Gesicht.*

*Der, der zuhört, lächelt. »Bald zwei Jahre begleitest du mich jetzt. Ich habe dir viel zu verdanken. Auch wenn deine Ratschläge nicht immer gleich gut waren …«*

*Der Mönch hebt den Kopf. »Er ist ein Lügner und ein Narr«, sagt er. »Er dichtet hinzu und unterschlägt. Wer kann dem Glauben schenken, was dem Mund und der Hand eines solchen Menschen entstammt?«*

*»Mein Vater schätzte ihn sehr«, erwidert der, der zuhört. »Damals habe ich das nicht verstanden. Aber ich muß auch zugeben, daß ich meinen Vater nie richtig verstand …« Der Mönch öffnet den Mund. Doch der, der zuhört, hebt die Hand. »Am Ende wurde er von fast allen verraten. Sogar wir – seine eigenen Söhne – verschlossen die Augen. Als sich die Macht verschob und ihn überflüssig machte. Als alle Gesichter neu und nicht abgenutzt sein mußten. Aber die seltsame Vogelscheuche … mit all ihren lächerlichen Grimassen … angemalt und geschminkt. Der Gaukler blieb bei ihm.«*

*»Hatte er eine andere Wahl?«*

*»Du verstehst mich nicht«, sagt der, der zuhört, ruhig. »Über ihn … kann ich vielleicht einen Zugang zu meinem Vater finden. Wie ich ihn längst hätte finden sollen.«*

*»Dann ist das Ganze ein Spiel«, ruft der Mönch. »Er ist ein entlaufener Sklave. Und ein Kind des Teufels. Doch du hast keineswegs die Absicht, ihn zu bestrafen. Du läßt ihn laufen!«*

*»So wie einer läuft, der an einem langen Seil hängt«, erwidert der, der zuhört. »Vergiß das nie. Vergiß das nie, mein frommer Bruder.«*

# XVI

Ich hätte sie auch laut begrüßen können.
Voller Trotz.
Wenn ich den Mut gehabt hätte.

Oder Lampen an die Türpfosten hängen, die Gasse mit Blumen bestreuen, alle aufwecken, die schlafen, und die Erzählung vom geheimnisvollen Reiter spielen … Das ist eine alte Geschichte. Niemand weiß, wer sie zuerst erzählte. Und man hört sie auch nicht mehr so oft. Denn viele nehmen Anstoß daran und entrüsten sich darüber. Aber in dieser Nacht hätte ich auf einem Besenstiel reiten können, wäre der Reiter gewesen, der seinen Blick über ein grünes Tal schweifen läßt … und was sieht er? Er sieht einen Mann, der schläft. Und ich hätte auch der sein können, der schläft. Ich hätte meinen Kopf auf die Blumen in der Gasse betten können. Ich hätte mit offenem Mund schnarchen können. Und noch ein dritter hätte ich sein können … ich hätte die Schlange sein können, die in seinen Mund kroch und durch den Hals in ihn schlüpfte. Der Mann schläft. Aber der Reiter hat alles gesehen. Er weiß, wenn man diesem Mann nicht sofort hilft, wird ihn die Schlange töten. Und ich könnte zu dem Schlafenden reiten, könnte das Pferd wieder zu einem Besenstiel werden lassen, um ihn damit zu bedrängen, ihn wecken, auf ihn einschlagen, und ich könnte der arme Mann sein, der schreit und jammert, aber als Reiter treibe ich ihn unbarmherzig vor mir her – quer über die Gasse –, und dem Publikum könnte ich erzählen, daß die graue Lehmwand eigentlich ein Apfelbaum ist, daß es Herbst ist – so wie jetzt –, daß die Äpfel längst reif sind und daß unter dem Baum eine Menge Fallobst liegt. Und ich hätte der mit der Schlange im Magen sein können, der nun dazu gezwungen wird, von den Äpfeln zu essen. Einer verfaulter und wurmiger als der andere. Noch einen Apfel! Noch einen Apfel! Der Reiter schlägt mit dem Stock und stopft meinen Mund voll. Da ist ein Bach in der Nähe. Ich beuge mich über die stinkende Kloake, die an den Hauswänden entlangläuft. Erkläre, daß es sauberes und frisches Wasser ist. Und daß mich der Reiter nun zwingt, davon zu trinken. Er drückt mir den Kopf unter Wasser. Trink! Und jedesmal, wenn ich schlucke, jedesmal, wenn ich nach Luft schnappe, rufe ich jammernd: »Was habe ich dir getan, du Feind der Menschheit, daß ich verdient habe, auf diese Weise mißhandelt zu werden?« Doch der Reiter gibt keine Antwort, läßt mir keine Ruhe, schlägt mich. Trink! Schließlich breche ich zusammen, ich kann nicht mehr, mir dreht sich der Magen um – und ich übergebe mich. Ich kotze. Heraus kommen Äpfel, Wasser … und schließlich die Schlange. Ich könnte eine lange Wurst aus Stoff im Mund versteckt haben, sie herausziehen und erschrocken herzeigen. Und ich könnte rufen: »Aber du hast nichts gesagt! Wenn du gesagt hättest, *warum*, ich hätte mit Freude alles getan, was du verlangtest!« Ich bin auch der Reiter – der den Kopf schüttelt und antwortet: »Wenn ich es gesagt hätte, du hättest es mir nicht geglaubt. Oder du wärst erstarrt vor Schreck. Oder du hättest dich wieder hingelegt zum Schlafen, wie es viele tun, wenn sie hoffen, daß die Welt nur ein böser Traum ist und morgen alles ganz anders aussehen wird. Und wir hatten keine Zeit, mein Freund.

Hätten wir es anders gemacht, wäre es zu spät gewesen.«
Ich hätte der Mann sein können, der die lebende Schlange verschluckt und ausgespuckt hatte. Und nicht mehr weiß, was er sagen soll. Und ich könnte den Besenstiel wieder ein Pferd sein lassen, ich könnte mich daraufsetzen, die Hand zum Gruß heben … und der geheimnisvolle Reiter sein, der davongaloppiert.

Ich muß an der Hüttentür gestürzt sein. Ich muß den Krug mit dem Reiswein unter mir zerbrochen haben. Ich muß mich an der Stirn und auf der Nase geschnitten haben. Und an den Steinen aufgeschürft haben. Ich merke, wie mich Diao Chan unter den Armen packt und ins Innere zieht. Ich spüre, wie sie mir Blut vom Gesicht wäscht. Mein einziger Wunsch ist schlafen.

Und mir träumt, daß ich ein kleiner Hund bin, der über die hellgrünen Fliesen im Palast in Karakorum läuft. Ich renne hinter einem Ball her … hin und her zwischen den sieben Säulengängen. Jemand wirft. Und ich bringe den Ball zurück. Sie lachen. Sie streichen mir über den Kopf. Und werfen noch einmal. Meine Ohren sind groß und schlackern … wenn ich laufe, flattern sie wie Wimpel in der Luft. Ich schnaufe und keuche. Ich beiße in den Ball. Trage ihn zwischen den Zähnen. Lege ihn ab. Belle. Wedle mit dem Schwanz. Doch auf einmal ist es kein Ball mehr. Es ist ein Kopf. Ich habe einen Menschenkopf im Maul. Und als ich ihn fallen lasse … sehe ich, daß ich ihnen das Gesicht von Yelü Chucai gebracht habe. Die Augen starren mich unbeweglich an. Und ich winsle vor Entsetzen.

Zwei große Handkarren schwanken durch die Gasse. Füße, die laufen. Rufen und Schreien weckt uns. Die Gaukler kommen! Diao Chan will mich zurückhalten. Aber ich reiße mich los. Ich will schauen. Ich folge dem Strom der Neugierigen. Die Karren werden von Männern in zerlumpten Kleidern und breitrandigen Strohhüten gezogen. Sie sind mit großen, bemalten Wandschirmen beladen: Landschaften mit Bergen und Wolken ... Drachen ... einem Regenbogen über einem grünen Fluß, auf dem eine Frau allein in einem offenen Boot fährt ... Kirschblüten. Einige der Männer tragen lange, biegsame Stangen zwischen sich. An den Stangen baumeln bemalte Holzkisten. Ich weiß, daß darin die Kostüme sind, vielleicht abgetragen und geflickt, aber aus kostbarem Stoff und mit kunstvollen Stickereien, gehämmerter Kopfschmuck und Kronen mit falschen Juwelen, die verschiedensten Masken ... Götter, Tiere und Menschen, falsche Bärte, hergestellt aus den weichen, weißen Schwänzen der tibetischen Yak-Ochsen, Beutel mit Tierblut – und Waffen: Narrenschwerter und stumpfe Dolche, deren Klingen im Griff verschwinden, wenn man jemanden in die Brust sticht. Denn hier in der östlichen Welt erfreut sich die Darstellung von Kriegsszenen besonderer Beliebtheit. Die Stücke berufen sich fast immer auf historische Wahrheit. Sie werden mit großem Ernst zeitlich und örtlich festgelegt ... Ich setze die Ellbogen ein. Schaue und schnüffle wie der Hund, von dem ich träumte. Ich kann gar nicht nahe genug herankommen. Die Musikanten tragen mehrere Instrumente. Flöten, Trommeln, große Gongs ... und einige sind so gut eingepackt, daß ich sie nicht zu erkennen vermag. Wir bleiben auf dem Platz vor der Schmiede stehen. Beobachten, wie sie die Karren abladen, alles aufstellen – ein Bühnenbild vorbereiten. Die Kinder wollen helfen, sind aber meist im Weg. Und am Rande des Platzes sehen wir die Krämer Böcke und Bretter heranschleppen, hören, wie sie sich zanken, wer wo seinen Stand hat und wer schon immer an genau dieser Treppe oder an der Ecke gestanden hat. Gott im Himmel, wie ist mir das alles bekannt! Ich höre mich lachen. Laut und glücklich. Ich möchte die Schauspieler anfassen. Ich möchte sie alle miteinander umarmen. Ich sehe, wie sich Leute umdrehen und zu mir herstarren. Und ich winke und blinzle ihnen zu. Plötzlich spüre ich eine Hand in meiner. Und mir fällt wieder ein, wer ich bin. Ich bin Diao Chans armer Onkel. Der es nicht erträgt, wenn zu viele Menschen um ihn sind. Der sich am liebsten in einem dunklen, geschlossenen Zimmer aufhält. Und lächelnd lasse ich mich heimführen …

Ich weiß, es ist so am vernünftigsten. Ich weiß, es geschieht zu meinem Besten. Trotzdem bin ich wütend. Ich will sie spielen sehen! Und Diao Chan redet mit mir wie mit einem Kind. Heute abend, verspricht sie. Wir gehen heute abend hin … Wenn der Platz von Fackeln erhellt ist. Wenn keiner auf den anderen achtet und jeder nur Augen hat für das, was vorgeführt wird. Sie hat recht. Natürlich hat sie recht. Aber ich habe es satt, behütet zu werden. Und hat es einen Sinn? Stellt sie sich etwa vor, ein lebendiger Berg zu sein, der zwischen mir und denen, die mir Übles wollen, steht? Sind ihre Schenkel steile Felsen? Atmet sie Wolken und Nebel aus? Sind ihre Brüste zwei nie versiegende Quellen? Sind ihre Hände zwei Falken, die mir Nahrung bringen? Ist sie Burkhan-khaldun?

Ich weiß, daß ich nicht mehr sehr lange hierbleiben kann.

Aber ich weiß auch, wer mir mit gefletschten Zähnen auf den Fersen ist. Mein Freund … ahnst du überhaupt, wie groß und mächtig dieses zottige mongolische Ungeheuer wirklich ist? Du bist Soldaten begegnet. Du meinst zu wissen, wie sich ein Heer zum Streite rüstet. Vielleicht hast du auch Menschen kämpfen und sterben sehen. Mein Freund … du hast nicht die geringste Ahnung!

Wenn sich eine ganze Landschaft kräuselt und lebendig wird … wenn die Staubwolken die Sonne verdunkeln und es mitten am Tag finster wird … wenn der Horizont brennt und die Asche wie Laub auf dich rieselt, abgeworfen von einem himmlischen Baum … wenn sich alle Schatten krümmen und einstimmig in ein Geheul ausbrechen. Dann weißt du, daß das Tier erwacht ist. Daß es wieder unterwegs ist. Und daß es nach Blut schreit.

Und keine Mauern ... weder Schwert noch Armbrust ... nicht einmal alle heiligen Berge dieser Welt können dich beschützen.

Ich habe gesagt, daß ich nicht der Richtige bin, dir all das zu erklären.

Laß es mich trotzdem versuchen.

Denn keine Beschreibung von Dschingis Khan ist vollständig, wenn sie nicht auch ein Bild – und sei es noch so stümperhaft – von der gewaltigen Streitmacht skizziert, die er schuf und über die er herrschte.

Wer aus der Hand lesen will, muß sich zuerst den Handschuh ansehen.

Sie sind ein Volk von Reitern. Sobald sie gehen können, wird ihnen das Reiten beigebracht. Kleinkinder lernen, auf Schafen zu sitzen. Und wenn ein Junge drei Jahre alt ist, bindet ihn die Mutter auf einen Pferderücken. Mit vier bekommt er seinen ersten Bogen. Er muß schnell sein. Er muß beweglich sein. Während er reitet, muß er – ohne anzuhalten oder langsamer zu werden – auf ein laufendes Tier zielen und es treffen können.

Welche Reiter haben wir im Westen?

Langsame Reiter mit schweren Rüstungen. Grafen und dicke Barone.

Bei den Mongolen sitzt das gesamte Heer zu Pferd. Alle sind gut trainierte Soldaten.

Hinter unserem französischen und deutschen Adel trottet ein zusammengewürfelter Haufen verdrossener Bauern – zu Fuß und schlecht ausgerüstet. Sie schwingen lieber die Sense als das Schwert.

Ich habe nie so recht begriffen, wie es christlichen Kreuzfahrern möglich war, so viele Stätten im Heiligen

Land zu erobern. Jeder Sieg muß mehr gekostet haben, als man zugegeben hat. Zweimal habe ich erlebt, wie Kreuzfahrer auf türkische und sarazenische Heere trafen. Beide Begegnungen endeten in völligem Chaos.

Es gibt noch viele andere Gründe, warum sich das Kriegführen im Westen vor allem zu einer Kunst entwickelte, Mauern zu bauen und Brunnen zu graben.

Dschingis Khan übte mit seinen Leuten alle Arten von Kriegsspielen. Er ließ große Abteilungen miteinander kämpfen. Bestimmte die Besten zu Führern.

In Europa war Führerschaft stets an Reichtum und familiäre Verbindungen geknüpft. Und die einzige praktische Erfahrung sind pompöse Turniere und lächerliche Zweikämpfe.

Was ist mit den Söldnern? In Kiew vertrauten wir ihnen blind. Nur der Himmel weiß, wie viele russische Städte – und russische Juden – den Sold für diese prahlenden, muskelbepackten und hohlköpfigen Raufbolde zahlten. Doch ein Söldner kämpft nur, solange es sich lohnt, mein Freund. Ist der Beutel leer oder die Übermacht zu groß, sucht er sich einen anderen Herrn. Sicherheit oder treue Freunde kann niemand kaufen.

Und so sieht die Organisation des mongolischen Heeres aus: Alle Männer über vierzehn werden einberufen. Ausgenommen sind Priester – aller Religionen und Glaubensrichtungen – sowie Ärzte und die, die die Toten waschen. Wenn die Boten mit ihrem Bescheid kommen, sich zu sammeln, heißt das für jeden, sofort fallen zu lassen, was er in Händen hat. In jedem Ordu gibt es ein Lager mit Waffen und Ausrüstung. Der Soldat begibt sich zu dem, der die Verantwortung für dieses Lager hat, bekommt sein Marschgepäck ausgehändigt, sucht ein paar Pferde aus und schließt sich der Abteilung an, zu der er gehört.

Das Heer ist nach der Zahl zehn aufgebaut.

Die größte Einheit nennt man einen »Tümen«. Sie besteht aus 10 000 Mann.

Jeder Tümen besteht aus zehn Abteilungen mit je 1000 Mann. Eine solche Abteilung wird »Minghan« genannt.

Jeder Minghan teilt sich in zehn Gruppen. Eine solche Gruppe besteht aus 100 Mann und wird »Dschagun« genannt.

Auch jeder Dschagun zerfällt in Zehnereinheiten. Das ist die kleinste – und wichtigste – aller Einheiten und wird »Arban« genannt.

Die zehn Männer in einem Arban sind unzertrennlich. Ein Arban muß sich eher bis zum letzten Mann aufreiben, als einen Kampfgenossen im Stich zu lassen. Wer seinen Kameraden verrät, verdient die Todesstrafe, sagt Dschingis Khan in seiner Yassaq.

Ein Arban wählt sich seinen Führer selbst. Und die Anführer der zehn Arban wählen denjenigen, der ihren Dschagun führen soll. Erst weiter oben werden die Führer vom Khagan persönlich bestimmt. Wer auf diese Weise die Verantwortung für einen Minghan oder einen Tümen bekommt, wird »Noyan« genannt.

Eine größere Heereseinheit besteht gewöhnlich aus drei oder mehr Tümen – und der Führer des ganzen Feldzuges wird »Orchon« genannt.

Alles ist durchdacht und erprobt. Eigene Abteilungen kümmern sich um Nahrung und Versorgung. Es gibt große Zelte für Kranke und Verwundete. In jedem Kriegs-Ordu ist überdies ein Offizier für alle Gegenstände, die gefunden oder verloren werden, verantwortlich. Alle Soldaten werden täglich inspiziert. Hält ein Soldat seine Ausrüstung nicht in Ordnung, wird sein unmittelbarer Vorgesetzter bestraft ... Die verschiedenen Ordus stehen in ständiger Verbindung miteinander, sei es durch Boten, sei es mit geheimen Signalen. Tagsüber winkt man mit Flaggen und

Fahnen. Jede Bewegung hat eine Bedeutung. Nachts werden dieselben seltsamen Zeichen mit brennenden Fackeln geschrieben. Es werden Spione in feindliches Gebiet geschickt, meist verkleidet als Kaufleute. Diese Spione verbreiten falsche Nachrichten, studieren die Verteidigungsanlagen, zeichnen oder kopieren Karten. Und überall, wo das Heer vorrückt, werden Dscham-Stationen zurückgelassen, werden sichere Routen für die Pfeilboten eingerichtet ... damit man in Karakorum jederzeit Bescheid weiß, wie sich der Feldzug entwickelt.

Ein Soldat muß gehorchen. Und seinen Kameraden helfen. Verliert jemand beim Angriff oder während des Rückzuges den Bogen oder einen Teil seiner Ausrüstung, ist derjenige, der nach ihm kommt, verpflichtet, die Gegenstände mitzunehmen und ihm wiederzugeben. Wer das nicht tut, wird mit dem Tode bestraft. Ebenso wird der zum Tode verurteilt, der flieht, bevor der Befehl zum Rückzug gegeben wurde, oder der bei einem besiegten Feind oder in einer eroberten Stadt zu plündern beginnt, bevor er die Erlaubnis dazu erhalten hat.

Es gibt so viele Regeln, und ich kenne bei weitem nicht alle. Aber ich weiß, daß einmal während eines Feldzuges 5000 Mann durch eine Unvorsichtigkeit ihre Pferde verloren. Es waren genug Pferde da, die man ihnen hätte geben können. Statt dessen wurde von ihnen verlangt, allein – und zu Fuß – den langen Heimweg anzutreten. Es war Winter. Und sie wußten, daß der Marsch sie einige Monate kosten würde. Aber sie gehorchten – ohne zu murren.

Ich weiß auch, daß sich nach dem Gesetz jeder, der eine Strafe abzubüßen hat, sogleich dem Abgesandten des Khagans unterwerfen und vor ihm im Staube kriechen muß – auch wenn der Abgesandte ein Mann ist, der rangmäßig weit unter ihm steht, und selbst wenn er in einer anderen Situation nicht mehr als sein Diener wäre. Aber in dem

Augenblick, in dem ein Mann Siegel und Zeichen des Khagans vorweist, muß er behandelt werden wie der Khagan selbst.

So ist das Gesetz.

So ist der eiserne Handschuh, der die mongolische Heerschar zusammenhält.

Frage mich nicht nach Uniformen. Normalerweise tragen sie einen blauen oder braunen Umhang, der »Kalat« genannt wird. Auch die Hosen sind meist blau – oder grau. Was die verschiedenen Farben auf den Aufschlägen und Rändern bedeuten, das zu behalten habe ich mich nie bemüht. An den Beinen haben sie feste Stiefel ohne Absätze. Und im Winter ziehen sie über die Stiefel warme Filzsocken. Die meisten benützen eine Rüstung aus Lederhäuten … sechs dicht zusammengenähte Schichten. Das Ganze wird gekocht, bis es weich ist und sich danach dem Körper entsprechend anpaßt. Wenn es in den Kampf geht, ersetzen sie die Fell- und Filzmützen durch einen kegelförmigen Helm aus Eisen. Der Helm ist gepolstert und hat eine dicke Pelzbräme. Wieder spielen verschiedene Farben sowie herunterhängende Stoffbänder, Lederriemen und ich weiß nicht was eine Rolle … Soweit ich das begriffen habe, sollten sich gewöhnliche Soldaten nur mit Hunde- und Ziegenfell schmücken, während Offizieren Wolf-, Fuchs-, Dachs- und sogar Affenfell erlaubt ist. Wen es betrifft, für den ist das alles von größter Wichtigkeit, und keiner würde ungestraft darüber spotten. Auch sollte man nicht fragen, warum bei tapferen Kriegern oft die Wangen übersät sind von breiten Narben, hervorgerufen durch Schnitte, die sie sich selbst beibrachten, um den Bartwuchs zu hemmen. Auch dies gehört gewissermaßen zur Uniform …

Jeder Mann hat einen Schild aus geflochtenen und mit Leder überzogenen Weidenruten. Wenn er in den Kampf reitet, hat er zwei Bogen an seiner linken Seite – einen langen für große Entfernungen und einen für kurze Abstände. Rechts hat er zwei Köcher mit mindestens sechzig Pfeilen. Ein Lasso hängt am Sattel. Und am linken Unterarm hat er einen Dolch befestigt. Im übrigen hat er die Wahl zwischen einer Reihe von Waffen: Schwert und Krummsäbel, Wurfspeer, Streitaxt, Keule, einer zwölf Fuß langen Lanze mit flatterndem Pferdehaar und einem Widerhaken unter der Spitze.

Doch wichtiger als alles andere sind die beiden Bogen. Sie sind aus Horn und Sehnen gemacht, in mehreren Schichten, und dann mit einem wasserdichten Lackfirnis überzogen. Die, die davon etwas verstehen, sagen, daß ein Bogen dieser Art einen Pfeil mit viel größerer Geschwindigkeit und Kraft schießen kann als einer der im Westen gebräuchlichen Langbogen aus Holz.

Die vielen Pfeile unterscheiden sich: Signalpfeile, die pfeifen und singen, Pfeile, die so schwer sind, daß sie eine Rüstung durchbohren können – und deren Spitzen gehärtet wurden, indem man sie rotglühend in Salzwasser tauchte, Brandpfeile, explodierende Pfeile, gefüllt mit Naphta und ungelöschtem Kalk …

Die mongolischen Pferde sind stabil gebaut und kräftig, mit breiter Stirn und kurzen Beinen. Überall in der Gobi werden sie wegen ihres Mutes und ihrer Ausdauer gepriesen. Nach der Eroberung von Chwarezm wurden sie trotzdem oft mit Arabern gekreuzt …

Während eines Feldzugs ist jeder Mann für mindestens drei Pferde verantwortlich. Sie folgen ihm wie zahme Hunde. So hat er jederzeit ein ausgeruhtes Reittier, und im Ernstfall kann er einem der Pferde den Hals durchschneiden und das Blut trinken. Am liebsten werden Stuten genommen. Denn sie liefern Milch.

Ein Kriegspferd wird mit großem Respekt behandelt, fast wie ein Kampfgefährte. Es wird geschützt, so gut es geht – entweder mit Leder und Häuten oder einer Rüstung aus kleinen Eisenschuppen, die sich überlappen. In Friedenszeiten wird kein solches Pferd geschlachtet. Auch wenn es hinkt und lahmt, darf es bei der übrigen Herde bleiben, bis es an Altersschwäche stirbt …

Nach der Eroberung von Cathay haben die Mongolen gelernt, Katapulte zu benutzen. Die größten müssen von über hundert Mann an Seilen gezogen werden. Und nach Chwarezm verwendeten sie Ballisten – die wie riesige Armbrüste aussehen und nach demselben Prinzip wie die Katapulte gebaut, aber leichter zu manövrieren sind und außerdem weitaus treffsicherer.

Die Mongolen beherrschen die Kunst, in breiter Front vorzugehen. Das gesamte mongolische Heer ist eine sich ständig verändernde, unruhige Masse. Man verteilt sich so weiträumig wie möglich und bemüht sich – im Schutze von Anhöhen und Hügeln –, die Flanken des Feindes mit einer raschen Zangenbewegung zu umgehen.

Eine Schlacht beginnt in der Regel mit einem dichten Beschuß aus der Entfernung, um die Reihen der Feinde in Unordnung zu bringen.

Dann versucht man eine Taktik, die »Mangudai« genannt wird: Die Hauptstärke des Heeres hält sich versteckt, während eine leichte Abteilung von »Selbstmord-Reitern« geradewegs allein auf den Feind zureitet, wie ein Donnerkeil in die Reihen des Gegners fährt, soviel Schaden anrichtet wie möglich – und flüchtet. Je größer eine solche Abteilung ist, um so überzeugender wirkt sie. Beabsichtigt ist, den Feind zur Verfolgung zu verlocken. Es ist vorgekommen, daß so eine »Flucht« mehrere Tage gedauert hat … bis endlich Ort und Zeitpunkt gestimmt haben und die mongolische Haupttruppe auftaucht und sich wie ein unerbittlicher Kiefer um die Verfolger schließt. Bis zu diesem Zeitpunkt hat man größtenteils leichte Reiterabteilungen eingesetzt, doch nun – als letzten Zug jedes Schlachtplans – setzt man die schweren Abteilungen ein. Sie sind die ganze Zeit in langsamem Trab und so unauffällig wie möglich vorgerückt. Erst wenn sie sich in kürzester Entfernung zum Feind befinden, wird der Befehl zu Angriff und Galopp gegeben … es werden donnernde Wirbel auf einer großen »Naccara« – einer riesigen Pauke auf dem Rücken eines Kamels – geschlagen … und schon ehe der erste Kampfesruf die Luft zerreißt, haben sich die Lanzen ihren Weg in die feindlichen Reihen gebahnt.

Was noch?

Muß ich dir erzählen, daß sie auch Meister sind in der Anwendung von Listen und allen möglichen unerwarteten Kniffen? Oft lassen sie den Feind in dem Glauben, ihre Zahl sei viel größer als in Wirklichkeit, oder seine Aufmerksamkeit wird abgelenkt, indem man ihm Tausende von Puppen auf Pferden zeigt … in Georgien trugen sie Kreuze und Kreuzzeichen, damit die Christen glauben sollten, sie seien Verbündete … als sie Merw eroberten und viele Bewohner noch in sicheren Verstecken waren, ließen sie vom Minarett zum Gebet rufen. Den armen Würmern, die dachten, die Gefahr sei vorüber, und ihren Kopf herausstreckten, um zum Gottesdienst zu eilen, wurde sofort die Gurgel durchgeschnitten.

Ist das genug?

Nein.

Es ist niemals genug.

Ich halte inne. Doch eindeutig … kann es nie werden. Denn alles tritt nach zwei Seiten. Und was den einen entsetzt, mag den andern mit Bewunderung erfüllen. Und wo der eine sinnlose Wut sieht, kann ein anderer ebensogut Mut und Todesverachtung schätzen. Und was für den einen Blutrünstigkeit ist, mag für den andern unbeugsamer Wille sein. Und wenn ich jetzt alle beide in meinem Kopf habe … wenn ich vier Augen habe … welchen Rat kann ich dann Händen und Füßen geben?

Ich bin voller Angst.

Gleichzeitig bin ich in meiner eigenen Geschichte gefangen.

Das hat mit meinem Beruf zu tun. Jeder Gaukler kann das bestätigen. Wen wir als Hauptperson auswählen, der wird immer die Sympathie des Publikums haben. Und die unsere. Egal, welcher Scheußlichkeiten er sich schuldig macht. Glaub mir, es ist keinesfalls unmöglich, einen ganzen Marktplatz zu Tränen zu rühren vor Mitleid mit Herodes, der gezwungen war, alle neugeborenen Knaben Bethlehems zu töten … Und darüber hinaus: Auch *meine* Tränen wird er bekommen. Denn ich bin der, der allem, was ich sage, am eifrigsten zuhört.

Normalerweise sind wir auf diese Fähigkeit stolz. Wenn wir miteinander reden, sagen wir, daß wir dem, den wir darstellen, »unter die Haut kriechen«.

Falsch!

Ein Schauspieler kriecht nie jemandem unter die Haut. Im Gegenteil. Er öffnet sich. Er läßt den anderen bei sich wohnen. Er leiht ihm Körper, Gedanken und Gefühle. Er ist ein Besessener …

Was ist die größte Schwäche eines Gauklers?

Ein Gaukler ist ein Mensch, der mehr als andere den Drang verspürt, von allen geliebt zu werden.

So sind wir … mit unseren Schellen und dem Narrenschwert.

Und gerade deshalb. Weil ich jetzt – durch das Spiel, durch die Geschichte, indem ich tanze und Bälle hoch in die Luft werfe – teilweise ein anderer geworden bin, möchte ich, daß auch dieser andere geliebt und verstanden wird. Ich frage nicht, wer es ist. Ich zähle keine Silberlinge. Denn er ist *ich*.

So ist das, mein Freund.

Und es tut uns beiden gut, daran erinnert zu werden.

Aber ich habe lange genug Schatten geworfen. Wie weit ist es nun von Temudschin bis Dschingis Khan? Ich habe eine Geschichte zu erzählen. Ich habe mir selbst versprochen, die Jahre von seiner Kindheit bis hin zu seiner Herrschaft über alle Jurten der Steppe zu schildern. Und auch wenn ich strauchle und stolpere … auch wenn das Herz flimmert … werde ich mein Bestes geben, um so zu erzählen, wie es sich mein Herr und Freund in Karakorum gewünscht hätte. Vergiß nie, daß ich ein Narr bin. Doch der ewige Himmel ist mein Zeuge: Ich tue, was ich kann, damit der Pinsel sich auf beiden Seiten gleichmäßig abnutzt.

Wo finde ich ihn?

Ich finde ihn am Ufer des Flusses, der Onon heißt.

Es sind nur einige Monate vergangen, seit wir ihn zum letzten Mal sahen. Aber sein Bart hat die ersten grauen Streifen bekommen.

Es ist Winter.

Temudschin ist 35 Jahre alt. Er hat Söhne, die neben ihm reiten. Er ist Herr über viele Jurten. Trotzdem fühlt er sich nicht sicher. Er weiß, daß der Wind drehen kann. Er denkt an Dschamuqa. Sie sind wie zwei Steine auf einer Waage. Eine Feder auf der einen oder anderen Seite kann schon genügen, um die Waage ausschlagen zu lassen. Und wenn Ong Khan ihn noch einmal verrät … Denn die Keraiten sind mächtig. Mit ihren Städten und Ordus entlang der Karawanenwege vom nördlichen Cathay weit in westliche Richtung. Ihr Khan ist schwach. Aber als Volk sind sie stärker, als es ihm lieb ist. Und wird nicht berichtet, daß Dschamuqa ein häufiger Gast bei Senggüm ist, Ong Khans Sohn? Erzählt man etwa nicht, daß sie miteinander lachen und sich auf die Schulter klopfen? Sind sie nicht mehr als einmal zusammen auf der Jagd gesehen worden … jeder mit seinem Falken auf dem Handgelenk?

Über all das redet Temudschin mit Börte. Er fragt auch seine Mutter um Rat. Aber Börte vertraut er sich an.

Sie sitzen im weißen Häuptlingszelt.

Er trägt ihr seine Zweifel vor. Und was er befürchtet.

Und Börte hört ihn an.

Sie tröstet ihn.

Und wenn sie so dasitzen, vergißt sie, daß es andere gibt. Sein Kopf ruht in ihrem Schoß. Und sie denkt: Das ist eine Wärme, die nur ich ihm zu geben vermag …

Sie reden über Senggüm. Und Temudschin sagt: Jedesmal, wenn wir Ong Khan geholfen haben, hat sich Senggüm weiter von uns entfernt. Er haßt uns, weil wir ihm das Gefühl der Schwäche und Machtlosigkeit geben. Und er ist eifersüchtig, weil Ong Khan mich seinen Sohn nennt. Was wird geschehen, wenn mein »Vater« einmal nicht mehr ist? Wenn die Verbindung zwischen uns und den Keraiten nicht zerfasern soll, muß sie mit einem festen Knoten gesichert werden.

So denkt Temudschin.

Und er denkt an Dschötschi. Seinen ältesten Sohn. Dschötschi ist bereits ein junger Krieger. Sollte er nicht bald heiraten?

Börte nickt.

Und hat nicht Ong Khan eine Tochter: Tscha'ur-bäki?

Sie reden weiter über Dschötschi. Er hält sich am liebsten an Dschebe – den Pfeilprinzen. Einen besseren Lehrmeister kann er kaum finden, sagt Temudschin.

Börte stimmt ihm zu, meint aber, daß Dschebe dazu neigt, unbesonnen zu sein. Sie sorgt sich.

Und Temudschin macht sich ein bißchen lustig über Dschebes Drang, sich herauszuputzen und schön zu sein. Läuft er nicht täglich in Zobelstiefeln herum? Und benutzt er nicht einen Brustpanzer, der mit Silber überzogen ist?

Sie lachen beide. Denn das sind kleine Gedanken und Beobachtungen, die sie nie mit anderen teilen würden. Beide wissen, daß Dschötschi in guten Händen ist.

Der Vorschlag wird vorgebracht. Dschötschi soll Tscha'urbäki heiraten. Und gleichzeitig bietet Temudschin eine seiner Töchter Senggüms Sohn Tsakha an. Ong Khan gibt sofort seine Einwilligung. Doch Senggüm weigert sich. Er zwingt seinen Vater, das Angebot abzulehnen. Und die Verhandlungen werden abgebrochen.

Dschamuqa ist entzückt. Er weiß, daß die Zeit gekommen ist und Senggüm sich offen gegen Temudschin stellen muß. Er fordert ihn zu einem Treffen im Schatten der Höhenzüge von Dschedsche'er auf, im westlichen Teil der mongolischen Gebiete. Und noch viele andere von Temudschins Feinden versammeln sich dort. Unter ihnen sind auch Prinz Altan und Khutschar. Dschamuqa stachelt sie auf. Erfindet die wildesten Lügen. Erschreckt sie. Solle Temudschin Einhalt geboten werden, müsse das jetzt geschehen – sagt er. Sonst würde er bald über sie alle herrschen. Und nie mehr würden sie sich als freie Männer bezeichnen können. Unterstützt von Schamanen, die unablässig trommeln, ereifern sie sich so lange, bis sie alles andere vergessen, nur noch einen Weg sehen und wie die Verrückten schreien und tanzen. Und sie schwören sich gegenseitig, daß sie nicht ruhen und rasten werden, bis Temudschin und seine Brüder getötet, ihre Leber den Vögeln vorgeworfen und ihre Herzen von herrenlosen Hunden gefressen worden sind.

Es ist der erste Frühlingsmonat des Wildschweinjahres. Im Westen schreibt man das Jahr 1203.

Doch die Verschwörer sind davon abhängig, daß Ong Khan sie unterstützt.

Es ist Senggüms Aufgabe, ihn zu überreden.

Im ersten Moment ist Ong Khan entrüstet. Er weigert sich. Sind nicht sowohl Senggüm wie Temudschin seine Söhne? Aber Senggüm setzt ihn unter Druck. Gesetzt den Fall, Temudschin plane, seinen »Vater« umzubringen? Wolle ihn nachts erdolchen oder vor aller Augen niederstechen? Wer werde dann Häuptling der Keraiten? Temudschin würde niemals die Macht mit jemandem teilen. Und wen wünsche Ong Khan als Nachfolger? Den Sohn, der von seinem Fleische ist, oder den Sohn, der ihm in Kleidern geboren wurde? So redet Senggüm. So ruft und flüstert er. Und in seinem Herzen ist Ong Khan immer ein Pilatus gewesen. Schließlich wäscht er seine Hände in Unschuld. Er sagt: Tu, was du für das Beste hältst.

Und Senggüm beschließt, eine Falle zu stellen. Er sendet eine Nachricht an Temudschin, daß er sich anders entschlossen habe. Dschötschi soll seine Schwester Tscha'urbäki bekommen. Er bittet Temudschin, in sein Ordu zu kommen – damit sie Verlobung und Versöhnung feiern können.

Temudschin ist erstaunt, sieht aber keinen Grund, die Bitte abzuschlagen. Er begibt sich zusammen mit Dschötschi und zehn seiner besten Krieger auf den Weg. Es ist eine kleine Schar. Aber er reitet in friedlicher Absicht. Und im Lager der Keraiten wird er viele von seinen Leuten treffen. Sie sind dort geblieben, als er Ong Khan beim letzten Mal wieder zur Macht verhalf. Unter ihnen ist sein eigener Bruder Khasar. Warum sollte er also mehr Männer mitnehmen?

Temudschins Anhänger sind jetzt über ein großes Gebiet verstreut. Munglik hat seine Zelte weit im Westen, nicht weit vom Land der Keraiten entfernt. Temudschin unterbricht seinen Ritt bei ihm. Hier findet er auch seine Mutter. Ölün. Beide warnen ihn. Munglik wählt seine Worte mit Bedacht. Aber Ölün ist wütend. Ist er so erpicht darauf, Bündnisse zu schließen und sich Freunde zu verschaffen, daß er nicht mehr sieht, mit wem er es zu tun hat? Ist er ein Tölpel, den man wie eine Kuh an der Nase nehmen und zum Stier führen kann? Hat er vergessen, daß Senggüm in erster Linie auf Dschamuqa hört?

Temudschin kehrt um.

Er schickt zwei Reiter ins Lager der Keraiten. Bittet Senggüm, sie als Stellvertreter zu betrachten. Erklärt, selbst verhindert zu sein. Schiebt es auf den Frühling. Es sei so vieles zu bedenken. Die Pferde seien abgemagert, und das Vieh brauche eine fette Weide …

Aber auch Senggüm hat Augen und Ohren. Er weiß, daß Temudschin vergangene Nacht in Mungliks Lager schlief und deshalb noch nicht weit gekommen sein kann. Gleich im Morgengrauen will er Männer zusammenholen und ihm nachsetzen.

Zwei Ziegenhirten hören zu und verstehen. Mitten in der Nacht satteln sie ihre Pferde und reiten los, um Temudschin zu warnen.

Ihre Namen sind Badai und Kischilik.

Drei Jahre später wird Dschingis Khan ihnen danken, indem er einem jeden das Kommando über 1000 Mann gibt, sie aus seinem eigenen Becher trinken läßt und ihnen Straffreiheit zusichert – die ersten neun Mal, die sie das Gesetz brechen oder davon abweichen.

Aber noch ist er nur Temudschin.

Er steht auf. Läßt Zelte und Ausrüstung liegen. Flieht. Hals über Kopf. Reitet, bis er Leute findet, denen er vertrauen kann – Männer der Uriyangqai. Läßt Dschelme eine Nachhut bilden. Schickt Boten in alle Himmelsrichtungen. Bittet um das Sammeln des Heeres. Reitet weiter im Schatten des Berges Mao Undur.

Am späten Nachmittag des nächsten Tages ist er bei Khalakhaljit. Dort im Sand … steigt er endlich ab. Ißt und rastet.

Mehr und mehr Krieger schließen sich ihm an. Doch viele sind noch weit weg. Es ist eine kleine Streitmacht. Zusammengerufen in aller Eile. Und die Kundschafter melden, daß die Verfolger zahlreicher sind als vermutet. Es handelt sich nicht mehr nur um Senggüm und seine Leute. Inzwischen hat er die Hauptstärke des Heeres der Keraiten hinter sich. Ong Khan selbst ist mitgeritten. Und er hat Dschamuqa neben sich …

Viele raten Temudschin, seine Truppen abzuziehen. Zurückzugehen. Auf Verstärkung zu warten. Aber Temudschin schüttelt den Kopf. Dazu ist es zu spät. Sie müssen sich so gut als möglich schlagen. Hier.

In der Dämmerung fallen die Keraiten über sie her. Dschamuqa leitet den Angriff. Im letzten Moment hat Ong Khan jede Verantwortung abgelehnt. Es wird noch zwei Stunden hell sein.

Mein Freund, wer vermag eine Schlacht wie diese zu schildern? Wenn der Tod blind nach beiden Seiten schlägt … Aber noch immer werden die Lieder über den tapferen Khuyildar gesungen, den Häuptling der Manguten, der mit einer kleinen Abteilung eine Bahn in die Reihen der Keraiten bricht, die umfassende Bewegung, die man »Tulughma« nennt, vollführt, die Höhe Gubtan erobert, Temudschins weißes Banner in die Erde pflanzt und den Feind zwingt, an zwei Fronten zu kämpfen … Als die Dunkelheit hereinbricht und Dschamuqa seine Streitkräfte zurückzieht, ist klar, daß keiner gewonnen hat. Beide Lager haben große Verluste erlitten. Senggüm ist verwundet. Und Temudschin vermißt Boroqul, Bo'ortschu und Ögedei. Doch für die Mongolen muß es in erster Linie ein Wunder gewesen sein, daß sie nicht völlig aufgerieben wurden.

Temudschin weiß, daß sie nicht in der Lage sind, die Schlacht am nächsten Morgen fortzusetzen. Noch ein ganzer Tag des Kampfes würde mit der Vernichtung bis zum letzten Mann enden. Statt also vom Pferd zu steigen, läßt er das kleine Heer die ganze Nacht weiterreiten. Und die Keraiten zeigen kein Interesse, sie zu verfolgen.

Der Tag graut. Viele dringen darauf, im Sattel zu bleiben. Meinen, es sei noch zu früh, um haltzumachen. Doch Temudschin schlägt das Lager auf. Er weiß, daß sie alle Ruhe brauchen. Und bis jetzt hat er noch keinen von denen gesehen, die die Höhe Gubtan hielten. Er will warten. Will so viele wie möglich von den Seinen sammeln. »Lieber sterben«, sagt er, »als treu ergebene Männer zu opfern, um sich selbst zu retten!« Er gibt Befehl, die Verwundeten in Sicherheit zu bringen. Die ganze Zeit späht er nach Westen. Alle wissen, es ist Ögedei, auf dessen Kommen er hofft.

Und sie kommen. Wer noch reiten, gehen oder kriechen kann. Khuyildar kommt, blutig und verwundet. Aschfahl im Gesicht. Bo'ortschu kommt. Sein Pferd wurde unter ihm erschossen. Er reitet auf einem Packpferd des Feindes. Und endlich … Boroqul und Ögedei kommen … langsam, ganz langsam. Sie reiten beide auf einem Pferd. Der junge Prinz hat einen Pfeil im Rücken. Er lebt. Aber seine Augen sind geschlossen. Boroqul stützt ihn.

Man sagt, Temudschin habe geweint.

Und er habe nicht versucht, die Tränen zu verbergen.

Man sagt auch, daß er Ögedei in die Arme nahm, als sei er noch ein Kind.

Mein Freund – schon damals trugen viele der mongolischen Führer ein langes Unterhemd aus Rohseide. Denn damit ist es so, daß … selbst wenn ein Pfeil durch Leder und Harnisch dringt, er nur selten ein Loch in die Seide reißt. Normalerweise wird statt dessen die Seide in die Wunde hineingedrückt … Ein Pfeil – so hat man mir erzählt – dreht und windet sich, wenn er in den Körper eindringt. Versucht man, ihn einfach herauszuziehen, vergrößert man damit meistens die Wunde um das Doppelte. Löst man dagegen die verdrehte Seide, läßt sich der Pfeil durch behutsames Ziehen herausholen … auf demselben Weg, den er sich hineingebohrt hat, und damit bleibt die Wunde so klein wie möglich.

Ich weiß nicht, ob ein solches Unterhemd Ögedei das Leben rettete. Aber ich weiß, daß Temudschin selbst den Pfeil herauszog – und die Wunde mit Feuer reinigte.

Noch deutete nichts darauf hin, daß der Feind ihnen folgte.

Trotzdem gibt Temudschin den Befehl zum Rückzug. Er reitet Richtung Osten. Folgt dem Fluß Alqui und dem Fluß Schilungeljit. Immer weiter nach Osten. Und ständig schickt er Boten an die verschiedenen Klans. Bittet um Hilfe und Unterstützung.

Aber keiner kommt.

So denken Dschamuqa und Ong Khan: Temudschin flieht. Er hat eine Niederlage erlitten. Jeder weiß, daß wir ihm zu stark sind. Wer wagt ihn da zu unterstützen? Die meisten Mongolen sind bereits zu Dschamuqa übergelaufen. Und die wenigen … die noch auf Temudschin hoffen … laßt sie in Frieden! Alles, was sie haben, sind die Pferde, auf denen sie reiten. Bald werden auch sie zu uns wollen. Und wenn sie nicht freiwillig kommen, können wir jederzeit losreiten und sie holen, wie man Pferdemist zum Feuern sammelt!

So – in etwa – lauten ihre Worte.

Temudschin sucht weiter. Richtung Osten – und nach Norden.

Die saftigsten Weiden müssen sie meiden. Aus Angst, sich zu verraten. Sie wagen nicht, haltzumachen. Nehmen Routen, wo sie niemandem begegnen. Sie leben von der Jagd.

Er zählt seine Leute. Es sind 2600.

Mehr sind ihm nicht geblieben.

Allen anderen ist nicht zu trauen.

Es heißt, seine rötliche Stirnlocke wurde weiß während dieses Rückzuges. Aber es heißt auch, daß er damals den Treuesten seiner Männer den Titel »Ter Khan« verlieh. Ein Ter Khan, erklärte er ihnen, wird für alle Zukunft davon befreit, den Zehnten zu bezahlen. Die Kriegsbeute darf er ganz für sich behalten, und er darf, wann immer er will, in das Zelt des Khans kommen.

Was dachten die Empfänger dieser neuen Würde? Begriffen sie, was ihnen geschenkt wurde?

Keiner konnte übersehen, daß er allein stand. Seine Macht war gebrochen.

Trotzdem blieben sie bei ihm.

Sie lauschten allen seinen Träumen. Sie dachten sich ihren Teil. Aber ihre Herzen bluteten für ihn. Und sie widersprachen ihm nie …

Als Khuyildar starb – an den Wunden, die er bei Khalakhaljit erhielt –, trauerte Temudschin, als wäre er sein eigener Bruder gewesen, und ließ ihn auf den Gipfel des Berges Ornu'u tragen. Hier wurde er beerdigt. Eine hochgelegene Ruhestätte bedeutete besondere Ehre. Und dem ewigen Himmel und allen, die ihm zuhörten, gelobte Temudschin, daß Khuyildars Nachkommen nie Not würden leiden müssen.

Selbst war er ausgemergelt, müde und hungrig. Und alle, die ihm zuhörten, waren genauso heruntergekommen wie er.

Aber keiner lachte.

Und Khuyildars Söhne dankten ihm.

Da waren sie 2600. Daraus stellte sich Dschingis Khan später seine Leibwache zusammen. Den Tümen, der »Kaschik« genannt wurde.

Im Sumpfland beim Baldschuna-See fand er endlich Ruhe. Sie lebten in Frieden mit den Menschen, die dort wohnten. Sie knüpften neue Freundschaften.

Unablässig schickte Temudschin Boten an alle, die früher auf seiner Seite gestanden hatten. Er schickte sie immer zu zweit. Wie es sich gehört. Doch die Steppenvölker wandten sich ab. Für sie war er weniger als ein Schatten. Er existierte nicht.

Vor allem die Botschaft, die er Ong Khan schickte, ist in Erinnerung geblieben. Sie beginnt mit den Worten: »O Khan, mein Vater, was habe ich Schlimmes getan? Mein Thron ist gestürzt, der Rauch, der aus meinen Zelten stieg, in alle Winde verweht. Warum hast du so an mir gehandelt? Sagten wir nicht einmal: Selbst wenn ein Drache mit gewaltigen Reißzähnen Schlingen legen und versuchen sollte, uns gegeneinander aufzuwiegeln, so wollen wir nur dem unser Ohr leihen, was wir selbst mit eigenem Mund zueinander sagen?« Temudschin fährt fort zu versichern, daß, obwohl er momentan schwach zu sein scheint, Stärke in ihm wohnt. Und er sagt: »Wenn an einem Wagen eine von zwei Deichseln bricht, kann ihn der Ochse nicht mehr ziehen. Bin ich nicht wie eine Deichsel? Wenn eines der Räder entzweigeht, muß der Wagen stehenbleiben. Bin ich nicht mit einem Rad an deinem Wagen zu vergleichen, o Khan?«

Diese Botschaft wird bis zum heutigen Tag immer wieder erzählt. Sie wird gerufen und gesungen. Und bei jedem Vortrag wird sie um einige Zeilen länger.

Und Ong Khan … es heißt, er sei so gerührt gewesen, daß er sofort alles, was er getan hatte, bereute, er raufte sich die Haare, er nannte sich einen Wortbrüchigen und schlechten Menschen, nahm ein Messer und eine kleine Tasse aus Birkenrinde, er schnitt sich in den Finger, ließ das Blut in die Tasse tropfen … und er rief: »Wenn ich noch einmal über meinen Sohn Temudschin Böses denken sollte, möge mein Blut fließen, wie es jetzt fließt!«

Diese Rindentasse – manche sagen, es sei ein Horn gewesen – gab er den Kurieren als Antwort mit.

Doch Temudschin traute ihm nicht. Denn die Boten

wußten auch noch anderes aus dem Ordu der Keraiten zu berichten ... Ong Khan war ein alter Mann. Heute sagte er dies, morgen etwas ganz anderes. Alle Macht lag bei Senggüm. Und hinter ihm stand ... Dschamuqa.

Ich denke an den geheimnisvollen Reiter.

Und ich denke an alle, die das Alleinsein wählen. Ich denke an alles, was ich über Einsiedler und heilige Eremiten gehört und gelesen habe. *Vitae Patrum* ... das Leben der Wüstenväter. Hieronymus in einem Sumpf mit Mücken. Hieronymus, der dem trockenen Stab Wasser gibt. »O ödes Land, strahlend von den Frühlingsblumen Christi! O Einsamkeit, hier finden sich die kostbaren Steine, mit denen das himmlische Jerusalem erbaut wird! O Wüste, freudvolle Nähe Gottes!« Der Einsiedler, der einem armen Mädchen für die Nacht Unterschlupf gewährt. Und sich über Gebühr in Versuchung führen läßt. Aber auch der heilige Antonius – der Übermensch der Dämonen.

Oft denke ich, es wäre das beste für mich, allein in einer Höhle zu wohnen. Zusammen mit den kleinen, kleinen Wölfen.

Aber ich weiß auch, daß es mich nie dorthin ziehen wird. Denn ich bin weder das eine noch das andere. Ich habe Füße, die sowohl vor- wie zurückgehen wollen. Ich habe zwei Herzen, und ich habe Augen im Nacken. Ich bin nie ein Pilger gewesen. Ich bin ein Wanderer. Ich bin wie eine Figur in einem Brettspiel. Die nie direkt auf das Ziel losgeht, sondern stets springt – zwei Schritt vor, einen zur Seite ... einen Schritt zurück und zwei zur Seite. Ich bin Wolfgang. Jemand, der sich auf eine Reise begeben und auf ein Abenteuer eingelassen hat, ohne zu wissen, wo er landet. Die planlose Wanderung ... von den Buddhisten *samsara* genannt. Hilflos gefangen zwischen Geburt und Tod. Ich bin ein Mischwesen. Ein Kentaur, ein Satyr, eine

Sphinx, ein Martichoras, eine Gorgo, eine Harpyie. Oder ich bin ein Mann mit Hundekopf – ein Kynokephal, ein Mann mit Vogelhals und Schnabel, ein Mann mit Pferdehufen – ein Hippogryph. Am liebsten wäre ich ein Katoblepas, eines jener wilden Geschöpfe – halb Schaf, halb Kalb –, die manchmal an der libyschen Küste entlanglaufen. Eine Art Mähne fällt ihm von der Stirn in die Augen, und dieser Schopf ist so dicht, daß man nur schwer hindurchsieht. Gelingt es aber dem Tier, die Haare wegzuschütteln, tötet es jeden und alles mit seinem Blick …

O nein. Ich habe weder Herz noch Verstand, solche Kräfte zu beherrschen. Und ich breche nur allzu leicht in Tränen aus.

Ich bin ein Gaukler.

Das ist verwirrend genug.

Ich möchte allein sein. Und ich kann nicht ohne andere Menschen leben.

Ich sehne mich weit fort, aber ich kann sie nicht verlassen.

Mit welchem Fabelwesen könnten wir Temudschin vergleichen?

Er ist ein Phönix, mein Freund. Er ist mit dem Vogel zu vergleichen, der in Indien lebt und alle fünfhundert Jahre zu den großen Bäumen im Libanon kommt, um wohlriechende Zweige zu sammeln. Er errichtet einen Scheiterhaufen und läßt ihn von der Morgensonne entflammen. Dann steigt er in die Flammen und verbrennt zu Asche. Am nächsten Tag kann man in der Asche eine kleine Schlange sehen. Am Tag darauf hat die Schlange Federn bekommen, und am dritten Tag ist der Vogel wieder auferstanden – und sieht genau wie vorher aus … mit Schwingen von der Farbe der Hyazinthe und einem Körper, der an Smaragde und kostbare Edelsteine erinnert, einer Krone auf dem Kopf und Sporen an den Füßen.

Und allein? Wie kann jemand allein sein, wenn er von 2600 Kriegern umgeben ist? Treu bis in den Tod? Von blindem Gehorsam … Mit diesen Männern besiegte er nicht nur menschliche Feinde, sondern überwand auch Wüsten, Gebirge und alle Jahreszeiten. Mit einigen von ihnen habe ich selbst zusammengesessen. Sie erzählten mir von damals, als sie westwärts zogen, auf dem Dach der Welt balancierten, die hohen Bergpässe Tibets überwanden. Wege gingen, die noch keiner benutzt hatte. Aber er war Dschingis Khan. Er hatte über 100000 Mann hinter sich. Und er wußte, daß nichts unmöglich ist. Hatte er nicht eben erst die große Mauer um Cathay niedergerissen? Und weil er selbst an der Spitze ritt und weil alle wußten, daß er ein Bogdo ist, folgten sie ihm ohne Murren. Die, die mir das erzählten, schüttelten den Kopf und sagten: Heute kennen wir die Wege. Jeder weiß, wann und wo er gehen kann. Doch beim ersten Mal … Und sie reden von Winden, erfüllt mit fliegenden Eiszapfen, von Felswänden, die in den Wolken verschwanden, von einer Luft, so dünn, daß sogar die Tiere aus der Nase bluteten – aber sofort das Blut wieder leckten, damit nichts verlorenginge. Sie reden von Wochen, in denen sie bis unter die Arme im Schnee wateten und sich eingruben, wo sie gingen und standen. Sie reden von Hunger und Durst, der sie zwang, ihre Pferde in die Beine zu schneiden, das Blut aus der offenen Ader zu trinken – und den salzigen Geschmack zu vertreiben, indem sie Schnee aßen.

Solche Männer hatte Temudschin am Baldschuna-See um sich.

Er war alles andere als allein.

Und langsam bekam die Schlange neue Federn …

Eines Tages reitet Khasar ins Lager. Zusammen mit einer Handvoll Männer ist er den Keraiten entwischt. Seine Frau und die drei Söhne sind zurückgeblieben … Lange Zeit war die kleine Schar umhergestreift, ohne eine Spur von Temudschin zu finden. Sie waren abgerissen und heruntergekommen. Aber die Wiedersehensfreude ist groß bei den Brüdern. Und gemeinsam ersinnen sie bald einen Plan … und eine Falle.

Wenn Mika noch leben würde. Wie oft habe ich das gedacht? Und wie viele Male habe ich dem Gedanken Worte gegeben? Wir hätten das alles gemeinsam spielen können. Auf jedem beliebigen Markt, mein Freund. Auf der Gasse. In einem Garten. Wo immer du willst! Ohne Schminke. Und mit leeren Händen. Nur wir zwei. Mika und ich. Ist es so verwunderlich, daß ich an ihn denke? Fast ein ganzes Leben hielten wir zusammen. Ich habe ihn länger gekannt als alle meine Frauen, länger als andere Männer. Und mit Jiayuguan voller Gaukler … ist es da merkwürdig, wenn ich wieder sein Gesicht sehe und sein Lachen höre? Wir waren wie Brüder, wie Zwillinge. Allein … oder zusammen mit anderen … wird es nie so sein wie mit Mika. Denn mit ihm war alles möglich. Wir wußten stets, was der andere sagen würde, lange bevor er es sagte. Und wir errieten noch die geringste Bewegung des anderen. Seit damals habe ich viele Hampeleien und Gesten versucht. Und oft erntete ich Beifall und Anerkennung. Doch nur, wenn ich zusammen mit Mika aufgetreten bin, hatte ich ab und zu das Gefühl, daß wir imstande waren, den Mond herunterzuholen …

Zuerst hätten wir Temudschin und Khasar sein können. In Hockstellung, die Knie gespreizt. Flüsternd und tuschelnd. Keiner hört, was wir sagen. Manchmal werfen wir den Kopf in den Nacken und lachen, daß es über den ganzen Platz dröhnt. Auf diese Weise sammeln wir Neugierige um uns … Und wenn genug da sind, erhebt sich Mika und ruft: »Aufgepaßt! Hört jetzt die Geschichte, wie der junge Dschingis Khan – als er noch Temudschin hieß … hört, wie er mit List und Tapferkeit aus seiner Verbannung zurückkehrte und den mächtigsten seiner Feinde überwand. Seht! (Und jetzt deutet er auf mich.) Seht den stolzen und eitlen Ong Khan. (Ich stolziere mit erhobener Nase herum, wackle mit dem Po und schlage die Hände zusammen.) Und hört, wie ihn ein grausames Schicksal ereilt!« Gemeinsam verwandeln wir den Marktplatz in eine Steppe. Ich stehe in der einen Ecke. Esse und trinke Luft. Umarme unsichtbare breithüftige Frauen. Ich bin Ong Khan. Alt, aber brünstig. Ich habe ein goldenes, palastähnliches Zelt. Ich habe an jedem Finger einen Diener. Ich befehle ihnen, ein großes Fest vorzubereiten … Und Mika ist die beiden Reiter, die Temudschin und Khasar fortschicken. Zwei von Khasars Männern. Ihre Namen sind Khali'udar und Tschakhurkhan. Sie begegnen mir in der Zeltöffnung. Ich lecke mir die Finger, während ich zuhöre. Sie grüßen. Erklären, Khasar habe sie geschickt. Ich mache eine ungeduldige Handbewegung. Ich weiß, wer sie sind. Ich kenne sie. Was will er von mir? Welche Nachricht hat der davongelaufene Khasar ihnen mitgegeben? Und Mika läßt sie singen. Er singt und klatscht im Takt. Der Gesang ist eine faustdicke Lüge. Und jedesmal, wenn Mika meint, besonders dick aufzutragen, dreht er den Kopf und pfeift ein paar Takte – falsch und schrill.

So etwa ist der Inhalt: Ich, Khasar, habe überall nach meinem älteren Bruder gesucht. Doch er ist nirgends zu finden. Ich habe mich heiser geschrien, aber er gibt keine Antwort. Viele Nächte habe ich unter freiem Himmel geschlafen, einen kalten Stein als Kopfkissen. Und meine Gedanken schweifen zu meinem Weib und meinen Kindern, die hier leben – in Frieden und Geborgenheit – bei dem großen Ong Khan, meinem Vater und Wohltäter. Ich habe dumm und übereilt gehandelt. Wenn der große Ong Khan mir vergeben und mir freies Geleit versprechen kann, habe ich keinen größeren Wunsch, als zurückzukehren und ihm bis an das Ende meiner Tage treu zu dienen.

Zum Schluß pfeift Mika so gräßlich falsch – und ohne Luft zu holen –, daß sich sein Mund zu einer kußähnlichen Grimasse verzieht.

Das Publikum lacht. Doch Ong Khan lacht nicht. Ich stolziere herum. Ich denke laut. Ich diskutiere mit beliebigen Zuschauern. Ich sage: Dies ist ein großer Tag. Ich habe Temudschin ans Ende der Welt gescheucht. Entweder kippt er vornüber, fällt über den Rand und stürzt in den Abgrund, wo behaarte Schlangen und bissige Kamele hausen und aus dem es keine Rettung gibt. Oder (und hier hebe ich einen drohenden Zeigefinger und kratze mich dann nachdenklich im Schritt) … er bleibt hocken, wo er hockt – von allen verlassen –, bis ihm Wanzen und Läuse die Hoden abgebissen haben und er in seinen eigenen Tränen ersäuft! (Ich packe einen der Zuschauer.) Und warum soll ich diesen Boten nicht glauben? Sieht nicht jeder, wie verhungert und verdurstet sie sind? Und ihr Herr? Habe ich nicht sein Weib und seine drei Söhne als Geiseln? (Ich lasse ihn los.) Laßt Khasar zurückkommen. Temudschin hat niemanden mehr, der ihm hilft. Jetzt werden die Leute sehen, daß sich sogar sein eigener Bruder von ihm abwendet …

Ich lasse die beiden Boten zurückreiten zu Khasar. Mit der Nachricht, daß ihm alles verziehen sei. Und ich veranlasse, daß ihnen einer von meinen Männern folgt.

Aber als sie am Treffpunkt beim Kerulen anlangen, wartet dort nicht nur Khasar. Temudschin ist ebenfalls da, zusammen mit seinen 2600 Reitern. Zu spät erkennt der junge Keraite, daß er in eine Falle geraten ist. Er versucht zu fliehen, wird aber gefangengenommen und Temudschin vorgeführt. Mika ist Temudschin, der seine Arme kreuzt und sagt: Laßt Khasar entscheiden, was mit ihm geschehen soll. Mika ist auch Khasar, der wortlos das Schwert zieht. Und schließlich ist er der Gefangene, dem der Kopf abgeschlagen wird … Danach erhebt er sich, schraubt sich den Kopf wieder an, wobei er allerlei Grimassen schneidet, prüft, ob die Ohren festsitzen, zählt die Augen – tut das mehrmals, nickt befriedigt und verwandelt sich in Khali'udar und Tschakhurkhan, die sagen: Ong Khan ahnt nicht das geringste. Er bereitet ein großes Fest vor, und all seine Gedanken kreisen um Essen und Trinken. Wenn wir sogleich losziehen – und die ganze Nacht und den ganzen Tag reiten –, können wir ihn aus dem Hinterhalt überraschen.

Das Heer setzt sich in Bewegung. Mika geht mit schweren und langsamen Schritten. Er legt den Finger auf den Mund, bedeutet dem Publikum, leise zu sein. Er bittet, daß sie sich abwenden und in eine andere Richtung schauen. Er sagt: Als Temudschin und seine Männer auf Ong Khans Jurtenlager zuritten, trafen sie niemanden. Denn alle wichen dem Heer aus. Und keiner wagte es, die Keraiten zu warnen. Denn alle wußten, daß es in diesem Augenblick unklug wäre, Partei zu ergreifen …

Und das Publikum tut, was er sagt. Dreht sich mit dem Rücken zum Geschehen. Mika lobt die Zuschauer. Er bittet sie, dafür mich im Auge zu behalten. Und ich bin immer noch Ong Khan, der sich aufspielt, wichtig tut und sich völlig lächerlich macht. Ich bewundere mein eigenes Ordu. Es liegt in der Nähe des Berges Dschedsche'er – an derselben Stelle, wo sich Dschamuqa und Senggüm vor einem Jahr geschworen hatten, daß keiner von ihnen ruhen werde, ehe Ölüns Söhne den Vögeln und verrückten Hunden zum Fraße vorgeworfen würden … Es ist ein großes Jurtenlager. Alle fühlen sich sicher. Wir feiern ein Fest. Und wieder denke ich laut. Ich wippe auf den Fußballen vor und zurück. Ich sage: Temudschin ist nützlich gewesen, aber ich bauche ihn nicht mehr. Das letzte, was ich von ihm gehört habe, war eine wirre Bitte um Versöhnung. Geschickt aus der finstersten Ecke der Welt. Seine Worte rührten mich – denn ich bin ein Mann mit großem Herzen und offenem Gemüt. Doch heute sehe ich klarer.

So rede und plappere ich.

Bis Temudschins Heerschar wie ein plötzlicher Regenschauer über mich hereinbricht.

Es ist ein wildes und zähes Ringen. Gewöhnlich ruht der Kampf, wenn es wegen der Dunkelheit schwierig wird, etwas zu sehen und Manöver durchzuführen. Doch dieses Mal hat Temudschin beschlossen zu kämpfen, bis eine Entscheidung gefallen ist. Er weiß, jetzt geht es um alles oder nichts. Verliert er hier beim Dschedsche'er, hat er für immer verloren. Deshalb fechten wir jetzt erbittert ... Mika und ich, wir knurren und werfen uns gegenseitig über die Schulter, rufen und schreien. Wir tappen herum. Stellen uns gegenseitig ein Bein. Tun so, als könnten wir uns nicht sehen. Wir zeigen, daß Sonne und Mond wechseln. Denn die Schlacht beim Dschedsche'er dauert ganze drei Tage – und drei blutige Nächte.

Endlich müssen sich die Keraiten ergeben. Ihr Heerführer Qadaq wird zu Temudschin gebracht. Doch Ong Khan und Senggüm gelingt die Flucht.

Temudschin lobt Qadaq ob seines Mutes und seiner Tapferkeit. Er nimmt ihn auf unter seine Männer. Er sagt: Khuyildar hat sein Leben für mich gegeben, als er das Banner mit den neun Yak-Schwänzen auf den Gubtan pflanzte. Als ich ihn auf dem Berg Ornu'u begrub, habe ich seiner Witwe und seinen Söhnen versprochen, daß sie in alle Ewigkeit keine Not mehr zu leiden brauchen. Suche jetzt unter deinen Kriegern 100 Mann aus. Mit ihnen und zusammen mit deinen Söhnen und deinen Töchtern sollst du den Nachkommen Khuyildars dienen!

So hält Temudschin sein Versprechen.

Auch viele andere dürfen am Leben bleiben.

So vergrößert er seine Schar.

Unter denen, die Gnade finden, ist Dschagambu, einer von Ong Khans jüngeren Brüdern. Dschagambu hat zwei schöne Töchter. Die ältere – Ibaha – nimmt Temudschin für sich. Die andere gibt er Tolui, seinem jüngsten Sohn. Sie heißt Sorkhokhtani und wird später die Mutter von Khubilai und Hülägü ...

All das hätten wir spielen können.

Wir hätten zeigen können, wie sich fast alles auf einmal umkehrt.

Ohne Ong Khan war Dschamuqa hilflos. Die mongolischen Klans kehrten zu Temudschin zurück. Einer nach dem andern. Und verließen ihn seitdem nie mehr.

Die Keraiten fanden keinen neuen Führer, um den sie sich scharen konnten. Und ihre verstreuten Grüppchen waren eine leichte Beute.

Der Vogel war wiedererstanden. Strahlender als je zuvor.

Jetzt hat er nur noch einen ernsthaften Gegner.

Tajang Khan.

Häuptling der nördlichen Naiman.

Das sind Dinge, die ich mit gedämpfter Stimme erzähle. Fast wie eine Vertraulichkeit. So daß sich alle beim Zuhören anstrengen müssen.

Mika hat sich einige Schritte entfernt.

Jetzt schlägt er sich plötzlich an die Stirn und brüllt: Aber was ist mit Senggüm?

Und ich mache einen Sprung und schreie: Und was ist mit Ong Khan?

Senggüms Schicksal ist rasch erzählt. Er floh westwärts, nur von den nächsten Angehörigen begleitet. Im Lande der Uighuren lebte er einige Zeit vogelfrei, ein Räuberdasein. Es heißt, er sei bis zur Grenze nach Tibet vorgedrungen. Ehe man ihn endlich gefangennahm und hinrichtete. Seine Kinder und Frauen wurden zu Temudschin geschickt, wo sie sich unterwerfen mußten.

Doch Ong Khan ist einen letzten Gesang wert.

Ich ducke mich und renne. Werfe ständig ängstliche Blicke über die Schulter.

Mika singt. Und nach jeder Strophe stoße ich ein lautes Wimmern aus, hebe die Nase zum Himmel und heule wie ein mondsüchtiger Hund.

Anfangs fliehe ich zusammen mit Senggüm – meinem eifersüchtigen Sohn. Wir reiten durch das Land der Naiman.

Eines Tages kommen wir an den Fluß, der Neikun heißt.

Wir sind alle wahnsinnig vor Durst.

Aber nur ich allein laufe vor, um zu trinken. Die anderen verstecken sich im Wald.

Ich werfe mich auf den Bauch. Schlürfe das Wasser. Lecke den Marktplatz, die Gasse, das Gras.

Da merke ich, daß mir Mika auf die Hand tritt. Ich blicke nach oben. Er ist ein Krieger der Naiman. Sein Name ist Khorisü. Undeutlich höre ich, daß Senggüm und die anderen davonreiten. Fliehen – und mich allein lassen.

»Wer bist du, Alter?« singt Mika drohend. Doch ich bin vor Angst unfähig zu antworten. Und Mika muß die Frage dreimal singen, ehe ich ein Wort herausbringe. »Ich bin Ong Khan«, singe ich – falsch und piepsend. Ich knie mich hin. Versuche, meine alte Würde wiederzugewinnen. »Ich bin Ong Khan. Ong Khan der Mächtige. Herrscher über die Keraiten. Ich bin Ong –« Aber Mika hat ein unsichtbares Messer gezogen. Und ruhig schneidet er den Gesang ab und mir die Gurgel durch.

Da ist aber noch mehr!

Ong Khan ist tot.

Da ist aber noch mehr!

Denn die Nachricht von diesem Ereignis wandert von Zelt zu Zelt … die Geschichte von dem alten Trottel, der sich ganz allein in Gebiete verirrt hatte, wo er nicht hingehörte … und dumm genug war, Khorisü weiszumachen, er sei Ong Khan persönlich! Wir rufen die Worte durcheinander: Alter Trottel! Ganz allein! Ong Khan! Weismachen! Wir laufen, jeder für sich, auf dem Marktplatz herum – eine Hand ausgestreckt, deuten auf das Publikum und wiehern vor Lachen. Bis wir zusammenstoßen. Überschlagen uns beide rückwärts. Und erzählen uns die Geschichte ein letztes Mal. Jetzt ist die Nachricht zu Tajang Khan und seiner majestätischen Mutter Gurbesü vorgedrungen. Ich deute mit den Händen an, wie umfangreich und gewichtig sie ist. Und ich packe Mika beim Ohr und rufe: »Ong Khan ist ein großer Häuptling gewesen. Bring den Kopf her! Wenn es wirklich seiner ist, werden wir ihm wahrlich opfern!« Und Taibuqa – dem in Cathay der Ehrenname Tajang Khan, oberster Führer, verliehen wurde –, weiß nur zu genau, wer eigentlich bestimmt. Mika macht sich klein. »Ja, Mama! Natürlich, Mama! Sofort, Mama!« Und das Publikum lacht und ist schadenfroh …

Der Kopf wird gebracht.

Gurbesü erkennt ihn auf der Stelle.

Sie legt ihn auf ein weißes Tuch.

Sie ruft ihre Schwiegertochter.

Mika verneigt sich und trippelt herüber zu mir. Wir sind zwei weibliche Schamanen. Gut bewandert in allen Arten der Schwarzen Kunst. Wir sind die dicke Gurbesü und ihre aufgeblasene Schwiegertochter, die singen und murmeln. Wir bereiten ein Fest vor. Mit Wein und Saitenspielern. Und mitten unter dem Fest hebe ich ein großes Trinkgefäß hoch, bitte um Ong Khans abgeschnittenen Kopf und bringe ihm das Opfer dar.

Da passiert das Unerhörte. Der Kopf lächelt uns an! Der tote Kopf öffnet den Mund, zeigt gelbe Zahnstumpen – und lächelt!

Wir lassen alles fallen, was wir in den Händen haben.

Wir klammern uns aneinander.

Wir heulen vor Angst.

Dann läuft Mika vor. Er ist wieder Tajang Khan. Und sein Zorn ist ebenso groß wie sein Schreck. »Er lacht uns aus!« ruft Tajang Khan. *»Er lacht mich aus!«* Denn für ihn ist das Lächeln höhnisch gemeint. Er glaubt, der tote Ong Khan verspotte ihn. Und er versetzt dem Kopf einen heftigen Tritt. Läuft hinterher. Tritt noch einmal. Trampelt auf den Kopf. Springt darauf herum wie ein erschrecktes

Kind. »Er lacht mich aus!« ruft Mika mit Tajang Khans lispelnder Stimme. Und wieder bricht der ganze Markt in schallendes Gelächter aus.

So könnten wir gespielt haben.
Hätte Mika noch gelebt.

Es gibt noch eine andere Version. In der es weder Schwarze Künste noch murmelnde Frauen gibt. Darin wird nur erzählt, daß der Kopf zu Tajang Khan gebracht wurde, der ihn in Silber fassen und an der Rückenlehne seines Thrones befestigen ließ. Das Gesicht schaute nach Osten. Zum Zeichen, daß er das Land der Keraiten nie vergessen würde …

Jeder sucht sich eben die Geschichte aus, die ihm am besten gefällt.

Das ist immer das Privileg der Gaukler gewesen.

Und trotzdem … angenommen, es verhält sich umgekehrt? Angenommen, die Geschichte sucht *mich* aus?

Schlangen. Vögel. Köpfe. Geheimnisvolle Reiter.

Wie kann dasselbe Gesicht … in dem einen Augenblick eine grausame Maske mit Reißzähnen und Teufelsbrauen sein und im nächsten Augenblick ein Bild, das jeder von uns liebt? Das stößt mich ab. Und das zieht mich an.

Ihn verstehen? Ihm nahe genug kommen? Mein Freund, manchmal scheint mir, daß wir ihm so nahe gekommen sind, daß ich mir fast die Finger verbrenne.

Was begreife ich am besten bei ihm?
Seine Sehnsucht, zu leben.
Was verstehe ich am wenigsten?
Daß er trotzdem nie den Tod fürchtete.

Aber gegen Ende seines Lebens wird auch Dschingis Khan von Unruhe ergriffen. Und wie die Fürsten des Ostens zu allen Zeiten überall nach einem Unsterblichkeitstrank gesucht haben, nach glückseligen Inseln und wunderbaren Bergen … begannen sich auch im Kopf des alten Khagans solche Gedanken zu regen. Zauberer hatte er genug gesehen. Er traute ihnen nicht. Und das Meer war für die Fische da, nicht für die Menschen. Man konnte nicht darauf reiten, Pferd und Reiter gehörten aber zusammen. Er setzte nie einen Fuß auf ein Bootsdeck. Berge dagegen … er wußte, daß die Welt viereckig war, daß sich in jeder Ecke – und im Mittelpunkt der Welt – ein mächtiger Berg erhob. Er lauschte den Erzählungen über Tai Shan, den Berg im fernen Osten, wo die lebenden Unsterblichen reine Jade aßen, schuppige Drachen vor ihre Wagen spannten und auf schwebenden Wolken reisten. Und er hörte sich alles an, was von Kunlun erzählt wurde, dem Berg im fernen Westen, bewacht von Geistern mit Menschenköpfen und weißen Tigerkörpern, angeführt von dem fürchterlichen Jianwu – dem Dämon mit neun peitschenden Schwänzen. Auf dem Kunlun lebte die westliche Mutter, eine schöne Frau mit Raubtierzähnen, sowie ihre Auserwählten … Menschen, denen sie ewiges Leben schenkte und die den Unsterblichkeitstrank kosten durften, den sie aus Früchten bereitete, die dreitausend Jahre bis zur Reife benötigten. Solchen Geschichten lieh er sein Ohr. Er schickte Leute auf die Suche. Er bat sie, allen Bergen, die an Tai Shan oder Kunlun erinnerten, Schwerter zu opfern.

Einige sagen, daß diese Berge nie gefunden worden sind.

Andere sagen, daß er sie gefunden hat. Daß sie aber nur aus Steinen, Schotter und Felsen bestanden. Ebenso wie alle anderen Berge waren. Und daß die, die dort lebten, bluteten, wenn man sie stach, und starben, wenn man ihnen den Kopf abschlug …

Es besteht jedoch weitgehend Einigkeit darüber, daß er nach einiger Zeit seine Reiter aufforderte heimzukommen. Denn er bereute alles. Und er sagte zu ihnen, daß er nie einen anderen Berg benötigen würde als Burkhan-khaldun.

Von Yelü Chucai habe ich erzählt bekommen, wie es war, als Dschingis Khan einst Changchun zhenren holen ließ – einen der berühmtesten taoistischen Weisen im großen, eroberten Cathay. Die Reise dauerte 14 Monate. Denn der Weise war alt und gebrechlich. Aber er wurde die ganze Zeit mit größtem Respekt behandelt. Die Begegnung fand in der Nähe von Samarkand statt – während Dschingis Khans großem Feldzug Richtung Westen. Changchun führte viele lange Gespräche mit dem Khagan. Was aber dabei herauskam, hat nie jemand erfahren. Yelü Chucai war jedenfalls enttäuscht – das merkte ich. Auf seinen Rat hin war nämlich Changchun gebeten worden zu kommen. Und die zwei aus Cathay verbrachten viele Nächte gemeinsam … mit Teetrinken, dem Rezitieren eigener Gedichte und Spaziergängen in den herrlichen Gärten Samarkands. Aber sie fanden einander nicht. Und sie verstanden einander nicht. Beide waren sie zu höflich, sich etwas anmerken zu lassen. Doch jedesmal, wenn mir Yelü Chucai von Changchun zhenren erzählte, klangen seine Worte verbittert. Ich erinnere mich, daß ich lachte. Ich sagte: Was hattest du erwartet? Changchun muß ein Tor gewesen sein. Wie konnte er annehmen, Dschingis Khan würde sich zu einem Leben im Zölibat entscheiden? Er, der seinen Männern den unwiderruflichen Befehl gab, jede Frau, die sich vor den anderen an Schönheit auszeichnete, sofort ins Zelt des Khagans zu bringen. Und warum gedankenlos damit herausplatzen, wie ein Kind, das Angst hat, unterbrochen zu werden oder zu vergessen, was es sagen wollte? Wie konnte er so vermessen sein zu glauben, es würde ihm gelingen – in dieser Situation –, einen Mann, der sich gerade anschickt, die halbe Welt zu erobern, davon zu überzeugen, daß Glück und Sinn des Lebens darin bestehen, sich nichts zu wünschen, nach nichts zu streben, nichts zu begehren?

Yelü Chucai erwiderte nichts. Aber ich merkte, daß er mich mochte, weil ich das sagte. Selbst ging er eher behutsam und vorsichtig zu Werke. Er war geduldig. Wenn er wollte, konnte er vorgehen wie eine Schnecke.

Dschingis Khan ist verschwunden. Seine Söhne sind verschwunden. Aber das Reich, das er schuf ... wird in Ewigkeit bestehen. So fand er die Unsterblichkeit, die er suchte.

Mein Freund, auch ich möchte leben. Und für uns, die dem Kalender der zwölf Tiere folgen, ist es das Jahr der Schlange. Eine Schlange muß kein schlimmes Zeichen sein. Ouroborus – die Schlange, die sich in den eigenen Schwanz beißt und ein Rad bildet, einen lebendigen Kreis – ist für viele das Bild des ewigen Lebens. Alpha und Omega. Mein Ende ist mein Anfang. Aber ich verlange keine Unsterblichkeit. Ich erhoffe nur Tage, Wochen ... Monate und Jahre.

Es ist dunkel geworden. Ich habe mein Gesicht halb in einer Kapuze versteckt. Diao Chan geht neben mir. Wir haben kleine Kissen dabei, zum Sitzen. Der Platz ist voller Leute. Kinder laufen in die Menge und wieder heraus. Lachen und tollen. Es brennen Fackeln und Räuchergefäße. Und die Schauspieler sind schon den ganzen Tag und den Abend aktiv. In dieser Ecke der Welt kann eine Vorstellung 18 bis 24 Stunden dauern. Nur unterbrochen von kleinen Eßpausen. Schweinepfoten. Eine dicke Suppe, in die man Brot taucht. Gerollte Kuchen mit schwarzem Zucker im Innern. Reiskuchen, gefüllt mit den Früchten des Jujubebaumes. Alles wird gekauft und feilgeboten. Ein Mann mit einem Hängezopf bis zu den Füßen zeigt mir ein Armband. Doch die meisten weichen uns aus. Erschrecke ich sie? Ich werfe Diao Chan einen Blick zu. Sie tut, als wäre nichts. Ich ziehe die Kapuze tiefer ins Gesicht. Als wir uns setzen wollen, wird hastig ein Platz frei gemacht. Und ich habe das komische Gefühl … daß das nicht mir gilt … sondern daß man *sie* fürchtet. Meine Diao Chan! Ich lache. Ich will es ihr sagen. Aber sie bedeutet mir, still zu sein. Sie hat nur Augen und Ohren für die Darbietung.

Am besten gefallen mir die beiden Narren, die nichts mit der eigentlichen Handlung zu tun haben. Die nur zur Aufheiterung und Zerstreuung da sind. Plötzlich und unerwartet springen sie vor. Ebenso unvermittelt ziehen sie sich wieder zurück. Sie sind die Gegensätze. Der eine wird *jing* genannt. Er ist witzig und der, der das Kommando hat. Der andere ist *chou*. Er ist tolpatschig und dumm. Aber ihm gehört unsere Sympathie …

Ich kann mich gar nicht genug freuen über das Schauspiel. Ich sauge alles auf, die Farben, die Bewegungen, die Musik, das Geräusch der Holzstücke, die plötzlich aufeinanderklatschen, die künstlichen und verstellten Stimmen. Jedesmal, wenn ein Schauspieler die Bühne verläßt, erzählt er, wohin er geht und was er tun wird.

Ich will südwärts.

Und wenn er zurückkommt, erfahren wir immer, wie es gegangen ist.

Ich will nach Hangzhou.

Diao Chan lehnt ihren Kopf an meine Schulter. Sie hält meine Hand.

Wenn sich eine Schlange häutet … ist das eine Erleichterung, oder ist es mit Wehmut verbunden?

Morgen werde ich mit dem Leiter dieser Truppe sprechen. Und wenn sie weiterziehen, komme ich mit. Wenn er keine neuen Leute braucht, kann ich sogar für mich bezahlen, und ich habe noch nie einen Gaukler getroffen, der nein gesagt hätte zu leicht verdientem Geld …

Aber was soll ich Diao Chan sagen?

Zu Diao Chan sage ich nichts.

Beide leben wir davon, die Grimassen der Körper und der Seele feilzubieten.

Sie wird es verstehen.

Wie können wir von einem Menschen sagen … daß er oder sie … so oder so ist? Wenn wir nicht einmal uns selbst kennen. Und uns auch nie kennen werden.

Ich habe viele verschiedene Leben gelebt. Habe völlig verschiedene Seinsformen erlitten. Was hat der Wolfgang, der achtjährig am Rhein spielte, mit dem Wolfgang gemeinsam, der zwei Jahre später in durchsichtigen Hosen herumlief? Was hat der Taschenspieler in den Kreuzfahrerstaaten mit dem Familienvater in Kiew gemeinsam? Nichts. Oder sehr wenig. Wie viele Wolfgange bin ich eigentlich gewesen? Und wie viele vermag ich noch zu werden?

In Hangzhou kann vielleicht … einer von mir … leben … ein weiteres Mal.

Das Zeichen für Süden ist ein roter Phönix.

Warum rede ich von all diesen Wolfgangen als von »mir«?

Sie sind wie Beeren. Auf einen Halm gefädelt. Dünn und zart. Aber das einzige, an das wir uns halten können. Wir nennen es Gedächtnis.

Denn heißt es nicht, wir seien die Summe unserer Erinnerungen?

Gleichzeitig sollten wir Gott danken, daß es auch vieles gibt, was wir vergessen.

Ich streichle im Takt mit der Musik ihre Knie. Ich tue so, als wäre meine Hand ein Flügel. Der vorsichtig übt. Ich tue so, als wüchsen mir Federn bis zu den Achselhöhlen.

In Cathay wird es *fenghuang* genannt und gilt als eines der vier heiligen Tiere.

Es ist ein Mischwesen.

Ich sitze im Schein der Fackeln. Ich sehe Menschen mit Masken. Ich sehe einen Drachen Papierzeug spucken. Die Fühlhörner bestehen aus bemaltem Holz, die Füße sind acht Paar laufende Menschenfüße. Ist es so verwunderlich, wenn ich davon träume, einen Schnabel und einen Hahnenkamm zu bekommen, einen Hals wie eine Schlange, den Rücken einer Schildkröte und den Schwanz vom Fisch?

## XVII

*»Und er hat ihm niemals mißtraut?«*
*»Niemals.«*

# XVIII

Ein Bild von Dschingis Khan. Ist ein solches möglich?

Vieles kann man in Zucker tauchen oder hinter wehenden Fahnen verbergen. Aus der Entfernung fällt es leicht, das Leid zu vergessen. Schreie hört man nicht. Tränen werden zu grauem Dunst. Und der große Verführer sitzt hoch zu Roß. Wie verlockend ist es, um ihn herumzutanzen? Wir sind wie Elstern. Suchen das, was blinkt.

Aber es kann fast alles schön sein, mein Freund. Sogar eine Hinrichtung. Und eine Vergewaltigung. Denn Schönheit kennt keine Moral. Das Grauenvolle und das Schöne. Das Abstoßende, das Faszinierende. Voneinander abgegrenzt. Ineinander übergehend. Das Häßliche und das Schöne. Das Grausame und das Herrliche. Alles vermischt sich.

Ich sage das, damit du weißt, wie man die Augen zusammenkneift. Ins Licht blinzelt.

Er ist ein Feuer und eine Lampe.

Und zahlreich sind die, die kopfüber in die Flammen stürzen. Sich selbst zu Kohle und Asche verbrennen. Während die Samenspritze steil in die Luft ragt.

So ist das.

Manchmal denke ich ihn mir wie das Tier in der Offenbarung.

Einmal beobachtete ich einen Künstler, wie er ein riesiges Stück Papier ausrollte. Aber er begnügte sich damit, nur die eine Ecke zu gestalten. Einige wenige Striche. Trotzdem fing der ganze Bogen zu leben an. Das Geheimnis – sagte er – besteht darin zu erkennen, wie man am besten Form und Leere aufeinander abstimmen kann. Und außerdem: zu wissen, wann man genug gesagt hat ...

Ich habe die Ecke gewählt, die Temudschin heißt.

Die Sonne steht hoch am Himmel.

Diao Chan ist bei den Soldaten auf der Festung.

Noch habe ich einen Tag und eine Nacht.

Das muß reichen.

Ich bin rastlos. Ich habe Ameisen in den Fingern. Aber ich habe versprochen, daß wir ihn bis zum Ziel begleiten. Und jetzt ist es nicht mehr weit. Ehe wir den Pinsel aus der Hand legen und die Seide zusammenrollen, soll er Herrscher über alle Zelte werden ... Das, was nachher passierte, ist eine andere Geschichte. Oder mehrere. Wenn der Himmel will, wird auch sie einmal erzählt. Aber jetzt ... sehe ich, wie sich die Feinde sammeln. Zur letzten, entscheidenden Schlacht. Ich sehe die Naiman ihre Schwerter und Lanzen schärfen. Einen Herbst und einen Winter lang. Heimliche Boten. Flüsternde Gespräche. Die verstreuten Reste der Merkiten, Tataren und Keraiten schließen sich ihm an. Und ich sehe Tajang Khan Leder und Eisen anlegen. Ich höre, wie Gurbesü – seine Mutter – ihn zum Kampf aufstachelt. Ich verziehe den Mund und sage: »Am Himmel gibt es zwei strahlende Lichter, die Sonne und den Mond, und es ist gut, daß sie da sind. Aber wie kann es zwei Herrscher auf der Steppe geben? Wir wollen endlich diesem Temudschin Pfeile und Bogen nehmen!«

Das Heer wächst. Jetzt zählt es bald 80 000 Mann.

Tajang Khan? Ein Mann, von dem gesagt wird, er habe sich nie weiter weg vom Zelt gewagt als seine unablässig schwangere Frau, wenn sie pissen mußte? Nein. Tajang Khan ist nur eine Marionette. Er hat Schnüre an Armen und Beinen. Er tanzt, wenn man daran zieht. Er nickt, wenn seine Mutter es will. Es ist die Hexe Gurbesü, die ihn lenkt. Aber auch sie redet mit der Zunge von anderen. Sie hat stets eine Wolke und grauen Nebel um sich. Und kein Einfall stammt nur von ihr. Denn die eigentlichen Feinde … sind die Schamanen. Die mächtige Bruderschaft aus Propheten und Geisterbeschwörern. Doch warum haben sie sich Tajang Khan ausgesucht? Es gibt keinen anderen mehr, mein Freund. Es gibt keinen anderen.

Alle Geschichten schweigen darüber. Denn heute herrscht Frieden. Jeder darf glauben, was er will. Und niemand wird verfolgt, weil er zu einem anderen Gott betet als sein Nachbar. Niemand wird verspottet, wenn er andere Antworten wählt und neuen Wegen folgt.

Die Schamanen gibt es zwar nach wie vor. Immer noch laufen sie mit ihren Pferdefelltrommeln herum, den Metallspiegeln, den Mützen aus braunen Eulen und wollen uns weismachen, daß ihre Skelette von Dämonen zerbrochen und wieder zusammengesetzt wurden … immer noch reden sie von ihren himmlischen Frauen und dem Baum im Mittelpunkt der Welt, immer noch verbergen sie ihre Gesichter hinter Masken aus Rinde und Bärten und Augenbrauen aus Eichhörnchenschwänzen – damit die Geister sie nicht wiedererkennen, wenn sie die Verstorbenen ins Totenreich geleiten –, immer noch zertrümmern sie Pferden das Rückgrat und reiten auf toten Tieren zum Himmel und in die Hölle.

Aber ihre Macht ist gebrochen.

Und ihre Ränkespiele sind vergessen. Niemand spricht mehr darüber.

Was hatten sie gegen ihn?

Daß er sie nicht brauchte. Daß er sein eigener Priester war.

Was noch?

Daß er sagte: Es gibt nur einen Gott. Alle anderen Götter und Göttinnen ... alle Geister in Bergen, Wasser und Bäumen sind nur Ausdruck für die verschiedenen Seiten dieses einen, wahren Gottes. Er nannte ihn Tängri – das Firmament. Und er benötigte keine heilige Schrift. Keine Dogmen und Glaubenssätze. Er spüre Gott in seinem täglichen Leben – sagte er. Eine Wirklichkeit, die keines Buches bedürfe ... keiner umständlichen Erklärungen.

So erlebten ihn auch die Muslime. Später. Als er in Buchara einritt, der Stadt der Gelehrten – eine der stärksten Festungen des Islam. Als er ihre Bibliotheken als Ställe benutzte und die Pferde mit alten Handschriften füttern ließ ... Es heißt, er habe beim Anblick der großen Moschee der Stadt geglaubt, das sei der Palast des Schahs. Man erklärte ihm, daß es das Haus Allahs sei. Ohne zu zögern, gab er dem Pferd die Sporen und ritt die Treppen hinauf – hinein in die Moschee. Hier saß der letzte Rest von Bucharas Gelehrten und Gottesfürchtigen. Eine Schar um ihr Leben fürchtender Menschen, die darauf wartete, daß jeden Augenblick der Blitz einschlüge und dem Barbaren im Lederharnisch den Schädel spaltete. Es heißt, daß Dschingis Khan zum Lesepult ging – wo der große Koran aufgeschlagen lag. Es heißt, er habe mit ihnen geredet. Er nannte sich den Zorn Gottes ... Und er fragte sie über ihre Religion aus, wollte wissen, was sie glaubten und warum. Er hörte zu. Ernst und aufrichtig. Aber er habe sie auch ermahnt, heißt es. Unter anderem riet er ihnen, die heilige Pilgerreise nach Mekka aufzugeben. Denn – sagte er – die

Kraft des Himmels gibt es nicht nur an einem Ort. Sie ist überall – in jedem Winkel der Erde …

Was sollen wir von einem solchen Menschen denken?

Er tötete, wen er wollte. Und wann es ihm einfiel. Aber er hat nie jemanden wegen seines Glaubens erschlagen. Er zwang nie jemanden, das, was ihm heilig war, in den Schmutz zu treten. Ich wiederhole: Im mongolischen Weltreich steht es jedem frei, den Gott anzubeten, der ihm behagt. Alle Religionen sind gleichgestellt.

Aber es heißt auch, daß er nur zwei Stunden in Buchara blieb.

Bevor er die Stadt seinen Soldaten überließ.

Und als er hinausritt, stand sie bereits in Flammen.

Wir können lachen. Oder weinen.

Tajang Khan tat beides. Und er wartete zu lange. Er wollte *alle* auf seiner Seite haben … Ich fühle mit ihm. Ja. Ich fühle mit Tajang Khan. Seine Unsicherheit ist wie die meine. Seine Unentschlossenheit. Und seine abgrundtiefe Feigheit. Sind wie bei mir. Wir sind beide so, wie wir nicht sein sollten. Und alles kommt näher … Aber wenn ein Geheimnis zu groß wird, platzt es. Ich sehe den Kurier der Önggüt … Die Naiman halten sich im Westen auf. Die Önggüt im Südosten. Dazwischen erstrecken sich die Gebiete der Mongolen. Zusammen könnten sie Temudschin von zwei Seiten angreifen. Nun bittet Tajang Khan den Häuptling der Önggüt – Alaqutsch-tägin –, seine »rechte Hand« zu sein. Aber der Häuptling der Önggüt hat wenig übrig für die Naiman. Er sieht keinen Grund, sich bei ihnen einzuschmeicheln. Alaqutsch-tägin warnt lieber die Mongolen. Zum Dank erhält er 500 Pferde und 1000 Schafe …

Es ist zeitig im Frühling. Noch liegt an vielen Stellen Schnee. Der Winter ist lang und hart gewesen. Für einen

Feldzug eine ungünstige Zeit. Trotzdem beschließt Temudschin, sofort gegen den Feind zu ziehen. Damit es nicht noch mehr würden, sagt er. Und glaubten sie wirklich, daß er die Hände in den Schoß legen und warten werde? Er ruft das Heer zusammen. 30 000 Mann. Weniger als die Hälfte der Streitmacht, mit der Tajang Khan ihnen entgegentreten wird.

Er weiß, daß Tajang Khan überall seine Kundschafter hat. Deshalb … wenn Temudschin über die Saari-Steppe reitet, läßt er seine Männer fächerförmig vorrücken. Zwischen jedem Mann reiten mindestens zwei Puppen. Und um den Feind noch mehr irrezuführen, werden nachts mehr als doppelt so viele Feuer als nötig entfacht.

Und die Naimen fallen darauf herein. Tajang Khan ist bei Khatschir, und die Meldungen, mit denen die Kundschafter kommen, gefallen ihm gar nicht. Vielleicht ist Temudschin stärker, als man ahnt? Einen Augenblick lang ist er fast versucht, den ganzen Feldzug abzublasen. Einige seiner neuen Verbündeten wenden sich voller Verachtung von ihm ab. Doch die Schamanen singen und tanzen. Und seine Mutter Gurbesü und der Sohn Kütschlük zwingen ihn durchzuhalten. Widerwillig läßt Tajang Khan das Heer vorrücken. Den Tamit hinunter und über den Orchon. In der Nähe des Berges Nakhu, an einer Stelle, die Tschakirma'ut heißt, stoßen die beiden riesigen Reiterhorden aufeinander.

Es ist das Jahr der Ratte. Im Westen: 1204. Das Jahr, in dem ich geboren wurde. In Deutschland. Ich schreibe es noch einmal. In Deutschland. Am Rhein. Der Pinsel sträubt sich gegen die Buchstaben. Oft träume ich davon heimzukommen. Nach so vielen Jahren? Ja, trotzdem. Denn … die erste Landschaft, die wir erleben – wir tragen sie mit uns herum. Hinter den Augen. Niemand kann sie uns jemals wegnehmen. Es ist die unsere. So drücken wir das gern aus. Aber wir sollten hinzufügen: und wirkt in zwei Richtungen. Denn nicht nur wir haben die Landschaft gesehen. Die Landschaft hat auch *uns* gesehen. Die Landschaft gehört uns. Aber wir gehören auch der Landschaft … So fließt der Rhein in meinem Kopf. Und so werde ich stets in den Wellen sein, die bei Godesberg ans Ufer schwappen. Wer das nicht versteht, den sollten wir bemitleiden. Denn er weiß nicht, was Sehnsucht ist. Oder was es heißt dazuzugehören. Ich bin ein Wanderer. Aber jeder braucht einen Berg, einen Baum, einen See, ein Haus, eine Gasse … oder einen Fluß … um sich festzuhalten. Tiere wissen das besser als wir. Nicht nur die Brieftauben. Auch Pferde und Hunde. Die gegen ihren Willen verkauft wurden. Die weit fort gebracht wurden. Sogar Katzen wissen das. Sie scheuen vor keiner Entfernung zurück. Sie laufen nach Hause. Ich habe eine Geschichte über Bodhidharma gehört, der im Jahre 527 von Indien nach Cathay ging, um die Lehre Buddhas zu verbreiten. Von ihm sagt man, daß er lange nach seinem Tode in den Bergen gesehen wurde – auf dem Weg zurück nach Indien. Er war barfuß und trug einen Schuh in der Hand. Sein Grab wurde geöffnet. Es war leer – wird erzählt. Das einzige, was man fand, war … der zweite Schuh.

Viel brauchen wir nie mitzunehmen.

Laßt sie frei! Alle, die in Käfigen und hinter Gittern sind. Alle, die rastlos in tiefen Tiergräben auf und ab laufen. Laßt sie frei! Irgendwo müssen wir den Anfang machen … In einem Traum habe ich einmal Löwen und Leoparden durch Straßen laufen sehen, ich habe die Tempel voller Hirsche und Rehe gesehen, ich habe Giraffen auf dem Ölberg gesehen und Elefanten, die in Gethsemane weideten. Du mußt wissen, mein Freund –

Diao Chan steht in der Tür.
Ich weiß nicht, wie ich sie begrüßen soll.

Wir wollen lieber über Tiere reden.

Aber sie fragt mich nach den Schamanen. Sie setzt sich zu meinen Füßen. Legt verstohlen einen Arm um mein Bein. Legt ihren Kopf auf meinen Oberschenkel. Sie sagt: Temudschin … hatte er keinen auf seiner Seite? Waren alle Geisterbeschwörer gegen ihn? Und ich streiche ihr übers Haar. Ich erzähle ihr von Täb-tängri, der auch Köktschü genannt wird. Der Sohn von Munglik. Ein mächtiger Magier. Es war Täb-tängri, der im Tigerjahr 1206 Dschingis Khan zum Herrscher über die ganze Steppe, über alle Zelte ausrief. Täb-tängri begleitete ihn lange. Und ich erzähle ihr Geschichten, die ich über diesen Zauberer gehört habe. Wie er auf Wolken ritt, wie er den Blitz mit bloßen Händen fing und wie er an zwei Orten gleichzeitig sein konnte. Diao Chan hört zu. Ihr Haar ist weich, wenn man es berührt. Sie hält den Kopf schräg. Ihr Mund ist geöffnet. Und ich muß mich abwenden. Um meine Zunge nicht hineinzustecken. Und alles andere zu vergessen. Mein Freund … wenn ich an diese beiden denke: der Khagan und sein einziger Schamane … muß ich dann nicht auch an Friedrich II. denken, den Kaiser des deutsch-römischen Reiches? Wie er gegen Kirche und Papst kämpfte. Mit dem Bannfluch bedroht und in die Knie gezwungen wurde. Sich aber wieder erhob. Immer wieder – aufstand. Verlassen und ausgestoßen. Nur Michael Scotus folgte ihm, der Leibarzt … der die Glocken in Paris zum Läuten bringen konnte, nur indem er in Salamanca mit seinem Zauberstab wedelte. Daß ich Meister Scotus von Angesicht zu Angesicht gegenübergestanden habe, ebenso wie seinem Herrn – dem jungen Kaiser, der *stupor mundi* genannt wurde: Er-der-die-Welt-verändert … das ist eine andere Geschichte. Wie so vieles. Und Diao Chan blickt mich mit großen Augen an. Es ist ein guter Vergleich. Aber sie kann nichts damit anfangen. Alles ist fern und weit weg. Der Hof von Palermo, die Befreiung Jerusalems, die Freundschaft zwischen Kaiser und Sultan, der Verrat der Templer, die Krönung in der Kirche des Heiligen Grabes. Ich könnte ihr ebensogut Geschichten vom Mond erzählen ... Noch erwidere ich nicht ihren Blick. Ich schaue in die Luft. Aber meine Hand ... hat ihren eigenen Willen. Sie streicht über ihre Brüste. Scotus war treu ergeben, sage ich heftig. Doch Täb-tängri ist krumm gewachsen! Er hätte zu den größten Bäumen im Wald zählen können. Statt dessen mußte man ihn fällen ... Das ist eine lange Geschichte. Ich mache es kurz. Keiner der sieben Söhne Mungliks hatte die Klugheit des Vaters geerbt. Und der Jüngste war ungeduldiger und ehrgeiziger als jeder andere. Er – Täb-tängri – war schuld daran, daß Dschingis Khan seinen Bruder Khasar des Verrats und der Untreue verdächtigte. Damals sah sich Ölün gezwungen, einzugreifen und ihre Söhne zur Vernunft zu bringen ... Aber Täb-tängri verspritzte weiter sein Gift. Und Dschingis Khan hatte nie mehr dasselbe Vertrauen zu Khasar wie früher. Es heißt, diese Sache habe dazu geführt, daß Ölüns Herz brach, und daran sei sie gestorben ... lange bevor ihre Zeit gekommen war. Die ganze Zeit streichle ich Diao Chan. Und wenn die Hand über den Mund gleitet, küßt sie sie. Ich fühle mich schwer. Und alle Gedanken sind müde. Trotzdem rede ich weiter. Ich erzähle, wie Täb-tängris Einfluß ständig zunahm. Und Dschingis Khan es ablehnte, etwas Böses zu sehen. Der Schamane begann nun, große Zusammenkünfte abzuhalten, bei denen er alle Geister des Himmels und der Unterwelt beschwor und herbeirief. Viele Menschen nahmen teil. Und mehr und mehr glaubten an ihn. Temüge Otschigin – Dschingis Khans jüngster Bruder – gehörte zu den wenigen, die Täb-tängri ablehnten. Er verbot seinen Männern, an diesen nächtlichen Geisterbeschwörungen teilzunehmen. Eines Abends gingen trotzdem einige seiner Männer hin.

Temüge schickte einen Reiter hinterher, um sie zurückzuholen. Aber Täb-tängri veranlaßte, daß der Bote geschlagen und getreten wurde, er band ihm den Sattel auf den Rücken und jagte ihn zu Fuß zurück. Jetzt machte sich Temüge selbst auf den Weg in das Lager der Schamanen. Doch Täb-tängri und seine Brüder überfielen ihn und zwangen ihn, vor ihnen im Staube zu kriechen und um Vergebung zu bitten, weil er es gewagt hatte, sie zu stören. Am nächsten Morgen ging Temüge zu Dschingis Khan. Er war noch nicht aufgestanden, und Börte lag neben ihm. Temüge berichtete, was geschehen war. Bevor Dschingis Khan etwas erwidern konnte, warf auch Börte ihre Worte in die Waagschale. »Mungliks Söhne sind zu mächtig geworden«, sagte sie. »Sie sind bald nicht mehr lenkbar. Zuerst haben sie dich und Khasar entzweit. Und jetzt mußte Temüge vor ihnen auf den Knien rutschen! Kannst du ruhig zusehen, wie deine Brüder vernichtet werden? Gemeinsam seid ihr wie Bäume in einem Wald. Sie stehen Wache um dich. Wenn sie aber gefällt werden, wirst nicht auch du eines Tages fallen? Und wer soll dann über dein Volk herrschen ... ein Volk, das sich wie die Vögel Nester in deinen Ästen gebaut hat?« So sprach Börte. Und als ich endlich Diao Chan verstohlen einen Blick zuwerfe, sehe ich, daß ihre Augen leuchten ... Dschingis Khan denkt nach, sage ich. Er schweigt lange. Schließlich sagt er: »Wenn Täb-tängri das nächste Mal herkommt, steht es meinem Bruder frei, mit ihm zu machen, was ihm beliebt.« Ich beuge mich zu ihr und küsse sie. Ich lege die Seidenrolle beiseite. Ich ziehe Diao Chan nach hinten. Und während wir so daliegen, nebeneinander auf dem nackten Boden, erzähle ich den Rest der Geschichte. Ich erzähle von dem Abend, an dem Munglik und seine sieben Söhne ins Zelt des Herrschers eingeladen waren ... und wie Temüge plötzlich Täb-tängri zum Ringkampf herausforderte ... und wie Dschingis Khan beide aufforderte hinauszugehen ... und Temüges Männer, die draußen warteten – wie sie, ohne zu zögern, dem mächtigen Schamanen das Genick brachen. Temüge geht sofort wieder ins Zelt. »Dein Sohn ist ein Mann ohne Ehre«, ruft er Munglik zu. »Er weigert sich, mit mir zu ringen. Statt dessen hat er sich zu Boden geworfen und spielt toter Mann!« Munglik und die anderen Söhne stürzen hinaus. Sie sehen den leblosen Körper. Und ihr Blut gerät in Wallung. Doch Dschingis Khan greift ein. Ihm ist sofort klar, daß der Schamane getötet wurde. Und er weiß, daß jederzeit ein Aufruhr ausbrechen kann. Denn der Tote hatte viele – und mächtige – Anhänger. Deshalb tut er so, als glaubte er, Täb-tängri sei in der Welt der Geister. Befinde sich in tiefer Trance. Und käme bald zurück. Niemand darf ihn berühren. Niemand darf seinen Körper untersuchen. Dschingis Khan ruft die Wachen. Er befiehlt, sofort ein Zelt über der bewegungslosen Gestalt zu errichten. Und teilt Soldaten zur Wache ein ... In der Verwirrung glaubt man ihm. Alle glauben ihm. Außer Munglik. Aber Munglik schweigt ... Ich höre Diao Chan kichern. Ein Laut, dem ich nie widerstehen kann. Und ich ziehe ihr das Kleid aus. Ich lege den Kopf auf ihren Bauch. Ich lecke den Nabel. Ich beiße in die dunklen, gekräuselten Haare. Ich flüstere ... mit der Nase zur Jadepforte. Ich sage: Der Rauchabzug wurde zugemacht und die Zeltöffnung dicht verschlossen. Trotzdem, so heißt es ... habe sich ... am dritten Tag ... der Rauchabzug geöffnet ... und der Körper sei in den Himmel hinaufgestiegen. Sicher ist: Täb-tängri verschwand spurlos. Und Dschingis Khan erklärte das als Willen Gottes ... Sie bewegt sich sachte. Träge. So daß meine Nase ihre Schamlippen reibt. Auf und ab. Zur Seite. Ich spüre, wie sich die Pforte öffnet. Ihr Geruch erfüllt meinen Kopf. Wie Weihrauch. Und ich sehe ein anderes Zimmer. An einem anderen Ort. Zu einer anderen Zeit. Ich sehe eine dünne Rauchsäule aus einem Cannabisblatt in einer Wasserpfeife aufsteigen, zu einer Decke, deren Mosaik die Tierkreiszeichen darstellt. Hufeisenförmige Fenster zu einem Innenhof mit Palmen, Olivenbäumen, Orangen- und Zitronenbäumen. Ein Heiliger Ibis. Verschleierte Dienerinnen reichen Schalen mit Datteln, Kuchen und Fruchteis – gemacht aus Schnee vom fernen Libanon. Doch Diao Chan ruft nach mir. Ich bin ein Schamane. Und ich lasse mich von ihr hoch- und hinaufziehen. Sie ist die junge Birke. Sie ist das Loch im Himmel. Sie ist das Pferd, das ich reite. Gemeinsam steigen wir die neun Stufen hinauf. Das Herz ist eine Trommel. Endlich sind wir da. Und wir rufen nach unseren starken Tieren. Sie kommen. Ich bin ein weißer Tiger. Ich knurre. In einem dunklen, feuchten Dschungel. Ich brülle. Endlich erwachen wir, reiben uns die Augen und begrüßen uns, als wären wir lange fort gewesen …

Er hat Munglik verziehen.

Aber es heißt, daß er von diesem Tage an – und weil er argwöhnte, Täb-tängri habe ihn betrogen –, daß er ein für allemal mit der alten Geisterlehre brach und alle Religionen gleichstellte.

Können wir solchen Geschichten Glauben schenken?

Ich weiß es nicht.

Yelü Chucai hat sie mir erzählt.

Vielleicht ist sie nur ein Bild … ein Versuch, den Kampf zwischen Alt und Neu zu spiegeln … eine wichtige und entscheidende Trennung zu erklären. Vielleicht ist Täbtängri nur der Name eines Trolls in einem Märchen, das den endgültigen Sieg über die Schamanen erzählt?

Spielt das eine Rolle?

Oder was der alte Kirchenvater Augustin über Drachen sagt: »Es ist unwesentlich, ob diese Tiere leben oder nicht. Ausschlaggebend ist, was sie *bedeuten.*«

Ich schaue Diao Chan an.

»Du gehst fort«, sagt sie still. Das ist nicht als Frage gemeint. Und sie hat Tränen in den Augen.

Aber ich schüttle den Kopf.

»Nein«, erwidere ich leise. »Ich bleibe.«

Allein das bedeutet etwas. Jetzt.

*»Sie hat uns einen großen Dienst erwiesen«, sagt der, der zuhört. »Sie hat mehr getan, als man erwarten konnte. Und sie ist nicht die einzige. Fast alle in Jiayuguan kannten das Spiel. Aber keiner hat uns verraten.« Der, der zuhört, lacht. »Habe ich vergessen, dir das zu erzählen? Habe ich vergessen zu sagen, daß er sich immer noch hier in der Stadt aufhält? Man braucht nur die Hand nach ihm auszustrecken … Eusebius.«*

*Der Mönch zuckt zusammen.*

*Und der, der zuhört, lacht noch lauter. »Es gibt genug andere, die imstande sind vorzulesen, was er schreibt. Hast du dir nie überlegt, warum ich ausgerechnet nach dir schickte? Ich habe Lust, euch wieder zusammenzuführen. Nach all diesen Jahren … Eusebius. Das müßte euch doch beiden eine Freude sein? Und mir auch. Aber lies jetzt. Lies weiter. Es ist noch ein Stück.«*

*Der Alte krümmt sich. Jedesmal, wenn er seinen Namen hört. Er öffnet den Mund. Aber die Stimme versagt.*

*»Lies!«*

Vor der großen Schlacht spricht Temudschin zu den Soldaten. Er sagt: »Der Feind ist zahlreich wie die Sterne am Himmel. Aber manchmal ist es fast besser, weniger zu sein als zu viele! Deshalb werden wir vorrücken wie dichtes Gras, uns aufstellen in der Formation, die wir See nennen, und kämpfen in der Weise, die wir Bohrer nennen.«

Er überträgt Khasar den Befehl über die Hauptstreitmacht.

Selbst wird er die Truppen führen, die den Feind umgehen und Tajang Khan in den Rücken fallen sollen.

Wie soll ich einen Kampf wie diesen beschreiben? Womit kann er verglichen werden? Mit einem aufgepeitschten Meer? Einem Sandsturm? Nein. Es hat nichts Großartiges, wenn man sieht, wie sich Menschen gegenseitig umbringen. Auch wenn es in so verschwenderischer Zahl geschieht ... Und welche Worte kann ich benutzen? Jedes einzelne müßte von Blut und Erbrochenem triefen. Jeder Satz müßte jammern und fluchen. Jeder Buchstabe müßte stinken vor Grauen und Entsetzen. Nichts paßt. Mein Freund, angenommen, wir kämen in eine schwarzgestrichene Stadt, in der alle Häuser schief stehen und Aasgeier in hohen, gewundenen Türmen wohnen ... angenommen, wir kämen zu einem Markt, wo zwei Menschen sind, nackt ausgezogen und mit langen Ketten aneinander gefesselt: vom linken Arm des einen zum linken Arm des andern, vom rechten Bein des einen zum rechten Bein des andern ... alle Gliedmaßen der beiden Körper sind so mit schweren Eisenketten verbunden. Angenommen, jedem gäbe man nun ein kleines Beil. Und sagte zu ihnen: Derjenige, der sich zuerst vom anderen loshackt, wird leben ... und die beiden hacken und hacken. Die Beile sind stumpf. Und sie müssen sämtliche Gliedmaßen des Gegners kappen, um die Freiheit zu erlangen. Mein Freund, angenommen, wir wären gezwungen, diesen Auftritt mitzuerleben. Würdest du danach den Drang verspüren, schöne Gesänge darüber zu dichten? Nein. Aber was ist das Aufeinanderprallen zweier Heere anderes ... als die gleiche Ungeheuerlichkeit, nur um vieles gewaltiger? Trotzdem singt und tanzt man deswegen. Jedes Lagerfeuer stellt der Wahrheit ein Bein und macht aus dem Entsetzlichen ein heldenhaftes Abenteuer. So sorgt jede Generation dafür, die nächste zu verführen. Väter zeigen stolz ihre Narben, und die Muttermilch ist voller Lügen. Das ist menschlich, sagst du. Es ist menschlich. Aber ist es dann so verwunderlich, daß mir Tiere lieber sind?

Keines der Geschöpfe, die zu unseren Füßen laufen,

über unseren Köpfen fliegen oder im Meer schwimmen, hat je davon geträumt, sich die Erde untertan zu machen, sie zu verändern, zu erobern oder zu beherrschen.

An vielen Orten finden wir die Vorstellung, daß Gott ein Schöpfer ist. Er bringt die Welt durch aktives Handeln hervor. Und weil die Menschen Gott gleich sein wollen, setzen auch sie ihren ganzen Ehrgeiz daran, aktiv zu sein, einzugreifen, zu verändern und alle Dinge auf den Kopf zu stellen. Aber es gibt auch eine andere Sichtweise. Hier im Osten bin ich solchen begegnet, die meinen, die Welt werde nicht durch Handeln *(wei)* geschaffen, sondern durch »Nicht-Handeln« *(wuwei)* – was etwa das gleiche bedeutet wie unser Wort »wachsen«. Alles geschieht natürlich, spontan, ohne Hintergedanken. Deshalb sollten auch wir nicht danach trachten, über alle Dinge zu herrschen und zu bestimmen. Wir sollten uns die Erde nicht untertan machen. Wir sollten sie besser in Frieden lassen. Ihr erlauben zu *wachsen* …

Die Tiere haben das verstanden.

Sie setzen nicht ihren Ehrgeiz daran, über das Dasein zu herrschen.

Sie passen sich an.

Und trotzdem: Für die, die an die Seelenwanderung glauben, die meinen, in einem Karma gefangen zu sein, einer Kette der Wiederholungen, dem Lebensrad – was man in Cathay *lunhui* nennt –, erscheint die Wiedergeburt als Tier die erbärmlichste und schrecklichste der sechs Möglichkeiten. Sie wird *chusheng* genannt, und sogar die Wiedergeburt als böser Geist oder Dämon gilt als besser … Denn, so heißt es, auf dem niedrigsten der »bösen Wege« werden nur die schlimmsten Verbrecher und Übeltäter wandeln. Je nachdem, welche Sünden sie begangen haben, schlüpfen sie bei ihrem Tode in unterschiedliche Tiergestalten: von Pferden und Kühen, Wölfen und Tigern – bis hin zu

Schlangen und Skorpionen. In Cathay findet man zahlreiche Bilder dieser – nach Meinung der Gläubigen – grausamen Verwandlung. Wir sehen, wie sich die Tierhaut langsam über den menschlichen Körper stülpt, wie sich das Auge umbildet und der Tierblick erscheint.

Wir können lachen. Oder weinen.

Keine andere Schlacht wird bei den Mongolen so hoch gepriesen wie die Schlacht bei Tschakirma'ut. Ich nehme eine von vielen Schilderungen. Sie ist weder besser noch schlechter als andere. Aber sie gibt vor, das Ganze mit Tajang Khans Augen zu sehen. Und von allen, die an diesem Tag schreien und heulen … ist er derjenige, dem ich mich am leichtesten öffnen kann.

Die Naiman werden zurückgetrieben. Bald stehen sie mit dem Rücken zum Berg Nakhu.

Tajang Khan und seine Ratgeber nehmen nicht am eigentlichen Kampfgeschehen teil. Sie halten sich im Hintergrund. Sie beobachten alles aus der Entfernung. Ständig müssen sie den Berg noch ein Stück weiter hinaufsteigen. Sie sehen das Ganze von oben …

Ich erhebe mich. Ich schlage ein paarmal mit dem Narrenschwert in die Luft. Ich verbeuge mich vor Diao Chan. Ich sage: Unter den Ratgebern war Dschamuqa. Es heißt, er habe sich lange in nächster Nähe von Tajang Khan aufgehalten. Und er habe ein besonderes Vergnügen darin gefunden, die Angst des Häuptlings zu nähren … Ich ritze Kreuze und Kreise auf den Lehmboden, gerade Striche und lange Wellenlinien. Ich deute und erkläre. Den anderen Arm lege ich um ihre Schulter. Ich fordere sie auf, dasselbe zu sehen wie ich. Wir stehen auf dem Berg Nakhu. Unter uns – tief drunten – wütet die Schlacht. Wir starren auf den Boden. Die Kreuze und Striche werden lebendig. Hier oben hören wir nur den Wind. Und ich fange an, für sie zu singen. Zuerst leise und ohne Worte. Ich wiege den Körper vor und zurück. Ich stampfe mit dem Fuß. Ich schnalze mit der Zunge. Denn dies ist eine Geschichte, die immer gesungen wird. Sie ist für zwei Stimmen. Tajang Khan und Dschamuqa. Ich mache kurze Schnaufgeräusche wie der erste. Angst ist das Wissen, daß nichts hilft. Angst ist vom Weg abgehen. Nein, laufen. Vom eigenen Weg davonlaufen. Ihn verlieren. Ich summe drohend und schadenfroh wie der andere. Die Hände großspurig über der Brust gefaltet. Ich bin beide. Dann kommen die Worte. Tajang Khan singt. Lispelnd und piepsend. Er deutet. »Wer sind die da drüben?« singt er. »Wer sind die, die meine Krieger vor sich hertreiben – wie Wölfe davongelaufene Schafe zur Herde zurückscheuchen?« Und Dschamuqa lacht: »Mein Anda Temudschin hat vier Hunde, die er mit Menschenfleisch füttert und an Eisenketten gebunden hält. Ihre Stirn ist aus Erz, die Schnauze wie ein Meißel, die Zunge eine Ahle, das Herz aus Eisen und der Schwanz wie ein Hiebe austeilendes Schwert. Sie vermögen vom Tau zu leben und auf dem Wind zu reiten. Im Kampf verspeisen sie ihre Feinde bei lebendigem Leib. Jetzt sind sie freigelassen, der Geifer läuft – sieh nur, wie sie sich freuen! Du fragst, wer diese Hunde sind? Das sind Dschebe und Dschürtschidei, die beiden anderen sind Dschelme und Sübedei. Dies sind Temudschins vier Hunde!« Ich bin Tajang Khan. Ich zittere. Das Heer ist ein flatternder Vogel, auf der Erde gefangen. Ich gebe Befehl, die Flanken zurückzuziehen – die Flügel zusammenzufalten. Aber ich sehe … ich sehe, daß die Mongolen sie bereits abgeschnitten haben – vom Körper getrennt. Mein Gesang wird zum heiseren Schreien. Ich frage Dschamuqa: Wer ist das? Und die? Wer reitet da drüben? Und er gibt Antwort. Ruhig. Singt die Namen von allen. Und bei jeder Antwort klettern wir ein bißchen höher. Denn der Feind drängt immer näher heran. Ich rufe Befehle nach Ost und West. Aber keiner hört darauf. Nichts hilft. Der Vogel ist blind und taub. Der Schnabel hackt ohne Sinn und Zweck. Und die Federn fallen – eine nach der andern. Ich spüre, wie das Herz hämmert. Trotzdem kann ich nicht aufhören zu fragen. Meine Hand deutet, fast ohne daß ich es will. Und Dschamuqa singt ... über jedes einzelne Geschlecht, jeden einzelnen Stamm. Die Pferde können uns nicht mehr tragen. Wir ziehen sie hinter uns her. Jetzt singt er von allen Söhnen Ölüns. Daß Khasar über acht Fuß groß ist, ein ganzes Schaf auf einmal verspeist, stärker als drei Ochsen ist und einen Pfeil so abschießen kann, daß er durch zwanzig Männer hindurchgeht ... Und die ganze Zeit klettern wir. Ich bin Tajang Khan. Ich spiele einen hilflosen Narren. Ich klammere mich an Diao Chan. Ziehe sie hinunter auf den Boden. Deute auf unsere nackten Füße. Lasse mich von meinen eigenen Schritten erschrecken. Rolle die Zehen. Sie sind Soldaten, die um ihr Leben kämpfen. Aber nicht nur Tajang Khans Angst schreie ich hinaus. Es ist auch meine eigene. Und Diao Chan heult zusammen mit mir. Sie will teilhaben an der Angst. Möchte nicht Dschamuqa sein. Der lacht und lacht. Sie will Wolfgang sein und Tajang Khan. Wir bleiben stehen, fest umschlungen. Wir deuten ins Zimmer. Da ... wer kommt da ... in der Ferne ... wer nähert sich ... wer reitet auf dem weißen Pferd? Wer stößt auf uns herunter wie ein gieriger Falke? Und Dschamuqa, unsichtbar, aber mit meiner Stimme, antwortet uns ... leise, beinah im Flüsterton, läßt er die Worte in unsere Ohren schlüpfen, singt gnadenlos wie ein Teufel: »Das ist mein Blutsbruder ... das ist mein Anda Temudschin.« Ich will mir die Ohren zuhalten, will nichts hören. Aber er packt meine Hände, hält sie fest. »Sein ganzer Körper ist in glänzendes Kupfer gehüllt«, singt er. »Es gibt keine Ritze, keinen Spalt in seiner Rüstung. Er ist ein Raubvogel. Du bist seine Beute. Einst hast du geprahlt, wenn dir je diese Mongolen unter die Finger kämen ...« Ich schiebe ihn weg. Ich wende mich ab. Ich breche in Tränen aus. Diao Chan weint ebenfalls. Wir sind Tajang Khan. Das

Schlachtfeld unter uns ist ein Ameisenhaufen. Unsere Krieger irren herum. Ohne Augen. Der Vogel liegt auf dem Rücken. Noch zappelt er. Im Krampf. Ich versuche, Dschamuqa zu sein. Ein letztes Mal. Ich versuche zu lachen. Diao Chan hilft mir, so gut sie kann. Wir lachen und weinen. Die Dunkelheit bricht herein. Wir sitzen nicht weit vom Gipfel des Nakhu. Wir klammern uns aneinander. Dschamuqa hat uns verlassen. Zusammen mit einer kleinen Schar seiner verläßlichsten Männer ist er den Berg hinuntergeritten – und entkommen. Ich schaue Diao Chan an. Sie schüttelt den Kopf. Sie geht nicht. Ich gehe nicht. Wir sind Tajang Khan.

Mein Freund, worin bestand die Freude, die Dschamuqa an alldem hatte? Es war ihm eine Freude zu sehen, daß auch andere da scheiterten, wo er sich geirrt hatte. Welche Art von Freude ist das? Es ist eine verbitterte und hysterische Freude. Ich habe viele erlebt, die sich ihr hingaben. Das rechtfertigt unsere eigene Niederlage.

Es heißt auch, daß Dschamuqa – bevor er davonritt – einen Boten zu Temudschin schickte: »Entsetzt von all dem, was ich ihm erzählt habe, hat Tajang Khan jetzt den letzten Rest seines Verstandes verloren. Noch ein einziges hartes Wort, und er würde tot zu Boden stürzen! Mein Anda sollte bedenken: Die Naiman sind bis zum Gipfel des Berges gestiegen und nicht länger imstande, sich zu verteidigen. Was mich angeht, so habe ich beschlossen, sie jetzt zu verlassen.«

Wind. Regen. Wie leichte Quasten auf der Wange. Wir umklammern uns. Und Tajang Khan wohnt in uns beiden. Seine Gedanken vermischen sich mit unseren. Dieselben, die ihn jagen, sind jetzt hinter uns her. Wir sitzen still da. Warten. Keiner von uns sagt etwas. Wir wissen, daß der Berg umstellt ist. Versprengte Grüppchen versuchen zu fliehen. Wir hören die Schreie, als sie niedergemetzelt werden. Dann wieder nur Wind und Regen. Wir sind Tajang Khan. Wir wollen alle Gedanken aus dem Kopf verbannen. Und wir wünschen uns, daß die Nacht andauert. Daß alles zu Wind und sanftem Regen wird. Lange. Für immer.

Nein.

Laß sie frei! Was liegt schon daran. Dadurch verändert sich nicht viel. Stellt keineswegs ein Gleichgewicht her. Denn die andere Waagschale ist schwer, mein Freund. Der ganze Irrsinn der Welt liegt darin. Und worum ich bitte, wiegt weniger als eine Feder. Aber es ist ein Anfang. Und es ist der richtige Ort, um neu zu beginnen. Von Grund auf, mein Freund. Denn was wird geringer geachtet als ein Tier? Wenn es allerdings zutrifft, daß Jerusalem der Mittelpunkt der Welt ist … Du hast recht. Ich habe Reiswein getrunken. Und ich habe das Gesetz des Khagans gebrochen. Wonach sich ein Mann nicht öfter als dreimal im Monat betrinken soll. Morgen sperren sie mich in eine Tonne und hängen mich in einen Baum. Morgen breche ich nach Hangzhou auf. Morgen bleibe ich hier.

Sie versteht, was ich sage, aber nicht, was ich schreibe. Und meine Hand läuft ihr davon.

Doch du sollst wissen, mein Freund … ich war damals dabei, als die Menagerie gebaut wurde. Möge mir der Himmel verzeihen. Ich wußte es nicht besser. Als Friedrich II. in Akka an Land ging, stand ich am Ufer und jubelte. Ich folgte ihm nach Jerusalem. Ich sah, wie er die Stadt mit Hilfe einer geschmeidigen Zunge einnahm – und ohne einen Schwertstreich. Das war eine schöne Zeit. Voller Versprechungen. Meinte ich damals. Und Mika und ich … wir waren stolz darauf, Purzelbäume schlagen zu dürfen für den Kaiser und seine Frau Isabella. Ich könnte dir viel aus dieser Zeit erzählen. Aber das gehört nicht hierher. Ich sage nur: Heute erinnere ich mich am besten an sein wahnwitziges Bedürfnis, Falken zu zähmen, seine Gier, exotische Tiere zu fangen, seine Freude daran, sie einzusperren und zu *besitzen*. Sein Spiel mit Schicksalen. Von Menschen wie von Tieren. Wie ein kleiner Junge, der neugierig den Fliegen die Beine ausreißt. Einmal nahm er zum Beispiel zwei Neugeborene den Müttern weg und sperrte die Kinder jedes in eine Zelle … die Wärter durften sie nur füttern und pflegen, wenn sie krank wurden, sonst war ihnen keinerlei Kontakt erlaubt – und vor allem: Sie durften nie ein Wort der menschlichen Sprache hören. Der Zweck war herauszufinden, welche Sprache die ursprüngliche und natürliche sei, welche Ausdrucksweise also die armen Kinder wählen würden – ganz sich selbst überlassen. Und ich frage: Müssen wir grausam sein … um in den Augen der Welt groß zu erscheinen? Müssen wir dem Leiden anderer gegenüber kalt sein? Kennt das Großartige keine Gnade? Offenbar gibt es Menschen, die eher Naturkräften ähneln als Wesen aus Fleisch und Blut. Die sich verhalten wie Regen, Sonnenschein, Sturm und Erdbeben. Ist es das, was wir bewundern? Daß sie unberechenbar sind? Ist »Bewunderung« nur ein anderes Wort für »Angst«? Friedrich II. und Dschingis Khan. Beide waren sie Stiere, die die Welt wie einen Ball mit den Hörnern hin und her warfen.

Die Kinder starben, ehe sie zwei Jahre alt wurden.
Es heißt, der Kaiser sei sehr traurig gewesen.

Es heißt auch, daß Tajang Khan, als alles zu spät war, endlich zu den Waffen griff und versuchte, sich durch die feindlichen Reihen zu kämpfen. Es heißt, daß er mit einer Kraft und einer Wut kämpfte, die alle überraschte.

Unter denen, die auf dem Berggipfel Zuflucht gesucht hatten, war Kütschlük – Tajang Khans Sohn – der einzige, der entkam. Sein Tod – im fernen Pamir – lag noch vierzehn Jahre in der Zukunft.

Und Gurbesü – die imponierende Frau, die das Ganze eingefädelt hatte? Sie wurde vor Temudschin geführt, heißt es. Eine Hexe, die Gift und Galle spuckte und alle und jeden verfluchte. Aber Temudschin lachte sie aus. »Warst nicht du es, die gesagt hat, daß Mongolen so furchtbar stinken?« fragte er. »Wenn das so ist, was hast du dann hier zu suchen?« Und während sie kratzte und schrie, zerrte er Tajang Khans alte Mutter ins Zelt – und vergewaltigte sie.

Diao Chan hat geschlafen. Mit dem Kopf in meinem Schoß.

Ich habe bald keine Seide mehr.

Wer soll am Leben bleiben – wer muß sterben? Temudschin ruft die Gefangenen auf, einen nach dem andern. Unter denen, die nach der Schlacht bei Tschakirma'ut noch aufrecht stehen können, ist einer der nächsten Ratgeber Tajang Khans. Er ist vom Stamm der Uighuren. Er heißt Tatatunga. Er trägt keine Waffen, aber in der Hand hält er einen kleinen Gegenstand mit seltsamen Schriftzeichen. Das sei Tajang Khans Siegel, sagt er. Tatatunga erklärt, wozu so ein Siegel verwendet wird und was die eingeritzten uighurischen Buchstaben bedeuten. Und Temudschin – der nie eine Schriftsprache gekannt hat – begreift sofort die Bedeutung eines solchen Siegels. Zum ersten Mal erkennt er, daß es auch nützlich sein kann, Männer um sich zu haben, die andere Künste beherrschen als das Kriegshandwerk. Er läßt Tatatunga am Leben. Er beauftragt ihn, den Prinzen Lesen und Schreiben beizubringen …

Tatatunga entwirft ein eigenes Alphabet für die Mongolen, damit der Wille des Khagans in der eigenen Sprache niedergeschrieben und erinnert werden kann. Er ist es auch, der zwei Jahre später Dschingis Khans Siegel entwirft mit der Inschrift: *Im Himmel: Gott. Auf Erden: der Khagan, Gottes Kraft. Das Siegel des Herrschers über alle Menschen.*

Ich habe von Tatatunga geträumt. Mir träumte, daß wir uns gegenseitig schminkten, unsere Gesichter bemalten – weiß und rot. Auch Yelü Chucai war dabei. Und ich träumte, daß Dschingis Khan noch lebte. Mir träumte, daß wir zu seinem großen weißen Zelt geführt wurden. Er gab jedem von uns ein Narrenschwert. Drei dünne, schwache Stöcke. Mir träumte, daß das Herrscherzelt voller schwarzer Fliegen war. Und er wollte, daß wir sie töten. Wir schlugen um uns. Aber es wurden immer nur mehr. Die ganze Zeit saß Dschingis Khan unbeweglich da und beobachtete uns. Es wurde kein einziges Wort gesprochen. Wir jagten wie die Verrückten diese Fliegen. Tatatunga, Yelü Chucai und ich. Aber sie kamen aus allen Löchern und Ecken. Tanzten wie ein Nebel vor unseren Augen. Setzten sich überallhin. Wir schlugen in die Luft, auf den Boden, an die Zeltwände, auf Tassen und Töpfe. Wir prügelten uns gegenseitig. Wir kämpften um unser Leben. Nur einer Stelle wagten wir uns nicht zu nähern. Wir wagten es nicht, auf das weiße Pferdefell zu schlagen, auf dem der Khagan saß. Und während wir verzweifelt mit den Narrenschwertern herumfuchtelten, während uns die Schminke übers Gesicht lief … sahen wir, wie der Körper Dschingis Khans langsam mit kleinen schwarzen Fliegen bedeckt wurde. Die Brust, der Hals, der Kopf. Bis nur noch die Augen sichtbar waren. Eine krabbelnde Säule aus schwirrenden Flügeln. Doch wir wagten nicht, ihn zu berühren. Wir fochten weiter – in der Luft.

Es ist Mitternacht. Die Stunde der Ratte.

Was muß ich mir diesmal vorwerfen?

Ein Mensch wird zum Schamanen berufen durch Blitzschlag oder indem ihm Steine vom Himmel auf den Kopf fallen.

Draußen ist es kalt und klar.

Seine Berufung kann aber auch durch seltsame Träume geschehen. Und in Trance versteht er die Sprache der Tiere, den Gesang der Bäume, das Flüstern der Steine …

Ich sitze auf dem Boden und unterhalte mich mit einem leeren Weinkrug. Ich höre einem Pinsel und einer Rolle aus Seide zu.

Was ist der Unterschied zwischen einem Gaukler und einem Schamanen? Groß ist er kaum. Wurde nicht auch mein Körper in kleine Stücke geschnitten, mein Blut von bösen Geistern getrunken, wurde nicht auch ich in einen Kessel geworfen und mit Eisenstückchen verschmolzen?

Ein solches Gefühl ist das.

Bin ich imstande, mich selbst anders zu verstehen?

Ich betrachte sie. Sie schläft. Sie vertraut mir. Sie weiß nicht, daß ich hinter der Haut noch ein anderes Gesicht habe … aus Birkenrinde, mit Schnurrbart und Augenbrauen aus Eichhörnchenschwänzen.

Ich trommle auf den Weinkrug. Noch einmal – das letzte Mal – beschwöre ich Mika, herauf aus dem Schattenreich …

Er knurrt. Er fletscht die Zähne. Er will nicht gestört werden. Aber er kommt. Ich brauche ihn.

Über Dschamuqas Schicksal wird folgendes erzählt: Nach der Schlacht bei Tschakirma'ut verließen ihn fast alle. Nur fünf seiner Männer blieben bei ihm. Zusammen flohen sie südwärts, zu den Tanglu-Bergen. Hier führten sie ein Räuberleben. Niemand wagte, sich mit ihnen anzufreunden. Und sie stahlen alles und von jedem. Schließlich begehrten auch die letzten fünf gegen ihn auf. Eines Abends, als er am Lagerfeuer saß und gestohlenes Hammelfleisch aß, überfielen sie ihn – und brachten ihn gefesselt zu Temudschin.

Ich sitze mit gekreuzten Beinen da. Und geradem Rücken. Betrachte ihn.

Er ist Dschamuqa, der langsam nach vorn geht, um seinem alten Feind und Blutsbruder gegenüberzutreten. Mika lächelt. Ich kenne ihn jetzt besser. Keinem ist es je so leicht gefallen zu lachen wie Mika. Ich höre ihn sagen: »Wie ein Aasgeier manchmal eine Wildgans erbeuten kann, geschieht es von Zeit zu Zeit, daß sich gewöhnliche Sklaven an ihrem rechtmäßigen Herrn vergreifen. Mein verehrter Freund, ist es wirklich wahr, daß du solche Menschen in deinen Dienst nehmen willst?«

Ich bin Temudschin. Ich schüttle den Kopf. Er kennt mich gut genug. Wie viele Jahre sind wir gemeinsam herumgezogen – Mika und ich? Ich nehme die fünf Schatten, die ihm folgen, in Augenschein. »Wie ist es möglich, daß ein Mann, der sich an seinem rechtmäßigen Herrn vergriffen hat, am Leben bleiben darf?« sage ich ernst – und verbeuge mich leicht vor ihm.

Ich klatsche in die Hände. Soldaten packen die fünf. Vor Dschamuqas Augen lasse ich sie köpfen.

Ich höre Mika lachen.

Nachdem man die toten Körper hinausgebracht hat, wenden wir uns wieder einander zu.

Doch das Gespräch gerät bald ins Stocken. Keiner von uns hat Lust zu spielen. Ich trommle auf den Weinkrug. Jeder denkt sich seinen Teil. Ich merke, daß er Diao Chan betrachtet.

Du mußt wissen, mein Freund … ihr letztes gemeinsames Gespräch war wirklich mehr als rätselhaft. Es sah so aus, als wollte Temudschin ihm verzeihen, als wollte er, daß Dschamuqa noch einmal an seiner Seite ritt. Doch Dschamuqa weigert sich. Er lehnt ab. Es sei zu spät, sagt er. Er bittet statt dessen, getötet zu werden.

Warum schaut er die ganze Zeit Diao Chan an? Warum streicht er ihr über den Rücken? Ich schlage seine Hand weg.

Dschamuqa bittet um einen Tod, bei dem kein Tropfen Blut vergossen wird. Denn nach altem Glauben sitzt die Seele im Blut. Und er bittet darum, hoch oben begraben zu werden.

Jetzt dreht er sie um. Sie murmelt leise im Schlaf. Ich sehe Mika lächeln. Er hat stets die Frauen geliebt. Sie waren sein ganzes Leben. Auch für seinen Tod war eine Frau die Ursache. Jetzt sehe ich, daß er sich über sie beugt.

Temudschin versucht ihn für sich zu gewinnen. Aber Dschamuqa ist nicht umzustimmen.

Wie viele hat er mir weggenommen? Ich versetze ihm einen Tritt. Doch er packt meinen Fuß. Diao Chan wälzt sich hin und her. Jetzt küßt er ihre Brüste. Schaut mich an und lacht.

Nein.

Diao Chan öffnet die Augen. Befeuchtet die Lippen mit der Zunge.

Nicht noch einmal!

Er will nichts anderes als sterben. Und schließlich gibt Temudschin nach. Dschamuqa wird in eine große Decke gerollt.

Ich werfe mich auf ihn. Versuche, sie zu trennen.

Und Temudschin läßt seine Krieger über ihn reiten … bis kein Knochen in seinem Körper mehr heil ist.

Aber er ist trotzdem da. Es gibt ihn. Er hat sich tief in ihr versteckt. Und ich muß ihn vertreiben. Ich reiße die Jadepforte auf. Ich reite hinein. Ich jage ihn über weites Grasland. Vorbei an Mirjam und Judith. Über Berge, die wie Krokodilzähne aussehen. Bis er endlich zu Nebel wird und zu verwelkten Blättern. Bis er in der Erde versinkt. Und bis ich allein daliege … in Schweiß gebadet … und mich an eine Frau klammere, die nichts weiß und nichts begreift. Die aber trotzdem die Kraft hat, mich durch alle dunklen Wälder zu tragen, mich wie ein Kind zu wiegen, und mich einen Stein sein läßt und eine kletternde Ziege.

Ich möchte Mika niemals wiedersehen.

Diese letzte Begegnung zwischen den beiden und die Furchtlosigkeit, die er vor dem Tode zeigte, trugen viel dazu bei, daß Dschamuqas Name und Ansehen wiederhergestellt wurden. Und heute ist sein Nachruhm bei den Mongolen gesichert. Er sei ein großer Stammeshäuptling gewesen, sagt man. Aber er ertrug keinen neben sich. Und es war die Tücke des Schicksals, daß er gleichzeitig mit dem Allergrößten geboren wurde …

Es ist die Stunde des Ochsen.

Ist das Arghun, den ich höre? Der Saitenspieler? Dem man die Beine abgeschnitten hat …

Ich werde nie weiterkommen.

Denn alle Orte sind hier.

Karakorum ist hier. Kiew ist hier. Jerusalem ist hier. Ägypten ist hier. Sogar Hangzhou – wenn ich nur danach suche. Und der Rhein läuft quer durch diese Hütte.

Alle Orte sind *hier.*

1206 – ein Jahr des Tigers – rief er alle Klans zusammen. Ein »Quriltai« – eine Versammlung der Stammeshäuptlinge. Ich sehe ein Ordu, ein riesiges Jurtenlager … am Oberlauf des Onon … ich sehe das weiße Zelt des Herrschers, nach Süden gewandt … Innen Brokat und mit Gold beschlagene Säulen … draußen stehen Banner, wehen Wimpel und Fahnen. Tängri – der ewige blaue Himmel –

hat ihn erwählt. Sie fallen auf die Knie. Alle fallen sie auf die Knie und huldigen ihm, indem sie sich viermal bis zum Boden verneigen. Er ist nicht länger Temudschin. Er ist Dschingis Khan. Und sie versprechen ihm ewige Treue. 31 Stämme. Ein Reich, das sich vom Altai-Gebirge bis zu den Großen Chingan-Bergen erstreckt. Vom Baikalsee bis zur anderen Seite der Gobi … Er sagt, daß sie allesamt Mongolen sind. Ungeachtet ihres Geschlechts und ihres Stammes … will er sie von nun an als »Köke mongqul« betrachten … als die himmelblauen Mongolen. Er bittet sie, ein Volk zu sein. Eine Nation.

Er ist 39 Jahre alt.

In sieben Jahren wird er die Große Mauer um Cathay zerstören.

Er hat noch 21 Jahre zu leben.

Erkennst du ihn wieder? Nimmt er endlich die Form und Gestalt an, die du dir vorgestellt hast?

Ich bin ein erbärmlicher Wegweiser. Und ich schaffe es nicht, nur mit einem Finger zu deuten. Jedesmal, wenn ich die Hand hebe, spreizt sie sich …

Was können wir trotzdem aus alldem lernen?

Wir können lernen, daß der Feind von innen kommt.

Ein altes Zwiegespräch geht so:

»Wo bist du gewesen?«

»Auf der anderen Seite des Sees.«

»Was hast du dort gesehen?«

»Ich habe *hierher* gesehen.«

Diao Chan reibt ihre Nase an meiner. Vor und zurück.

Und jetzt kommt das, was ich eigentlich erzählen wollte.

# XIX

*Die Rolle ist gelesen.*

*Der alte Mönch hat sich zurückgezogen.*

*Der, der zuhört, klatscht in die Hände.*

*Ein Vorhang wird zur Seite geschoben.*

*Eine junge Frau erscheint. Verbeugt sich tief.*

*Der, der zuhört, mustert sie. »Du hast alles gehört?«*

*Sie nickt.*

*»Hat er so geschrieben?«*

*»Es war, als hörte man seine Stimme, Herr.« Und er sieht, daß sie Tränen in den Augen hat.*

*»Wir wollen dich reich belohnen.«*

*»Ich habe bereits bekommen, was mir zusteht.«*

*Der, der zuhört, lächelt. »Du bist ehrlich gewesen. Zu uns und zum Siegel des Khagans.«*

*Sie beugt den Kopf. Schweigt.*

*»Und nun kannst du uns zu ihm führen.«*

*»Ich weiß nicht mehr, wo er ist«, sagt sie leise.*

*»Aber als du letztes Mal hier gewesen bist?«*

*»War er schon unterwegs, Herr.«*

*»Als du uns die Rolle übergabst?«*

*»Er brach vor vier Tagen auf.« Sie hebt die Augen und begegnet seinem Blick. Beißt sich in die Lippe.*

*»Und du hast ihn gehen lassen?«*

*»Ja.«*

*»Ohne Bescheid zu sagen?«*

*»Ich drängte ihn zur Abreise.« Der Trotz wächst in ihr. »Ich versprach ihm, die Rolle einer Karawane mitzugeben – auf dem Weg in den Westen.«*

*»Und er glaubte dir?«*

*»Ich sagte, ich könne ihn nicht länger verstecken.« Sie bricht in Tränen aus.*

*Er geht um sie herum. Stellt sich hinter sie. »Und warum bist du nicht selbst mitgegangen? Warum bist du nicht bei ihm geblieben?«*

*Sie gibt keine Antwort.*

*»Du wolltest ihm einen Vorsprung verschaffen«, sagt er hart. »Du wußtest, daß er nur allein wegkommen konnte. Wäret ihr zu zweit verschwunden, hätten wir das sofort gemerkt ...«*

*Ihre Schultern zittern.*

*Er legt seine Hände darauf. »Und was sollen wir jetzt mit dir anstellen? Hast du dir das überlegt?«*

*Sie schwankt hin und her.*

*So verharren sie. Lange.*

*»Fürchtest du dich so wenig vor uns?« fragt er plötzlich.*

*Er dreht sie herum.*

*Sie wagt ihn nicht anzusehen.*

*Aber seine Hände sind nicht mehr hart. Sie kneifen nicht.*

*»Es ist gut«, sagt er leise. »Du hast das Richtige gemacht.«*

*Verwirrung zeichnet sich auf ihrem Gesicht ab.*

*»Vielleicht wäre ich ziemlich enttäuscht gewesen, wenn du anders gehandelt hättest.« Er läßt sie los.*

*Langsam hebt sie den Blick. Ungläubig. Mißtrauisch. »Du willst ihn nicht gefangennehmen?«*

*Er zuckt die Schultern. »Kann sein, es war das beste, daß ich ihm nicht begegnet bin. Dieses Mal.«*

*»Aber ich dachte –«*

*»Dann hätten wir ihn schon vor ein paar Wochen festnehmen können!« Er geht einige Schritte auf und ab. »Wir wollen ihn haben. Doch hier … war uns daran gelegen, daß er sich vor allem sicher fühlte. Dazu brauchten wir deine Hilfe. Er sollte Gelegenheit haben, fertig zu schreiben.«*

*»Und danach?«*

*»Es war nie unsere Absicht, ihn zu töten oder ihm Schaden zuzufügen.«*

*Sie schüttelt den Kopf. »Herr, ich verstehe nicht!«*

*Aber er lächelt nur über sie.*

*»Dann wage ich einen Wunsch, Herr.«*

*»Heraus damit.«*

*»Ich möchte, daß diese Rolle einmal dorthin geschickt wird, wo er es wollte. In die Stadt, die er Jerusalem nannte.«*

*Er nickt. Er versteht sie. »Ich hatte noch einen anderen Wunsch erwartet …«*

*»Nein«, sagt sie. »Ich kann ihm nicht folgen. Nicht jetzt. Nie.«*

*Wieder nickt er. Auch das versteht er.*

*Er kreuzt die Hände auf der Brust. Zeigt, daß das Gespräch beendet ist.*

*Diao Chan küßt seine Füße und zieht sich zurück.*

*Er blickt ihr nach. Steht noch da, als sich der Vorhang längst geschlossen hat.*

*Ja, denkt er. So ist es am besten. Daß du dich aus dem Staub gemacht hast, mein rastloser Freund. Kein Vogel singt so schön, wenn man ihn in einen Käfig setzt. Vielleicht hast du noch viele Geschichten zu erzählen. Und ich möchte sie hören – allesamt. Es soll dir erspart bleiben, daß eine Koppel Hunde hechelnd deiner Spur folgt. Und der Pfeilbote soll an dir vorbeireiten. Ich werde dafür sorgen, daß du wohlbehütet ankommst. Ich gebe dir ein Jahr. Und selbst in Hangzhou habe ich Augen und Ohren …*

*Er ist der jüngste Sohn von Yelü Chucai.*

*Sein Name ist Yelü Zhu.*

*»Und was ist mit mir?« Der Mönch ist wieder hereingekommen.*

*»Jetzt weiß ich nicht mehr, ob ich deiner noch bedarf. Das kommt auf dich an, Eusebius. Das hängt davon ab, was du mir erzählst. Und welche Worte du wählst. Ich höre.« Der junge Mongole lehnt sich zurück und verschließt sein Gesicht. »Ich bin der, der zuhört …«*

# *Anhang*

Was den historischen Stoff betrifft, habe ich versucht, so korrekt und genau wie möglich zu sein. Und ich habe mich auf umfangreiches Quellenmaterial gestützt. Oft stieß ich auf Widersprüche. Dann mußte ich mich entscheiden und das aussuchen, was meines Erachtens am wahrscheinlichsten war – aus meiner Sicht. Was die Namen angeht, so habe ich meistens die Schreibweise gewählt, die am leichtesten zu schreiben und zu lesen oder bereits in westlicher Literatur üblich war. Ich bin mir beispielsweise klar darüber, daß »Dschingis« vielleicht am besten »Čingis« geschrieben werden sollte, habe aber die hier gewohnte Form genommen. Außerdem bin ich der literarischen Tradition gefolgt und habe »Jurte« geschrieben, obwohl wahrscheinlich »Ger« genauer gewesen wäre. Und an Stelle des mongolischen »Kam« habe ich das bekanntere und allgemein übliche Wort »Schamane« gewählt. Die folgende Literaturliste stellt eine Auswahl dar. Wenn ich sie abdrucke, dann mit Rücksicht auf ein besonderes Interesse – als Tips und Vorschläge für Leser, die auf eigene Faust weitergehen wollen.

### Quellen aus dem 13. Jahrhundert

Johan de Plano Carpini, *Geschichte der Mongolen und Reisebericht. 1245-1247*, Leipzig 1930.
Erich Haenisch, *Die Geheime Geschichte der Mongolen (aus einer mongolischen Niederschrift des Jahres 1240 von der Insel Kode'e im Kerulen-Fluß)*, Leipzig 1948.
Walter Heissig, *Dschingis Khan. Ein Weltreich zu Pferde. Das Buch vom Ursprung der Mongolen*, Köln 1981.
William of Rubruck, *The Journey of William of Rubruck to the Eastern Parts of the World. 1253-1255*, London 1900.

### Über Dschingis Khan und das Mongolische Weltreich

John Andrew Boyle (Hrsg.), *The Mongol World Empire 1206-1370*, London 1977.
James Chambers, *The Devil's Horsemen*, London 1979.
Jeremiah Curtin, *The Mongols. A History*, Boston 1908.
M. S. Ipsiroglu, *Painting and Culture of the Mongols*, London 1967.
Harold Lamb, *Genghis Khan*, New York 1927.
R. P. Lister, *Genghis Khan*, New York 1969.
Artur Lundkvist, *Himlens vilja*, Stockholm 1970.
Gabriele Mandel, *The Life and Times of Genghis Khan*, London 1970.
H. Desmond Martin, *The Rise of Chingis Khan and His Conquest of North China*, Baltimore 1950.
E. D. Philips, *The Mongols*, London 1969.
Michael Prawdin, *Djingis Kán og det mongolske verdensrike*, Oslo 1952.
Michael Weiers (Hrsg.), *Die Mongolen: Beiträge zu ihrer Geschichte und Kultur*, Darmstadt 1986.

### Verschiedenes

Mildred Cable und Francesca French, *The Gobi Desert*, London 1942.
Anthony Christie, *Chinese Mythology*, London 1968.
Antoine Denis, *The Perfect Union. The Chinese Methods*, London 1984.

Jean-Pierre Drège (u. a.), *Kinesiska muren,* Stockholm 1982.
Mircea Eliade, *Shamanism,* Princeton 1964.
Walter A. Fairservis, jr., *The Origins of Oriental Civilization,* New York 1959.
Idries Shah, *Tales of the Dervishes,* New York 1970.
Marc de Smedt, *Chinese Erotism,* London 1984.
Benjamin Walker, *Sex and the Supernatural,* London 1970.
Alan W. Watts, *Zen-veien,* Oslo 1973.

*»Ich habe dir möglicherweise mehr Details und Informationen über Dschingis Khan gegeben als nötig. Aber er fesselt mich sehr. Es ist seltsam, nicht wahr, daß dieser wilde, grausame und gewalttätige Feudalhäuptling eines Nomadenstammes eine friedliebende, Gewalt ablehnende und sanfte Person wie mich fasziniert, einen Stadtmenschen, der alles Feudale haßt!«*

So schrieb ein politischer Gefangener im District Goal Dehra Dum in Indien am 25. Juni 1932 in einem Brief an seine Tochter. Er war damals ein verfolgter Aufrührer um die Vierzig, immer wieder in den Gefängnissen der britischen Kolonialmacht, und sie war eine Schülerin von 13, 14 Jahren. Wie üblich benutzte er den Brief, um ihr seine Version der Weltgeschichte zu schildern. Er hieß Jawaharlal Nehru. Sie hieß Indira (Nehru-Ghandi). Beide sollten später Ministerpräsidenten im neuen Indien werden.

## *Zeittafel*

1167 (?) Temudschin kommt zur Welt.
1176 Temudschin wird mit Börte verlobt.
1182 Temudschin wird von den Taidschigut gefangengenommen.
1184–85 Feldzug gegen die Merkit mit Toghril und Dschamuqa.
1187 Temudschin und Dschamuqa trennen sich.
Schlacht bei Dalan Baljut.
1198 Temudschin verhilft Toghril zur Macht. Die beiden unterstützen den Jin-Kaiser gegen die Tataren. Toghril erhält den Titel Ong Khan.
1201 Die Stämme schließen sich Dschamuqa an.
Temudschin besiegt die Taidschigut.
1203 Schlacht bei Khalakhaljit Elet.
Temudschin kehrt aus Baldschuna zurück.
Ong Khan stirbt.
1204 Wolfgang kommt in Godesberg zur Welt.
Schlacht bei Tschakirma'ut.
1205 Dschamuqa stirbt.
1206 Temudschin wird Herrscher über alle Völker der Steppe mit dem Titel Dschingis Khan.
1212 Kinderkreuzzug.
1213 Die Mongolen fallen in Cathay ein.
1215 Peking wird geplündert. Die Mongolen haben jetzt alle Gebiete des Jin-Kaisers nördlich des Gelben Flusses erobert.
Yelü Chucai schließt sich Dschingis Khan an.

| | |
|---|---|
| 1216 | Dschingis Khan kehrt in die Gobi zurück, läßt Muqali den Feldzug gegen Cathay zu Ende führen. |
| 1218 | Dschebe erobert Karakitai für Dschingis Khan. |
| 1219 | Beginn der sieben langen Feldzüge ins westliche Abendland. |
| | Krieg gegen das Chwarezm-Reich. |
| | Die Kreuzfahrer erobern Damietta. |
| | Wolfgang und Mika fliehen aus Ägypten. |
| 1220 | Dschingis Khan nimmt Samarkand und Buchara. |
| | Friedrich II. wird zum Kaiser gekrönt. |
| 1221 | Jakob von Vitry schreibt dem Papst von »dem neuen König David«. |
| | Die Kreuzfahrer geben Damietta auf (im August). |
| | Dschebe und Sübedei am Kaspischen Meer. |
| | Sultan Muhammad stirbt. |
| | Dschingis Khan besiegt Jelal al-Din am Ufer des Indus. |
| 1223 | Dschebe und Sübedei erobern Städte im südlichen Rußland. |
| 1225 | Dschingis Khan kehrt vom Feldzug in den Westen zurück. |
| 1227 | Dschingis Khan stirbt. |
| 1228 | Ögedei, Dschingis Khans dritter Sohn, wird zum neuen Khagan gewählt. |
| | Friedrich II. geht in Akka an Land. Wolfgang folgt ihm nach Jerusalem. |
| 1229 | Friedrich II. gewinnt Jerusalem zurück und verläßt das Land endgültig am 1. Mai. |
| 1230–34 | Endgültige Niederlage des Jin-Reiches. |
| 1231 | Jelal al-Din stirbt. |
| 1235–40 | Wolfgang lebt in Kiew, verheiratet mit Mirjam. Ein Kind: Judith. |
| 1237–38 | Batu setzt seine Eroberungen in Rußland fort. |
| 1240 | Kiew wird erobert (6. Dezember). |
| | *Die Geheime Geschichte der Mongolen* wird aufgeschrieben. |
| | Wolfgang kommt nach Karakorum. |
| 1241 | Batu und Sübedei dringen bis nach Polen, Ungarn und Deutschland vor. |
| | Ögedei stirbt. |

Die Witwe Töregene regiert zwischenzeitlich. Sie setzt u. a. Yelü Chucai ab.

1242 Die Mongolen stehen nur wenige Kilometer südlich von Wien. Als sie die Nachricht von Ögedeis Tod erhalten, brechen sie den Feldzug ab und kehren nach Karakorum zurück.

1243 (?) Yelü Chucai stirbt, 55 Jahre alt. Er wird zum Berg Wan Shen überführt und dort begraben, unmittelbar vor dem heutigen Peking.

1244 Wolfgang schreibt die erste Seidenrolle *(Mond der Kindheit)* am Halbmondsee von Dunhuang.
Die Türken erobern Jerusalem.

1245 Wolfgang schreibt die zweite Seidenrolle *(Dschingis Khan)* in der Stadt Jiayuguan.

Auch wenn dieses Buch zeitlich nicht weitergeht, dürfte es kaum ein Geheimnis sein, daß Güyük 1246 als neuer Khagan den Thron bestieg. Einer seiner ersten Ratgeber war Yelü Zhu, Yelü Chucais Sohn. Es gibt Forscher, die der Auffassung sind, daß Zhu Nestorianer war …

## *Persönliche Anmerkung – to whom it may concern*

Es ist jedesmal dasselbe: Wenn ich lange Zeit mit einem Buch gearbeitet habe, endlich am Ende des Weges angelangt bin und das fertige Manuskript durchblättere, stelle ich fest, daß dieser Papierstoß – voller Wörter, getippt auf vielen verschiedenen Schreibmaschinen (eigenen und geliehenen), mit Durchstreichungen von schwarzen und blauen Filzschreibern, Kaffee- und Weinflecken (eigenen und fremden) – nicht nur ein Roman ist, sondern auch eine Art von heimlichem Tagebuch. Ich denke an Menschen, die ich kenne oder getroffen habe, ich erinnere mich an Dinge, die passiert sind – traurige wie schöne –, ich sehe alle Orte vor mir, an denen ich geschrieben habe. Solche Assoziationen tauchen auf, wo ich sie am wenigsten erwarte. Niemals im Text. Aber am Rande und zwischen den Zeilen – wo jeder Leser nur weißes Papier sieht. So wird jedes Buch, das ich schreibe, auch ein unsichtbarer (und persönlicher) Merkzettel. Wie kann ich zum Beispiel jemals eine bestimmte Seite aufschlagen, ohne daran zu denken, daß wir hier, während ich daran arbeitete (10. Oktober 1985), zum Ullevål-Krankenhaus fahren mußten, wo Thea zur Welt kam? Oder daß hier – in diesem Kapitel – ein Anruf aus Skien nach Santa Ponça kam (1. März 1986), daß mein Vater gestorben war? Die Koffer, die innerhalb einer Stunde gepackt wurden, das Flugzeug, das wir fast nicht erreicht hätten – die unwirkliche Situation, plötzlich in 10 000 Meter Höhe zu sitzen, den Kopf erfüllt mit Kindheitserinnerungen und auf dem Schoß einen Haufen Zeitungen mit der Nachricht von einem anderen Todesfall am selben Tag, dem Mord an Olof Palme … Das ist privat. Ich weiß, daß viele es nicht mögen, wenn Autoren privat werden. (Aus diesem Grund habe ich das hier so klein drucken lassen.) Aber ein Buch ist nicht nur ein Buch. Es ist auch ein Teil meines Lebens. Zwei Jahre. Ganz genau. So ist das. Und ich kann nichts dafür, daß ich die Stimme von Bjørn Willy (dem Vater eines Schmetterling-Löwen) höre, der mich in vielen nervenaufreibenden Minikämpfen auf Haraløkka überredet hat, dem Klang der Kitaro zu lauschen. (Und darf ich Bøler I. F. erwähnen, ohne meine Dankbarkeit gegenüber Tordis und Geir, Hans Petter und all den anderen auszudrücken? Nein.) Und müßte ich nicht einen freundlichen Gedanken an Peter schicken, der jeden Dienstagslunch zu einem verbalen Stafettenlauf durch alte Western machte? Und an Else, die mir mental die Hand hielt und Tag für Tag gelesen hat – Seite um Seite. An Jon, der nie die Hoffnung aufgibt, mich zu EDV und schlauen Textverarbeitungen zu bekehren. (Wie viele gemeinsame Projekte für Fernsehfilme sind in den letzten zwei Jahren gescheitert?) An Kaj, der ein ganzes Buch über *Minotauros und die Pinoccio-Papiere* schrieb und mir eine neue Sichtweise gab. An Tor und den sozialistischen Chor, der noch einmal den *Glassberg* bestieg. An Gudrun vom Riksteatret … an das Folketheater Malmö … und an die Echo Stage Company in New York. An Tone, die mir Idries Shah zeigte. Und Anne Kristin und ihren Kublai, die mir großzügig ihr Familienkleinod überließ – eine herrliche Quelle. An Sebastian – natürlich. An Øyunn. An Irene, die mir einen Brief schrieb, als ich ihn dringend brauchte. Und vor allen: Knut, der mich zu Lesungen an die Universitäten Bonn und Köln eingeladen hat und mir so Gelegenheit gab, Wolfgangs Geburtsstadt Godesberg zu sehen … So könnte ich weitermachen. Und die Orte … Wo habe ich gesessen? Daheim. Klar. Und auf Arøya in dem »kleinen Haus« in Rågeleie. Für mich ist dieses Buch aber vor allem mit Mallorca verbunden – die am meisten gescholtene aller grünen Inseln. Drei Schreibaufenthalte. Zwei mit Familie. Einer allein. Wir haben alle unsere Rituale und fixen Ideen. Das Risiko eingehend, mißverstanden zu werden, verrate ich, daß ich am besten in südländischen Bars und Restaurants arbeiten kann. Allein sein, aber trotzdem von Menschen umgeben. Fremde Gesichter an einem unbekannten Ort. Da sein – und trotzdem weit weg. Da fällt das Schreiben leicht. Viele dieser Seiten verdanke ich beispielsweise der Pizzeria Roma in Puerto de Alcudia. Und dem Meson los Patos, auf dem Weg nach Puebla (das zweifellos eine wesentlich interessantere Küche hat). So ist das. Am besten erinnere ich mich aber an die Monate in Magaluf (wo Thea wirklich gehen lernte) – ein schäbiges Touristenslum außerhalb der Saison, wo der große und geschmacklose Verkaufsschlager des Jahres offenbar in Plastikgurken bestand, die man zweiteilen konnte und wups! – zum schrecklichen Vergnügen aller Pensionisten – hatte man einen Riesenpenis in der Hand ... ich erinnere mich an die Jagd auf die Zeitungen in der Rezeption und daß wir uns jedesmal wie Kriminelle fühlten, wenn wir die Zeitung *Aftenposten* leihweise mit aufs Zimmer nahmen ... die täglichen Fahrten mit dem Kinderwagen zum Schäferhund in Palma Nova ... unsere gemeinsame Freude jedesmal, wenn wir ein neues Buch von Len Deighton fanden ... ich erinnere mich an die Nachbarn von Senja ... ich erinnere mich an den verrückten Engländer im Nebenzimmer, der jedesmal, wenn Thea wach wurde, ein Loch in die Wand schlug ... ich sehe ihr zerfleddertes Bilderbuch über den Rattenfänger von Hameln (!) – ein Geschenk der Enkelin des Mannes vom Buchantiquariat – und die alte Nummer des *Paris Match*, immer wieder »gelesen« ... ich sehe den gelben Elefanten, den wir ihr kauften, ein merkwürdiges Plastiktier, dem man blaue und rote Tischtennisbälle in den Rücken stopfen konnte, die dann beim Rüssel wieder herauskullerten ... und wie werde ich jemals an dieses Buch denken können, ohne die jeden Tag gleich leere Canoe-Bar vor mir zu sehen, wo ich sicher über sechzig Tage lang der einzige Gast war (von 9 bis 15 Uhr). Dort habe ich ca. 100 Seiten geschrieben, unterstützt von Espressos und »103« Filzschreibern mit der magischen Zauberformel PUNTAVIVAULTRAFINA und kleinen, linierten Spiralheften der Firma Progreso (für 80 Peseten das Stück). An all das erinnere ich mich. Und werde ich mich immer erinnern, wenn ich an *Dschingis Khan* denke.

EXPLICIT HOC TOTUM;/PRO CHRISTO DA MIHI POTUM.

Herbjørg Wassmo

*Das Buch Dina*

Roman, 544 Seiten,
gebunden mit Schutzumschlag

Ein historischer Roman, der das Norwegen des 19. Jahrhunderts mit einer epischen Kraft schildert, die ihresgleichen sucht. Die Geschichte einer starken, ungewöhnlichen Frau, die mit alttestamentarischer Härte handelt und doch zuinnerst ein verletzliches, nach Liebe sich sehnendes Kind geblieben ist.

Herbjørg Wassmo gilt als angesehenste und meistgelesene Autorin Norwegens. *Das Buch Dina* wurde vom norwegischen Buchhändlerverband 1991 zum besten Roman der achtziger Jahre gekürt.

»*Das Buch Dina* ist ein hervorragender Roman. Groß und schwer, leicht und tief. So macht ein Dichter aus einem toten Damals ein lebendes Jetzt.«

*Information,* Dänemark

»Herbjørg Wassmos wildromantisches Epos … ist … ein rasantes Lese-Erlebnis.«

*AZ,* München

Herbjørg Wassmo

*Tora*

Romantrilogie, 736 Seiten,
gebunden mit Schutzumschlag

Die preisgekrönten Romane *Das Haus mit der blinden Glasveranda, Der stumme Raum* und *Gefühlloser Himmel* erstmals in einem Hardcoverband versammelt.

»Das Buch hat Atmosphäre. Man spürt die Nässe, die Kälte des nordischen Winters, man riecht die frische Kühle des Frühlings, man hört das Rauschen des immer gegenwärtigen Meeres …

In einer bildhaften, lakonischen Sprache läßt Herbjørg Wassmo vor den Augen des Lesers Leben und Sozialgeflecht einer hoch im Norden Norwegens gelegenen kleinen Insel entstehen …

Bewundernswert ist die Darstellung ihrer jungen Heldin, dieses frühreifen, hellwachen Mädchens, dessen Hauptempfindungen Angst, Schuld, Ekel heißen … Das Buch erzählt auch die Geschichte einer Emanzipation, das Abstreifen der dumpfen Inselwelt.«

*Renate Schostack in der FAZ*

Herbjørg Wassmo

## *Sohn des Glücks*

Roman, 522 Seiten,
gebunden mit Schutzumschlag

Ein großer historischer Roman um Sünde, Schuld und Sühne, eine Abrechnung zwischen Mutter und Sohn, ein Zeitgemälde der nordnorwegischen Küste und des Großstadtlebens in Kopenhagen im 19. Jahrhundert. Der Folgeroman zu *Das Buch Dina*, in dessen Mittelpunkt Dinas Sohn Benjamin steht, sein Kampf um einen Platz in der Welt, sein verwirrendes sexuelles Erwachen und seine rastlose Suche nach einer Liebe, die er nie kannte.

»Es ist ein gewichtiges Buch, reich an Gedanken und geschrieben mit Herbjørg Wassmos ganzer Meisterschaft.«

*Århus Stiftstidende*, Dänemark

»... ein Vollblutroman – Norwegens regierende Romankönigin ...«

*Verdens Gang*, Oslo, Norwegen

Tor Åge Bringsværd

## *Mond der Kindheit*

Roman, 224 Seiten,
gebunden mit Schutzumschlag

»Ein alter Mann findet Zuflucht in einer Oase der Wüste Gobi. Er ist auf der Flucht vor den Mongolen, die bei ihm ›das große Geheimnis‹ seines verstorbenen Herrn vermuten. Seine Reise zurück in die ferne Kindheit ist eine böse Abrechnung mit der Gesellschaft des 13. Jahrhunderts. Im Jahr 1212 schloß sich der Mann als Achtjähriger dem sogenannten Kinderkreuzzug an. Kinder – belogen und irregeführt von religiösen Eiferern und gewissenlosen Geschäftemachern – machten sich zu Tausenden auf den Weg, Jerusalem zu befreien. Die meisten kamen elend um, viele wurden in die Sklaverei verkauft. So auch der alte Mann. In *Mond der Kindheit* vermengt der Norweger Tor Åge Bringsværd westliche und östliche Bilder und Mythologien zu einer phantastisch-fesselnden Erzählung.«

*Augsburger Allgemeine*